Kapitalismus und Freiheit

Milton Friedman
Kapitalismus und Freiheit

Aus dem Englischen von Paul C. Martin

Mit einem Geleitwort von Horst Siebert

Eichborn.

Die amerikanische Originalausgabe erschien 1962 unter dem Titel »Capitalism and Freedom« by The University of Chicago Press. Licensed by The University of Chicago Press, Chicago, Illinois, USA
© 1962, 1982 by The University of Chicago. All rights reserved

Die deutsche Übersetzung erschien erstmalig 1971 bei Seewald Verlag, Stuttgart.

Für die vorliegende Ausgabe wurde die Übersetzung durchgesehen und mit Anmerkungen des Redakteurs versehen.
Redaktion: Jan W. Haas, Berlin

1 2 3   03 02

© Eichborn AG, Frankfurt am Main, Juli 2002
Umschlaggestaltung: Christina Hucke
Layout: Tania Poppe
Satz: Fuldaer Verlagsagentur, Fulda
Druck und Bindung: GGP Media, Pößneck
ISBN 3-8218-3960-0

Verlagsverzeichnis schickt gern:
Eichborn Verlag, Kaiserstraße 66, D-60329 Frankfurt am Main
www.eichborn.de

Inhalt

Geleitwort von Horst Siebert	11
Vorwort zur neuen deutschen Ausgabe	15
Vorwort zur ersten deutschen Ausgabe von 1971	19
Einleitung	24
1 **Die Beziehung zwischen wirtschaftlicher und politischer Freiheit**	30
2 **Die Rolle des Staates in einer freien Gesellschaft**	46
Die Regierung als Spielleiter und Schiedsrichter	49
Eingreifen der Regierung aufgrund eines technischen Monopols und der Nebenwirkungen	52
Eingreifen des Staates aus paternalistischen Gründen	57
Zusammenfassung	59
3 **Die Kontrolle über das Geld**	61
Eine Warenwährung	63
Eine unbeschränkte monetäre Autorität	67
Gesetzliche Regeln anstelle von Autoritäten	75
4 **Internationale Finanz- und Handelsabkommen**	79
Die Bedeutung internationaler Währungsabkommen für die wirtschaftliche Freiheit	79
Die Rolle des Goldes im Währungssystem der USA	81
Devisentransaktionen und Kapitalflucht	83
Weitere Mechanismen, um einen Ausgleich der Zahlungsbilanz zu erreichen	85
Flexible Wechselkurse sind die marktwirtschaftliche Lösung	90
Notwendige Maßnahmen für einen freien Gold- und Devisenmarkt	92
Aufhebung der amerikanischen Handelsbeschränkungen	94

5 Finanzpolitik	99
6 Die Rolle des Staates im Erziehungswesen	109
Die allgemeine Erziehung zum Staatsbürger	109
Das Erziehungswesen auf College- und Universitätsebene	123
Berufstraining und berufliche Fortbildung	125
7 Kapitalismus und Diskriminierung	135
Die Gesetzgebung für die Chancengleichheit auf dem Arbeitsmarkt	138
Gesetzgebung zum Recht auf Arbeit	142
Rassentrennung in den Schulen	145
8 Das Monopol und die soziale Verantwortung von Arbeitgebern und Gewerkschaften	149
Das Ausmaß des Monopols	150
Die Ursachen des Monopols	159
Was der Staat tun soll	163
Die soziale Verantwortung der Arbeitgeber und Gewerkschaften	164
9 Freie Berufswahl und Lizenzen	169
Die Allgegenwart staatlicher Beschränkungen in den Beschäftigungsmöglichkeiten des Einzelnen	170
Sich aus dem Lizenzzwang ergebende Grundsatzfragen	176
Lizenzzwang in der Medizin	182
10 Die Einkommensverteilung	193
Die ethischen Grundlagen der Einkommensverteilung	193
Die instrumentale Rolle der Einkommensverteilung nach der Leistung	198
Tatsachen der Einkommensverteilung	200
Staatliche Maßnahmen zur Änderung der Einkommensverteilung	204
11 Sozial- und Wohlfahrtsmaßnahmen	211
Renten- und Altersversorgung	216

12 Maßnahmen zur Bekämpfung der Armut 227
    Liberalismus und Egalitarianismus 232

13 Zusammenfassung 233

Für Janet und David
und ihre Zeitgenossen,
die die Fackel
der Freiheit
in die nächste Runde
tragen müssen.

Geleitwort

Von Horst Siebert

Wenn ein Buch wie Milton Friedmans *Kapitalismus und Freiheit* 40 Jahre nach seinem ersten Erscheinen wieder auf den Markt gebracht wird, ist dies ein Anzeichen dafür, dass wir es mit einem Klassiker zu tun haben. Die Fragen, die der Autor darin aufwirft, sind noch heute für uns von großem Interesse, und dies gilt auch für die Antworten, die er entwickelt. Es geht um grundsätzliche Fragen, die in der Zukunft ihre Aktualität nicht einbüßen werden, wenn sich auch die konkrete Ausprägung der wirtschaftlichen Probleme ändern mag.

Für Friedman ist die grundsätzliche Frage, welchen Rang die individuelle Entscheidungsfreiheit in einer Gesellschaft einnimmt. Sein Eckpunkt ist das freie Individuum. Dabei macht wirtschaftliche Freiheit einen bedeutenden Teil der ganzen Freiheit aus. Ja, wirtschaftliche Freiheit ist eine *conditio sine qua non* für politische Freiheit. Mehr wirtschaftliche Freiheit führt in aller Regel auch zu einer Zunahme der politischen Freiheit. Aber: Wirtschaftliche Freiheit ist keine hinreichende Bedingung, also keine Garantie, für politische Freiheit. Es hat in der Geschichte immer wieder Gesellschaften gegeben, in denen wirtschaftliche Freiheiten existierten – etwa die unternehmerische Betätigungsfreiheit (Gewerbefreiheit), wie zum Beispiel im zaristischen Russland –, aber dies implizierte nicht auch politische Freiheit. Hier stellt sich eine für die Zukunft spannende Frage: Zieht die individuelle Freiheit in wirtschaftlichen Dingen die politische Freiheit nicht zwangsläufig in einem evolutionären Prozess nach sich? Wird China, das seit 1979 den dezentralen Einheiten beachtliche Entscheidungskompetenzen zugewiesen hat, in der Zukunft mehr politische Freiheiten einführen müssen?

Der Markt ist die Institution, die der individuellen Freiheit zur Geltung verhilft, denn er weist den Einzelnen Entscheidungsspielräume zu, ob sie nun Konsumenten, Anbieter von Arbeitskraft und Ersparnissen, oder ob sie Produzenten und Investoren sind. Er erlaubt Produkt- und Lösungsvielfalt, er bringt Wahlmöglichkeiten, ist offen und gestattet Wettbewerb in den institutionellen Regeln. Damit ist der Markt ein wichtiges Instrument für die politische Freiheit. Transaktionen auf dem Markt sind freiwillig. Wir sprechen von Wettbewerbswirtschaft oder Marktwirtschaft. Dagegen hat sich der amerikanische Begriff Kapitalismus im deutschen Sprachgebrauch nicht durchgesetzt.

Aber auch im Friedman'schen Ansatz braucht eine Marktwirtschaft einen institutionellen Rahmen, eine Übereinstimmung der Individuen über die geltenden Regeln für die Transaktionen einschließlich der Anerkennung der Eigentumsrechte oder im weiteren Sinn der Nutzungsrechte (»Der konsequente Liberale ist kein Anarchist«, Seite 56). In diesen Regeln wird die Freiheit des einen eingeschränkt, um die Freiheit des anderen sicherzustellen. Dazu zählt das Kartellverbot und die Kontrolle marktbeherrschender Unternehmen, die den Wettbewerb beeinträchtigen würden. Der Staat findet seine Aufgabe zudem in »Fragen unteilbarer Bereiche«, also bei »öffentlichen Gütern«, die von allen in gleicher Menge genutzt werden, wie die innere oder äußere Sicherheit.

Regierungen sollen unsere Freiheiten schützen, können aber die Entscheidungsspielräume des Individuums auch erheblich einschränken. Dies geschieht dann, wenn sie verstärkt Entscheidungsprozesse vom Markt in die politische Ebene verlagern und wenn sie anstreben, zusätzlich zu den öffentlichen Gütern meritorische Güter paternalistisch bereitzustellen. In diesen Fällen wechselt die Umsetzung von Transaktionen von der individuellen Freiwilligkeit zum staatlichen Zwang, insbesondere weil der Staat seinen Anspruch auf die Ressourcen eines Landes bei der Besteuerung mit hoheitlichem Zwang durchsetzt. Friedmans große Sorge ist, dass der Staat sich so stark ausdehnt, dass er als Leviathan das Private erstickt (»ein Monster wie Frankenstein«).

Für Friedman liegt die Legitimation von Entscheidungen grundsätzlich beim Individuum. Auch die Übereinkunft über die gesellschaftlichen Regeln für Transaktionen auf den Güter- und Faktormärkten lassen sich als eine Übereinkunft zwischen Individuen interpretieren. Bei einer solchen Kooperation der Individuen gilt als Entscheidungsverfahren – Friedman spricht vom Hilfsmittel – das Demokratieprinzip, mit umso schärferen Anforderungen an die erforderliche Mehrheit, je stärker Minderheiten diskriminiert werden. Wenig Platz ist in seinem Paradigma für die Delegation von Entscheidungen an Teilgruppen mit der Folge dann doch für nahezu alle verbindlicher Kollektivlösungen, bei denen sowohl der Markt ausgeschaltet wird, aber auch die demokratische Beteiligung aller Mitglieder der Gesellschaft nicht stattfindet, sondern auf eine Teilgruppe begrenzt bleibt.

Seit dem ersten Erscheinen von *Kapitalismus und Freiheit* hat sich in der wirtschaftlichen Wirklichkeit vieles verändert, wenn auch die grundsätzlichen Fragen geblieben sind. Die kommunistische Zentralplanung ist zusammengebrochen, weil das System die Menschen nicht angemessen mit Gütern versorgen konnte und vor allem, weil die Bürger in den friedlichen

Demonstrationen in Leipzig einen Weg gefunden hatten, ihren Wunsch nach persönlicher Freiheit mit Nachhalt zum Ausdruck zu bringen und weil sie in Sopron an der ungarischen Grenze mit ihren Füßen gegen das System abstimmten. Es ist beruhigend zu wissen, dass die Verletzung der Freiheit auf lange Sicht nicht ohne Folgen bleibt. Aber: Die Menschen sind vergesslich, und da der Marktwirtschaft ihr Gegenpol abhanden gekommen ist, werden auch wieder Forderungen aufkommen, es doch mit ein bisschen mehr Interventionismus und Kollektivismus erneut zu versuchen. Immerhin ist in den letzten dreißig Jahren der Wohlfahrtsstaat in Europa kräftig ausgedehnt worden; in den meisten europäischen Ländern ist die Staatsquote kräftig gestiegen, in Deutschland um zehn Prozentpunkte auf derzeit nahezu 50 Prozent.

Verändert hat sich aber auch anderes, so die Vorstellung von technisch bedingten Monopolen. Bei Netzwerken, ob das nun Elektrizitätsleitungen, Erdgasnetze, Telefonleitungen oder Eisenbahnlinien sind, lassen sich Nutzungsrechte (Durchleitungsrechte) definieren, und das technisch bedingte Monopol schwindet. Die inzwischen entwickelte Theorie der rationalen Erwartungen limitiert die Möglichkeiten der Geld- und Finanzpolitik. Die Marktteilnehmer haben eine – wenn auch nur ungefähre – Vorstellung davon, wie Marktprozesse ablaufen, etwa dass exzessive Geldmengenzunahmen in der Zukunft das Preisniveau ansteigen lassen, und stellen sich darauf ein. Und: Verschuldet sich der Staat massiv, so erwarten sie, dass über kurz oder lang die Steuern erhöht werden. Auch darauf stellen sich die Wirtschaftssubjekte ein, und deshalb lähmen expansive Staatsausgaben die private Aktivität. Während diese Tendenzen Friedman bestätigen, wird das Umweltproblem von ihm meiner Ansicht nach angesichts der globalen Probleme etwas zu verniedlichend unter dem Begriff »Nachbarschaftseffekte« behandelt.

Kontrastiert man das Friedman'sche Paradigma damit, wie wir in Deutschland die Dinge institutionell regeln, so ist *Kapitalismus und Freiheit* nach wie vor ein Spiegel, der uns helfen kann, die Richtung der erforderlichen institutionellen Modernisierung zu bestimmen. So vertrauen wir in manchen zentralen Bereichen immer noch auf kollektive Ansätze. Lange hat es gedauert, bis die Deutschen sich vom staatlichen Monopol der Telekommunikation verabschiedet haben, galt es doch bei vielen als unvorstellbar, dass dieser Bereich der »Daseinsvorsorge« dem Markt überlassen werden könnte. Das zentrale Beispiel für kollektive Lösungen aber ist das Regelwerk für Arbeit, bei dem der kollektive Tarifvertrag einen dominanten Stellenwert hat. Wir können uns mit der Idee, dass in diesem Bereich der

Marktprozess eine größere Rolle spielen könnte, kaum anfreunden. Die Deutschen vertrauen halt eher einer Behörde, die die Arbeitslosen vermittelt, und den Kollektivpartnern, als dass sie sich mit der Frage beschäftigen, wie dezentral die Anreize gesetzt sein müssen, damit sich selbsttätig mehr Beschäftigung einstellt und vor allem die Unternehmen mehr Arbeitskräfte nachfragen. Ja, wir stellen durch rechtliche Regelungen wie das Tariftreuegesetz, die Interpretation des Günstigkeitsprinzips und die Nichtzulässigkeit betrieblicher Bündnisse für Arbeit sogar sicher, dass vom Kollektivvertrag nicht zugunsten einer Marktlösung abgewichen werden kann. So ein bisschen ist die Plan- und Kollektivwirtschaft im deutschen Gemüt immer noch vorhanden.

Auch in einem weiteren wichtigen Feld können wir uns für den Wettbewerb nicht so recht erwärmen, dem Hochschulbereich. Dieser für die Innovation und für das in einer Wissensgesellschaft zentrale Humankapital so wichtige Bereich wird im Wesentlichen administrativ-planwirtschaftlich durch Sollziffern und Normgrößen gesteuert. Ja, wir verteilen sogar die knappen Studienplätze durch ein zentrales Amt, die Zentralstelle für die Vergabe von Studienplätzen, so als ob der Staat wüsste, wo der Einzelne studieren soll. Die Politik scheint (noch) nicht bereit, die Bewirtschaftung dieses Bereichs aufzugeben. Dann darf man sich aber auch nicht wundern, dass die Elite der Welt heute in den USA ausgebildet wird, darunter auch viele Söhne und Töchter jener Politiker, die die administrative Lenkung des deutschen Hochschulsystems so vehement verteidigen. In diesen und in anderen Bereichen steht eine Renaissance der Marktwirtschaft an. Insgesamt würde man den Deutschen etwas mehr Drang nach individueller Freiheit und Eigenverantwortlichkeit wünschen.

In *Kapitalismus und Freiheit* findet der Leser viele zentrale Themen Friedmans, etwa die Rolle der Geldpolitik während der Weltwirtschaftskrise der Dreißigerjahre, sein Plädoyer für eine Regelbindung der Geldpolitik, die vielleicht die japanische Blase verhindert hätte, und sein Eintreten für flexible Wechselkurse. Spannend auch, was Friedman über Verteilungsfragen zu sagen hat. Ich wünsche dem Leser viel intellektuelles Vergnügen bei der Lektüre.

Kiel, den 27. April 2002

Horst Siebert ist Präsident des Instituts für Weltwirtschaft in Kiel und Mitglied des Sachverständigenrats für die Begutachtung der gesamtwirtschaftlichen Entwicklung.

Vorwort zur neuen deutschen Ausgabe

In meiner Einleitung zur ersten deutschen Ausgabe dieses Buches 1971 habe ich geschrieben, dass sein Inhalt in den neun Jahren zwischen der englischen und der deutschen Fassung offenbar an Radikalität verloren hat und somit der gängigen Meinung in weit geringerem Maße widerspricht als damals bei seinem ersten Erscheinen. Diese Veränderung der öffentlichen Meinung setzte sich seitdem fort, während gleichzeitig die Rolle des Staates in den Vereinigten Staaten als Reaktion auf das Aufkommen wohlfahrtsstaatlicher Gedanken und der Ideen von Keynes neue Dimensionen annahm. Die öffentliche Meinung und die Praxis entwickelten sich in entgegengesetzte Richtungen. Aber das ist kein Widerspruch. Es dauert immer lange, bis sich ein verändertes Meinungsbild auf die Praxis auswirkt, die ihr eigenes Tempo hat. Außerdem ruft eine größere und stärkere Rolle des Staates entsprechende Gegenbewegungen hervor, sodass das Klima wieder offener für liberale Ansichten wird.

Der Umschwung in der öffentlichen Meinung hatte den Weg bereitet für die Wahl Margaret Thatchers in Großbritannien und Ronald Reagans in den Vereinigten Staaten. Beide Politiker waren in der Lage, die interventionistischen Tendenzen etwas zurückzudrängen, konnten sie aber nicht ganz unterdrücken. Die gesamten Staatsausgaben in den Vereinigten Staaten gingen tatsächlich leicht zurück: von 39 Prozent des Sozialprodukts im Jahr 1982 auf 36 Prozent im Jahr 2000, jedoch war dieser Rückgang fast vollständig auf Kürzungen im Verteidigungsetat zurückzuführen. Die nichtmilitärischen Ausgaben dagegen bewegten sich auf einem relativ gleich bleibenden Niveau: Lagen sie im Jahr 1982 bei 31 Prozent, waren es im Jahr 2000 immer noch 30 Prozent.

Das Meinungsklima veränderte sich mit dem Fall der Berliner Mauer, der Wiedervereinigung Ost- und Westdeutschlands und dem Zerfall der Sowjetunion im Jahr 1992 weiter in Richtung Liberalismus. Nun fand ein Experiment, das sieben Jahrzehnte lang mit zwei alternativen Wirtschaftsformen durchgeführt worden war, ein dramatisches Ende: staatliche Lenkung gegenüber dem Spiel der Marktkräfte, zentrale Planung gegenüber freien Märkten, kurz: Sozialismus gegenüber Kapitalismus. Der Ausgang des Versuchs hatte sich schon an einer Reihe ähnlicher Experimente in kleinerem Rahmen ablesen lassen: Hongkong sowie Taiwan und die Volksrepublik China, Westdeutschland und Ostdeutschland, Südkorea und Nordkorea.

Aber erst mit dem Fall der Berliner Mauer und dem Zusammenbruch der Sowjetunion setzte sich generell die Einsicht durch, dass eine zentrale Planungswirtschaft tatsächlich *Der Weg zur Knechtschaft* ist, wie Friedrich A. Hayek es in seiner brillanten Polemik aus dem Jahr 1944 bezeichnete. Was für die Vereinigten Staaten und Großbritannien gilt, trifft gleichermaßen auf die übrigen westlichen Länder zu. In einem Land nach dem anderen erlebte der Sozialismus in den Nachkriegsjahrzehnten eine Blütezeit, um sich dann nur noch schleppend weiterzuentwickeln oder zu stagnieren. Nur die Entwicklung in Deutschland wich von diesem Muster ab, was Ludwig Erhards mutiger Entscheidung im Jahr 1948 zu verdanken war, als er sich gegen die damals vorherrschende Meinung stellte und eine Währungsreform mit der Abschaffung der Rationierung und einem Abbau der Beschränkungen in Produktion, Handel und Kapitalverkehr kombinierte. Das Ergebnis war ein schnelles und nachhaltiges Wachstum nach dem Krieg – das »deutsche Wirtschaftswunder«. Deshalb verpasste Deutschland zum Teil die Blütezeit des Sozialismus, wie sie andere Länder erlebten, wenngleich es die darauf folgende Phase des schleichenden Sozialismus wieder durchlief.

Heute geht die allgemeine Entwicklung dahin, dass man den Märkten eine größere und dem Staat eine kleinere Rolle einräumt. Diese Tendenz lässt sich in den meisten westlichen Industrieländern nachweisen. Für mich zeigt sich darin, wie lange es tatsächlich dauert, bis sich ein verändertes Meinungsbild auch in der Praxis niederschlägt. Der Siegeszug des Sozialismus in den Nachkriegsjahrzehnten spiegelt die Vorkriegstendenz zum Kollektivismus wider. Der schleichende oder stagnierende Sozialismus der vergangenen Jahrzehnte reflektiert analog dazu die ersten Auswirkungen des Meinungsumschwungs nach dem Krieg. Die weiter zu erwartende Abkehr vom Sozialismus schließlich resultiert aus dem Meinungsumschwung, der durch den Zusammenbruch der Sowjetunion beschleunigt wurde.

Noch dramatischer wirkte sich der Meinungswechsel auf die früheren Entwicklungsländer aus. Dies galt sogar für China, das größte noch kommunistische Land der Erde. Die Einführung von Marktreformen durch Deng Xiaoping Ende der Siebzigerjahre und die damit einhergehende Privatisierung der Landwirtschaft führten zu deutlichen Produktionssteigerungen. Bald wurden weitere marktwirtschaftliche Konzepte in die kommunistisch gelenkte Gesellschaft eingeführt. Die in ihrem Umfang begrenzte Einführung wirtschaftlicher Freiheiten hat das Gesicht Chinas verändert und unseren Glauben an die freie Marktwirtschaft deutlich gestärkt. China ist zwar noch weit von einer wirklich freien Gesellschaft entfernt, aber die Chinesen sind heute zweifellos in jeder Hinsicht – von der politischen abgesehen – freier und wohlhabender als unter Mao. Es gibt sogar erste kleine Anzeichen für die Einräumung politischer Freiheiten, wie sich etwa an der Wahl einiger Beamter in einer wachsenden Zahl von Dörfern zeigt. China hat noch einen weiten Weg vor sich, aber es hat die richtige Richtung eingeschlagen.

In der unmittelbaren Nachkriegszeit hatte die Doktrin noch gelautet, dass die Entwicklung der Dritten Welt eine zentrale Planung sowie massive Auslandshilfen erfordere. Aus dem Versagen dieses Rezeptes auf der ganzen Linie, überzeugend von Peter Bauer und anderen aufgezeigt, und den beeindruckenden Erfolgen der marktorientierten Politik der ostasiatischen Tigerstaaten – Hongkong, Singapur, Taiwan, Südkorea – ist eine völlig andere Entwicklungsdoktrin hervorgegangen. Bislang haben viele Länder in Lateinamerika und Asien, und sogar einige in Afrika, die marktorientierte Richtung eingeschlagen und dem Staat nur eine relativ kleine Rolle eingeräumt. Viele ehemalige sowjetische Satellitenstaaten haben dasselbe getan. In all diesen Fällen hat – so wie auch die These dieses Buches lautet – eine Steigerung der wirtschaftlichen Freiheit zu Steigerungen der bürgerlichen und politischen Freiheiten sowie einem höheren Wachstum geführt. Wettbewerbsorientierter Kapitalismus und Freiheit haben sich als untrennbar miteinander verbunden erwiesen.

Ich kann an dieser Stelle der Versuchung nicht widerstehen und möchte eine Anmerkung machen. Ich schreibe in diesem Buch (Seite 88), dass sich »nur zwei [Währungs-]Mechanismen eignen für eine freie Marktwirtschaft und für den freien Handel. Der erste ist der vollautomatische Goldstandard. ... Der zweite Mechanismus ist ein System von freien Wechselkursen, die auf dem Devisenmarkt durch private Transaktionen ohne Regierungsinterventionen bestimmt werden.« Deutschland hat mit einer Reihe verschiedener Mechanismen experimentiert, seit einem denkwürdigen Nachmittag im Dezember 1950, den ich in Frankfurt mit dem – erfolglosen – Versuch verbrachte, die Deutschen von einer völligen Freigabe der Wechselkurse zu überzeugen. Die Mechanismen bestanden alle daraus, von fixen zu freien Wechselkursen und umgekehrt zu wechseln, wobei es unterschiedliche Formen der Kursstützung gab und jeweils verschiedene Partner an den Experimenten beteiligt waren. Deutschland hat heute die beiden genannten Mechanismen übernommen. Die Europäische Währungsunion ist letztlich für die zwölf Mitgliedsländer das Äquivalent eines »voll automatisierten internationalen Goldstandards«, wobei der Euro die Stelle des Goldes einnimmt. Die Beziehung zwischen dem Euro und den Währungen stellt »ein System freier Wechselkurse« dar. Ob sich die Währungsunion letztlich zum Wohle Deutschlands auswirkt oder nicht – für die Wirtschaftswissenschaftler stellt sie in jedem Fall ein Geschenk dar, denn nun können sie prüfen, welcher der beiden Mechanismen besser funktioniert.

Abschließend möchte ich noch eine persönliche Bemerkung machen: Es ist ein seltenes Privileg für einen Autor, sein eigenes Werk vierzig Jahre nach dem ersten Erscheinen noch einmal bewerten zu können. Ich freue mich sehr, dass ich diese Gelegenheit erhalten habe, und ich bin hocherfreut darüber, dass sich dieses Buch so gut behauptet hat und auch für die heutigen Probleme relevant ist. Wenn ich es noch einmal schreiben würde, dann würde ich die Zweiteilung in wirtschaftliche und politische Freiheit durch die Dreiteilung in wirtschaftliche, bürgerliche und politische Freiheit ersetzen. Seit der Fertigstellung dieses Buches hat mich die Entwicklung in Hongkong bis zur Rückgabe an China davon überzeugt, dass zwar die wirtschaftliche Freiheit eine notwendige Voraussetzung für bürgerliche und politische Freiheiten ist, jedoch die politische Freiheit – so wünschenswert sie auch sein mag – keine unabdingbare Voraussetzung für die wirtschaftliche und bürgerliche Freiheit ist. So sehe ich den großen Mangel dieses Buches darin, dass ich zu wenig auf die Rolle der politischen Freiheit eingegangen bin, die unter manchen Umständen die wirtschaftliche und bürgerliche Freiheit vorantreibt, sie unter anderen Bedingungen aber auch behindert.

Stanford, Kalifornien, 25. März 2002   Milton Friedman

Aus dem Englischen von Maria Bühler

Vorwort zur ersten deutschen Ausgabe von 1971

Zum ersten Mal erschien dieses Buch vor fast zehn Jahren, und es basierte auf Vorlesungen, die weitere fünf Jahre davor gehalten wurden. Der deutsche Leser, der das Buch heute in der Hand hält, wird sicher fragen – und er hat natürlich ein Recht auf die Antwort –, ob die Erfahrungen des letzten Jahrzehnts und die sie begleitenden Diskussionen den Autor dazu gebracht haben, seine Meinung in wesentlichen Punkten zu ändern. Auch will der Leser wissen, ob das Buch bei den heutigen Problemen noch in die Landschaft passt.

Wenn ich heute das Buch noch einmal schreiben würde, kämen einige Probleme deutlicher zur Sprache (für die Vereinigten Staaten die Probleme der Zwangsrekrutierung, der Redefreiheit, der Umweltverschmutzung, der Städte und der Inflation). Andere Dinge wären weniger bedeutend. Dennoch hat nichts im letzten Jahrzehnt meine Meinung darüber geändert, dass die Bewahrung der individuellen Freiheit das Hauptziel aller sozialen Einrichtungen ist; dass staatliche Eingriffe in die private Sphäre die größte Bedrohung für diese Freiheit sind; dass freie Märkte für Güter und Ideen die entscheidende Vorbedingung für die individuelle Freiheit bleiben. Ja, gerade die Ereignisse der letzten zehn Jahre haben mein Vertrauen in diese Maximen bestärkt. Vielleicht ist es nur Rationalisierung, ein Reflex auf die für uns alle bestehende Schwierigkeit, einen Irrtum zuzugeben. Überflüssig zu sagen, dass ich das nicht annehme – aber das soll der Leser selbst entscheiden.

Die Zeit hat freilich auch eine wichtige Funktion erfüllt: Das Buch erscheint heute viel weniger radikal, viel weniger aus dem Rahmen der herkömmlichen Ansichten fallend als beim Ersterscheinungstag. Ich würde diese Entwicklung sehr gern als Ursache und Wirkung interpretieren; ich wünschte, ich könnte glauben, dass die Analyse, die ich in diesem Buch niedergelegt habe, die Veränderungen in den internationalen Vereinbarungen auf monetärem und finanziellem Sektor hervorgerufen haben (die ich gleich noch diskutieren werde); dass die Argumente, die dieses Buch bringt, der Grund dafür waren, dass die allgemeine Wehrpflicht abgeschafft wird, dass in den Schulen mit dem von mir vorgeschlagenen Gutscheinsystem gearbeitet wird und dass es eine negative Einkommensteuer gibt – um nur die wichtigsten Beispiele in den Vereinigten Staaten zu nennen. Jedenfalls ist all das nicht mehr halsstarriges, unrealistisches Räsonieren, es sind praktikable politische Entwicklungen geworden.

So gern ich mir diese Veränderungen in der Praxis und in der vorherrschenden Meinung gutschreiben möchte: Der Lauf der Dinge war selbst viel wirksamer als die Überzeugungskraft meiner Argumente. Der Status quo hat große Autorität. Und die Leute sind nur dem Neuen gegenüber aufgeschlossen, wenn die bestehenden Einrichtungen nicht funktionieren. In all den erwähnten Bereichen haben die bestehenden Einrichtungen nicht funktioniert – und also kam es dazu, dass man nach neuen Lösungen Umschau hielt. Wenn sich die Leute für eine neue Lösung entscheiden, nehmen sie meist das, was gerade vor ihnen liegt. Und daher bin ich mehr und mehr davon überzeugt, dass die Rolle von Büchern wie diesem hier in erster Linie darin liegt, Alternativen für bestehende Einrichtungen aufzuzeigen und lebendig zu halten, bis das Klima für eine ernsthafte Auseinandersetzung mit diesen Alternativen durch die Gemeinschaft mehr oder weniger günstig ist. Weniger liegt die Rolle dieser Bücher darin, Veränderungen der Zustände allein durch ihre Überzeugungskraft zu bewirken.

Wenn auch die Veränderungen in der Praxis und in der herrschenden Meinung, die dieses Buch heutzutage weniger radikal erscheinen lassen, nicht ihm allein gutgeschrieben werden können, so geben sie doch Grund zu der Annahme, dass die darin enthaltene Analyse einen gewissen Wert hat. Die Erfahrung der vergangenen zehn Jahre bestätigt leider meine Befürchtungen über die zunehmenden staatlichen Eingriffe in die persönliche Freiheit; sie dokumentiert auch die Tendenz der staatlichen Maßnahmen, stets die entgegengesetzte Wirkung zu zeitigen zu der, die ihre zwar wohlmeinenden, doch irregeleiteten Befürworter beabsichtigt hatten; und die zehn Jahre zeigen wieder einmal, wie plump und ineffektiv die bürokratische Kontrolle ist im Vergleich zu der freiwilligen Zusammenarbeit von Millionen von Menschen überall auf dieser Erde.

Die internationalen Vereinbarungen auf monetärem und finanziellem Sektor geben das beste Beispiel für die Tatsache, dass sich der Lauf der Ereignisse und die Position, die ich in diesem Buch befürwortet habe, stark einander angenähert haben. Dies ist auch für den deutschen Leser von größter, unmittelbarer Bedeutung. Noch 1962 schrieb ich, dass »freie Wechselkurse ... nur von einer ganz kleinen Schar von Liberalen befürwortet werden«. Diese Einschätzung stimmt nicht mehr. Heute ist nämlich die große Mehrheit der professionellen Wirtschaftswissenschaftler, die sich auf das

Gebiet der internationalen Wirtschaftsbeziehungen spezialisiert haben, für eine größere Flexibilität der Wechselkurse, und eine nicht unerhebliche Minderheit würde mich bei der Forderung nach völlig freien Wechselkursen unterstützen.

Die mehrfachen Goldkrisen der Sechzigerjahre,[1] die in der Spaltung des Goldmarktes durch die USA am 17. März 1968 endeten, sind auf einem langen Umweg doch in die sieben Punkte meines Vorschlages gemündet, den ich für die USA im vierten Kapitel gemacht habe (S. 90 f.). Die USA bestimmen nicht mehr den Goldpreis für private Käufer (mein Punkt 1), obwohl man noch immer den Schein aufrechterhält, indem der Goldpreis für offizielle zwischenstaatliche Transaktionen auf 35 Dollar für die Unze festgehalten wird. Das ist zwar noch so, doch wird er sich nicht halten lassen, wenn einmal größere Mengen Gold zu dem fixierten Preis nachgefragt werden sollten. Die Funktion des festen Preises ist einzig und allein Augenwischerei – um nichtamerikanischen Notenbanken die Möglichkeit zu geben, so zu tun, als befänden sie sich noch immer auf einem Goldstandard.[2]

Die Gold-Reserve-Vorschriften für das Federal Reserve System sind aufgehoben worden (mein Punkt 3).

Der Markt hat einen großen Teil dessen erledigt, was ich von den USA direkt verlangt habe – nämlich den Staat endlich aus dem Goldhortungsgeschäft zu entlassen (mein Punkt 4). Der amerikanische Goldbestand ist in den letzten zehn Jahren um ein Drittel kleiner geworden.

Die Vereinigten Staaten haben sich noch immer nicht von der Fixierung der Wechselkurse zurückgezogen (mein Punkt 5). Doch ihre Haltung in der letzten D-Mark-Krise spricht eine deutliche Sprache.

Dies alles ist eine Wende zum Besseren. Es gab überhaupt nur einen ernsthaften Rückschlag: die Schaffung der Sonderziehungsrechte (Special Drawing Rights) durch internationale Vereinbarungen in der Absicht, »Papiergold« anstelle des wahren Goldes zu setzen. Ich wage hier die Voraussage, dass dieser Versuch zum Scheitern verurteilt ist.

Die Welt ist nicht mehr auf einem Gold-, sondern jetzt auf einem Dollarstandard. Der Dollar ist die Währung, die am meisten in den internationalen Transaktionen gebraucht wird; er ist die Währung, in der die Wechsel-

---

[1] Seit dem Ende der Fünfzigerjahre verzeichneten die USA jährlich erhebliche Zahlungsbilanzdefizite, zu deren Deckung die Zentralbank große Mengen an Gold abstoßen musste. (Anm. d. Red.)
[2] Die Golddeckung des US-Dollar wurde am 15. August 1971, kurz nach der Niederschrift dieses Vorworts, aufgehoben. (Anm. d. Red.)

kurse ausgedrückt werden; und er ist die Währung, mit deren Hilfe die Zentralbanken intervenieren, wenn sie die Wechselkurse ihrer eigenen Währung kontrollieren wollen.

Dieses Ergebnis macht meinen Punkt 7 besonders wichtig: »Andere Nationen werden versuchen, ihre Währungen an den Dollar zu heften.« Sie »werden« nicht nur, die meisten *haben* schon. Und die Folgen waren für die anderen Nationen die gleichen, die ich für die USA nachgewiesen habe, welche ihren Dollar an das Gold heften wollten: andauernde Währungskrisen; entweder riesige Währungsreserven oder deren fast völliges Fehlen; der Druck, auf direkte Devisenkontrollen auszuweichen oder den internationalen Handel mit anderen Mitteln zu beeinflussen; und das alles ohne eine Chance, die einmal zum Dollar festgesetzten Wechselkurse auch halten zu können. Natürlich haben die Nationen nicht zur Kenntnis genommen, dass ihre ganzen Schwierigkeiten einzig und allein aus ihrer falschen Entscheidung resultieren, den an den Dollar gehefteten Wechselkurs zu halten. Sie nahmen ihre Zuflucht zu einer natürlichen menschlichen Entschuldigung: Sie machten andere für ihre Fehler verantwortlich – die Vereinigten Staaten.

Die Erfahrung der vergangenen zehn Jahre dürfte auf jeden Fall klar und deutlich gezeigt haben, dass die Art Wechselkurs-System, die die Deutschen zu handhaben versuchten, die allerschlechteste überhaupt war: nämlich die Wechselkurse zwar vom Staat festzusetzen, dann aber von Zeit zu Zeit doch zu ändern. Weder hat es Sicherheit und die Freiheit von jeglicher Spekulation garantieren können (wie dies bei festen Wechselkursen der Goldstandard konnte), noch hat es Flexibilität und die Möglichkeit zu kleineren Korrekturen gesichert, die wirklich freie Wechselkurse sonst bieten.

Während ich dies schreibe, ist der Wechselkurs der D-Mark frei. Das Beste, was passieren kann, wäre, was ich im Kapitel 4 unterstützt habe: unbegrenzter freier Wechselkurs für die D-Mark und für andere Länder in ihrem Gefolge, sodass alle wichtigeren Währungen gegenüber dem Dollar frei beweglich bleiben. Dies wird vielleicht nicht kommen. Schon einmal, im Herbst 1969, gab es einen freien Wechselkurs der D-Mark, allerdings nur für kurze Zeit. Diesmal heißt es, dass man die freien Wechselkurse eher auf Monate als auf Wochen ausdehnen möchte. Vielleicht werden sich wieder einmal die Herren von der Zentralbank durchsetzen, und der Kurs der Mark wird erneut festgelegt. Wenn dies geschieht, wird sich alles wiederholen, und beim nächsten Mal wird die Periode des freien Wechselkurses nur noch länger dauern. Die wirtschaftlichen Kräfte sind allemal stärker als die altmodischen Vorstellungen der Zentralbanken. Die Flexibilität der Wechselkurse ist in den vergangenen zehn Jahren gestiegen, in den kommenden zehn Jahren werden die Wechselkurse noch flexibler werden.

In der kritischen Phase kurz nach dem letzten Weltkrieg, als der Glaube an die freien Märkte und die individuelle Freiheit einen Tiefststand erreicht hatten, entschied sich Deutschland für den Durchbruch zu wirtschaftlicher Freiheit, der weit reichende Konsequenzen hatte. Der mutige Entschluss von Ludwig Erhard, die Preise frei sich selbst finden zu lassen und alle Interventionen auf den Märkten abzuschaffen, brachte den Deutschen ihr Wirtschaftswunder. Das Beispiel richtete den Glauben an die freie Marktwirtschaft überall wieder auf. Und es trug dazu bei, dass der schon völlig unvermeidlich erscheinende Zug hin zu Zentralplanwirtschaft und zum Kollektivismus weit gehend verlangsamt wurde. Unglücklicherweise wurde die Medizin vergessen, nachdem sie gewirkt hatte und man die wirtschaftliche Gesundung als selbstverständlich ansah. Der Zug weg von der freien Marktwirtschaft im Inland hat sich in Deutschland – wie auch anderswo – schon wieder in Bewegung gesetzt.

Jetzt hat Deutschland wiederum die Chance, der Welt ein Beispiel zu geben und ihr erneut zu zeigen, dass freie Märkte erheblich effizienter arbeiten, wenn es darum geht, die Aktivitäten von Millionen von Menschen ohne Friktionen und Konflikte aufeinander abzustimmen, als staatliche Planung. Diesmal liegt Deutschlands Chance im internationalen Bereich. Eine freie Marktwirtschaft für Wechselkurse wird auch ein »Wirtschaftswunder« hervorbringen, das genauso eindrucksvoll sein wird wie das Wunder, das für die inländischen Preise durch die freie Marktwirtschaft eingetreten ist – freilich nur, wenn man sie gewähren lässt.

Wenn ich mein Buch nunmehr der deutschen Öffentlichkeit vorstelle, hoffe ich, dass es sie ein wenig ermutigt, das Experiment erfolgreich fortzusetzen, dass es ihre Widerstandskraft gegen die Sirenenklänge stärkt, die ihr einreden wollen, man solle alles dem Staat überlassen – und dass es ihren Widerstand nicht nur in Bezug auf die Wechselkurse stärkt, sondern auch in Bezug auf alle Lebensbereiche, die von den Fangarmen der Bürokratie bedroht sind.

Chicago, Illinois, 28. Mai 1971   Milton Friedman

Einleitung

In einer viel zitierten Passage seiner Inaugurationsrede sagte Präsident Kennedy: »Fragt nicht, was Euer Land für Euch tun kann – fragt, was Ihr für Euer Land tun könnt!« Für den Geist unserer Zeit ist es sehr bezeichnend, dass sich die Auseinandersetzung über diese Passage nur um die Herkunft dieses Satzes dreht – und nicht auch um seinen Inhalt. Denn weder die eine noch die andere Hälfte des Satzes drückt die Beziehungen aus zwischen dem Bürger und seiner Regierung, die eines freien Menschen in einer freien Gesellschaft würdig sind. Das »Was Euer Land für Euch tun kann« ist paternalistisch: Die Regierung ist der Herr und der Bürger sein Schutzbefohlener. Es steht ganz im Gegensatz zu dem Glauben eines freien Individuums an seine Verantwortung für sein eigenes Schicksal. Das anschließende Gegenstück »Was Ihr für Euer Land tun könnt« beinhaltet: Der Staat ist der Herr oder die Gottheit und der Bürger der Diener oder getreue Anbeter.

Für den freien Bürger ist sein Land jedoch die Versammlung der Individuen, die es bilden, nichts außerhalb oder gar über ihm Stehendes. Der freie Bürger ist zwar stolz auf das gemeinsame Erbe und loyal gegenüber gemeinsamen Traditionen. Doch den Staat betrachtet er nur als Mittel, als ein Instrument und nicht als einen Spender von Gunst und milden Gaben oder als Herrn und Gott, dem er blind gehorchen und dienen muss. Er kann kein nationales Ziel anerkennen, es sei denn, es handelt sich um einen gemeinsam von allen einzeln gebildeten Konsensus. Und es gibt für ihn keine nationalen Ziele, es sei denn den Konsens über Ziele, der von allen einzeln herbeigeführt wurde.

Der freie Bürger wird weder fragen, was sein Land für ihn tun kann, noch was er für sein Land tun kann. Er wird vielmehr fragen: »Was kann ich mit meinen Landsleuten mithilfe der Regierung erreichen?« – beim Erfüllen meiner individuellen Pflichten; beim Erreichen unserer individuellen Ziele und Zwecke; und vor allem beim Bewahren unserer individuellen Freiheit. Und mit dieser Frage wird er noch eine zweite verbinden: Wie können wir verhindern, dass die Regierung, die wir geschaffen haben, ein Monster wie »Frankenstein« wird, das schließlich die Freiheit vernichtet, zu deren Schutz wir doch die Regierung überhaupt erst eingesetzt haben? Freiheit ist eine seltene und delikate Pflanze. Unser Verstand sagt uns, und die Geschichte bestätigt es, dass die große Gefahr für die Freiheit in der Konzentration von Macht beschlossen liegt. Regierungen sind notwendig, um unsere Freiheit zu schützen. Sie sind das Instrument, mit dessen Hilfe wir unsere Freiheiten ausüben können; doch bei der Konzentration von Macht in der Hand der Politiker beginnt die Gefahr für die Freiheit. Auch wenn die Männer, die diese Macht ausüben, ursprünglich guten Willens sind, und selbst, wenn sie nicht von der Macht, die sie ausüben, korrumpiert werden: so ist es doch Macht, die sie anzieht und die andere Männer aus ihnen macht.

Aber wie können wir Nutzen haben von dem, was die Regierung an Gutem verspricht, und dabei gleichzeitig die Bedrohung der Freiheit vermeiden? In der amerikanischen Verfassung sind zwei klare Prinzipien beschlossen, die uns sagen, wieso wir bisher unsere Freiheit behalten haben, wenn sie auch in der Praxis des Öfteren verletzt wurden, obwohl sie als Gebote galten.

Erstens: Der Spielraum der Regierung muss beschränkt sein. Ihre Aufgabe muss es sein, unsere Freiheit zu schützen, insoweit sie von außerhalb bedroht ist und insoweit sie unsere Mitbürger verletzen könnten: also für Gesetz und Ordnung zu sorgen, die Einhaltung privater Verträge zu überwachen, für Wettbewerb auf den Märkten zu sorgen. Neben dieser Hauptfunktion kann uns die Regierung noch helfen, Aufgaben zu erfüllen, von denen wir glauben, dass sie für Einzelne zu schwierig oder zu kostspielig wären. Indessen: Auch in diesem Gebrauch der Regierungsgewalt liegt eine Gefahr beschlossen. Zwar können und sollen wir es nicht vermeiden, die Regierung auf diese Weise zu gebrauchen. Dennoch sollten wir eine klare und ausführliche Berechnung der Vorteile anstellen, bevor wir uns darauf einlassen. Indem wir uns in erster Linie auf freiwillige Kooperation und privaten Unternehmungsgeist in wirtschaftlichen oder sonstigen Aktivitäten verlassen, können wir sichergehen, dass der private Sektor der Zügel ist, den wir dem Staatssektor anlegen, und daneben ein wirksamer Schutz der Redefreiheit, der Freiheit der Religion und der Freiheit der Gedanken.

Das zweite klare Prinzip ist, dass die Macht der Regierung verteilt sein muss. Wenn die Regierung schon Macht ausübt, dann besser im Landkreis als im Bundesland, besser im Bundesland als in der Hauptstadt. Wenn mir das nicht passt, was in meiner näheren Umgebung geschieht – seien es Abwässer- oder Schulprobleme –, kann ich immer noch in einen anderen Landkreis ziehen. Und wenn auch nur wenige tatsächlich umziehen, so ist doch die Möglichkeit, dass sie es tun könnten, ein Zügel. Und wenn mir nicht gefällt, was mein Bundesstaat macht, kann ich in einen anderen ziehen. Erst wenn mir nicht passt, was in Washington geschieht, dann habe ich nur wenig Auswahl in dieser Welt einander misstrauender Nationen.

Natürlich ist gerade die Tatsache, dass man der Gesetzgebung der Zentralgewalt so schwer entkommen kann, ein Hauptargument der Befürworter des Zentralismus. Sie glauben, dass man in einer zentralistischen Ordnung viel effektivere Gesetzgebungen starten kann, die dann – wie sie es sehen – im Interesse der Öffentlichkeit liegen, ganz gleich, ob es sich jetzt um die Übertragung von Einkommen von den Reichen auf die Armen handelt oder darum, das Geld von den Privaten auf die Regierung umzuleiten. In einer Hinsicht haben sie Recht. Aber die Medaille hat ihre zwei Seiten. Die Macht, Gutes zu tun, ist zugleich die Macht, Schlechtes zu tun und Schaden anzurichten. Wer heutzutage die Macht ausübt, kann sie morgen verloren haben. Und noch wichtiger: Was der eine als gut ansieht, empfindet der andere als schädlich. Die große Tragödie bei dem Zug hin zur Zentralisation, wie bei der Bewegung hin zur Ausdehnung der Regierungsgewalt, ist, dass diese Bewegung jedes Mal von Leuten guten Willens angeführt wird, die dann die ersten sind, die das Ganze bereuen.

Die Bewahrung der Freiheit ist der entscheidende Grund, um die Staatsgewalt zu beschränken und zu dezentralisieren. Daneben gibt es auch noch einen strukturellen Grund: Die großen Erfolge der Zivilisation, ob in der Architektur, in der Malerei, in Wissenschaft oder Literatur, in Industrie oder Landwirtschaft, sind nie von zentralen Staatsgewalten ausgegangen. Kolumbus lief nicht aus, um einen neuen Seeweg nach Indien zu finden, nachdem man ihm die Direktiven der Parlamentsmehrheit mit auf den Weg gegeben hatte (wenn er auch zum Teil von einem absoluten Monarchen finanziert wurde). Newton und Leibniz, Einstein und Bohr, Shakespeare, Milton und Pasternak, Whitney, McCormick, Edison und Ford, Jane Addams, Florence Nightingale und Albert Schweitzer: Niemand von ihnen öffnete die Grenzen im menschlichen Wissen und Verstehen, in der Literatur, in den Techniken oder in der Erleichterung menschlichen Elends in Antwort auf staatliche Direktiven. Ihre Leistungen waren das Ergebnis individuellen Genies, kraftvoll vertretener Minderheits-Ansichten, eines sozialen Klimas, das Verschiedenheit und Mannigfaltigkeit erlaubte.

Der Staat kann nie die Vielfalt und Verschiedenheit individueller Aktionen ersetzen. In bestimmten Augenblicken kann durch die Normierung und Einführung uniformer Standards im Wohnungsbau, in der Ernährung, in der Kleidung durch den Staat das Lebensniveau vieler Individuen verbessert werden. Durch die Uniformierung im Schulwesen, im Straßenbau, im

Gesundheitswesen kann die Regierung zweifellos in vielen kleinen Gemeinden einiges verbessern. Auf die Dauer freilich würde der Staat Fortschritt durch Stagnation ersetzen und an die Stelle der Vielfalt uniforme Mittelmäßigkeit setzen. Dabei ist die Vielfalt gerade essenziell für die Experimente, die es uns erlauben, morgen schon zu faulenzen, obwohl wir heute noch arme Schlucker sind.

Dieses Buch stellt einige dieser großen Streitfragen zur Diskussion. Sein Leitmotiv ist dabei die Rolle des wettbewerblich organisierten Kapitalismus – also die Organisation der ganzen Masse der wirtschaftlichen Aktivität durch private Unternehmen, die auf freien Märkten operieren – als eines Systems von wirtschaftlicher Freiheit und einer notwendigen Bedingung für politische Freiheit. Ein Nebenthema ist die Rolle, die die Regierung in einer freien Gesellschaft spielen sollte, also in einer Gesellschaft, die sich in erster Linie auf den Markt verlässt, der die wirtschaftliche Aktivität organisiert.

In den ersten beiden Kapiteln werden diese Streitfragen abstrakt diskutiert, also mehr in Prinzipien als in konkreten Anwendungsfällen. Die weiteren Kapitel wenden dann diese Prinzipien auf verschiedene Probleme an.

Ein abstrakter Gedanke kann natürlich erschöpfend und umfassend dargestellt werden. Dieses Ideal wird in den kommenden beiden Kapiteln sicher nicht erreicht. Und auch die Anwendungsfälle für die Prinzipien können nicht vollständig sein. Jeder Tag bringt neue Probleme und Umstände. Daher kann die Rolle des Staates auch nicht ein für alle Mal in den Begriffen seiner spezifischen Funktion definiert werden. Daher müssen wir auch von Zeit zu Zeit die – wie wir hoffen – unveränderlichen Prinzipien zur Lösung der Tagesprobleme neu überdenken. Als Nebenprodukt fällt dabei unvermeidlich ein neuerlicher Test für die Prinzipien ab, und zugleich schärft das unser Verständnis für sie.

Es wäre sehr bequem, eine Bezeichnung für die politischen und wirtschaftlichen Grundsätze zu haben, die in diesem Buch angesprochen werden. Die richtige und passende Bezeichnung ist »Liberalismus«. »Bedauerlicherweise«, sagt Joseph Schumpeter, »haben die Feinde des Systems des privaten Unternehmertums es für weise gehalten, seinen Namen anzunehmen. Das ist ein auszeichnendes, nur leider nicht beabsichtigtes Kompliment.«[1] Daher hat »Liberalismus« in den Vereinigten Staaten heute eine

---

[1] Joseph Schumpeter, *History of Economic Analysis*, New York: Oxford University Press, 1954, S. 394 (dt.: *Geschichte der ökonomischen Analyse*, Göttingen: Vandenhoeck & Ruprecht, 1965).

ganz andere Bedeutung als im 19. Jahrhundert und auch noch in weiten Teilen des europäischen Kontinents.

Als sich eine intellektuelle Bewegung im späten 18. und frühen 19. Jahrhundert unter dem Namen »Liberalismus« entwickelte, betonte sie die Freiheit als das höchste Ziel und sah im Individuum das höchste Wesen innerhalb der Gesellschaft. Die Bewegung unterstützte das Laissez-faire als ein Mittel, im Inneren die Rolle des Staates in den wirtschaftlichen Angelegenheiten zurückzudrängen und die Rolle des Individuums zu stärken. Nach außen hin unterstützte sie den freien Handel als ein Mittel, die Nationen der Welt friedlich und demokratisch zu verbinden. In der Politik unterstützte diese Bewegung die Entwicklung der repräsentativen Demokratie und der parlamentarischen Institutionen, die Beschränkung der staatlichen Willkür und den Schutz der bürgerlichen Freiheiten der Individuen.

Im späten 19. Jahrhundert – und speziell nach 1930 in den Vereinigten Staaten – wurde der Begriff »Liberalismus« mit einer ganz anderen Betonung verwendet, vor allem in der Wirtschaftspolitik. Er wurde in Verbindung gebracht mit der Bereitschaft, sich bei der Erreichung von allgemein anerkannten Wünschen in erster Linie auf den Staat zu verlassen und nicht mehr auf private und freiwillige Vereinbarungen. Die Stichworte hießen jetzt »Sozialstaat« und »Gleichheit« und nicht mehr »Freiheit«. Der Liberale des 19. Jahrhunderts betrachtete die Ausdehnung der Freiheit als den effektivsten Weg, um den sozialen Staat und die Gleichheit zu erreichen. Der Liberale des 20. Jahrhunderts betrachtete die allgemeine Wohlfahrt und die Gleichheit als Voraussetzungen oder als Alternativen zur Freiheit. Im Namen der Wohlfahrt und der Gleichheit begann der Liberale des 20. Jahrhunderts die Wiederbelebung der Politik eben jenes Staatsinterventionismus und Paternalismus zu betreiben, gegen die der klassische Liberale gekämpft hatte. Indem er die Uhr zurückdreht bis zum Merkantilismus des 17. Jahrhunderts, liebt es der neue Liberale, die wahren Liberalen als Reaktionäre zu beschimpfen.

Der Wandel in der Bedeutung, die dem Wort Liberalismus beigelegt wurde, ist in wirtschaftlichen Fragen noch auffallender als in politischen. Der Liberale des 20. Jahrhunderts setzt sich, ebenso wie der Liberale des 19. Jahrhunderts, für parlamentarische Institutionen ein, für repräsentative Volksvertretung, Menschenrechte und derlei mehr. Dennoch liegt auch in den politischen Dingen ein bemerkenswerter Unterschied: Eifersüchtig auf die Freiheit wachend und daher ängstlich gegenüber zentralisierten Gewalten, sei es in staatlicher oder in privater Hand, favorisierte der Liberale des

19. Jahrhunderts die politische Dezentralisation. Ganz im Handeln aufgehend und im Vertrauen auf die Wohltaten, die sich aus der Staatsmacht ergeben, solange diese nur offen sichtbar vom Elektorat kontrolliert ist, favorisiert der Liberale des 20. Jahrhunderts die zentrale Staatsgewalt. Seine Zweifel darüber, wo wohl die Staatsgewalt lokalisiert sein soll, wird er dadurch zerstreuen, dass diese besser im Staat als in der Stadt aufgehoben sei und besser bei der Bundesregierung als beim Land, und bei einer Welt-Organisation schließlich besser als bei einer nationalen Regierung.

Da der Begriff Liberalismus also korrumpiert ist, werden die Ansichten, die früher mit seinem Namen bezeichnet wurden, heute »Konservativismus« benannt. Das ist indessen keine befriedigende Alternative. Der Liberale des 19. Jahrhunderts war ein Radikaler, und zwar in doppelter Hinsicht: im etymologischen Sinn jemand, der den Dingen auf den Grund, an die Wurzel geht, und im politischen Sinn jemand, der sich für die großen Veränderungen in den sozialen Institutionen einsetzt. In diesem Sinn muss sich sein moderner Erbe verhalten. Wir wollen nicht die staatlichen Interventionen konservieren, die unsere Freiheit so sehr beschnitten haben. Wir wollen nur diejenigen bewahren und ihre Gedanken, die den Liberalismus befürwortet haben. Im Übrigen beginnt der Ausdruck »konservativ« ein breites Spektrum von Ansichten zu decken, worunter natürlich auch so völlig unvereinbare und nur mit einem Bindestrich verbundene Begriffsbildungen stehen wie »liberal-konservativ« oder »aristokratisch-konservativ«.

Teils, weil ich nicht will, dass der Begriff für Maßnahmen missbraucht wird, die unsere Freiheit zerstören, teils, weil ich auch keinen besseren Begriff finde, möchte ich diese Schwierigkeiten dadurch lösen, dass ich das Wort Liberalismus in seinem ursprünglichen Sinn gebrauche – die Doktrin also damit bezeichne, die zu einem freien Menschen gehört.

1 Die Beziehung zwischen wirtschaftlicher und politischer Freiheit

Es wird allgemein angenommen, dass Politik und Wirtschaft voneinander unabhängig sind und wenig Beziehungen zueinander haben; dass die Freiheit des Einzelnen ein politisches und der materielle Wohlstand ein wirtschaftliches Problem ist; und dass ferner jede Form der Politik mit jeglicher Form von Wirtschaftsordnung gekoppelt werden kann. Die hauptsächliche gegenwärtige Manifestation dieser Meinung findet sich in der Befürwortung eines »demokratischen Sozialismus« von Seiten vieler, die zunächst einmal die Beschränkungen der individuellen Freiheit seitens des »totalitären Sozialismus« in der Sowjetunion ablehnen, die aber andererseits meinen, dass es einem Land möglich sein müsste, die Grundformen des sowjetischen Wirtschaftssystems zu übernehmen und zu gleicher Zeit individuelle Freiheit durch politische Maßnahmen zu garantieren. In diesem Kapitel soll die These vertreten werden, dass diese Ansicht ein Irrtum ist und dass zwischen Wirtschaft und Politik engste Beziehungen bestehen, dass nur bestimmte Kombinationen wirtschaftlicher und politischer Formen möglich sind, sowie insbesondere, dass eine sozialistische Gesellschaft nicht zugleich demokratisch sein kann – jedenfalls nicht in dem Sinne, dass sie persönliche Freiheit garantiert.

Ökonomische Einrichtungen spielen eine doppelte Rolle bei der Erreichung einer freien Gesellschaft. Auf der einen Seite wird die Freiheit bei wirtschaftlichen Vereinbarungen selbst als eine Komponente der Freiheit verstanden, sodass wirtschaftliche Freiheit bereits ein Ziel für sich darstellt. Zum Zweiten ist die wirtschaftliche Freiheit ein unverzichtbarer Bestandteil bei der Erreichung politischer Freiheit.

Die erstgenannte Rolle der wirtschaftlichen Freiheit muss vor allem betont werden, da besonders die Intellektuellen ein starkes Vorurteil dagegen haben, diesen Aspekt der Freiheit als wichtig anzuerkennen. Sie hegen ganz allgemein Geringschätzung für das, was sie als die materiellen Aspekte im Leben ansehen, und dabei wollen sie, dass man ihr eigenes Streben nach angeblich höheren Werten als auf einer ganz anderen Sphäre der Bedeutung liegend und spezielles Interesse verdienend betrachtet. Für die meisten Bürger dieses Landes indessen, und auch für die Intellektuellen, ist die direkte Bedeutung der wirtschaftlichen Freiheit zumindest ebenso wichtig wie die indirekte Bedeutung dieser wirtschaftlichen Freiheit als eines Mittels zur Erreichung politischer Freiheit.

Den Bürgern Großbritanniens, die nach dem Zweiten Weltkrieg nicht ihre Ferien in den Vereinigten Staaten verbringen durften, da eine Devisenbewirtschaftung bestand, wurde ebenso ein essenzielles Stück Freiheit vorenthalten wie den Bürgern der Vereinigten Staaten, die wegen ihrer politischen Ansichten keine Ferien in Russland verbringen durften. Dabei war das eine offenbar eine wirtschaftliche Beschränkung der Freiheit und das andere eine politische. Dennoch besteht kein wesentlicher Unterschied zwischen beiden.

Der Bürger der Vereinigten Staaten, der durch das Gesetz gezwungen wird, runde zehn Prozent seines Einkommens für den Kauf von bestimmten Formen der Alterssicherung zu verwenden, die dann vom Staat verwaltet werden,[1] wird um einen entsprechenden Teil seiner persönlichen Freiheit gebracht. Wie stark dieser Verlust empfunden wurde und wie eng er mit dem Verlust religiöser Freiheit zusammenhängt, die man eher als »bürgerliche« oder »politische« Freiheit und nicht so sehr als »ökonomische« Freiheit bezeichnet, wird klar an dem Beispiel einer Gruppe von Farmern der amerikanischen Amish-Sekte. Aus prinzipiellen Gründen hält diese Gruppe eine Zwangs-Altersvorsorge für einen Eingriff in ihre persönliche individuelle Freiheit. Daher verweigerte sie die Steuerzahlung, wie sie sich andererseits sträubte, Unterstützungszahlungen anzunehmen. Das Resultat war, dass ihr Viehbestand zum Teil zwangsversteigert wurde, um die Ansprüche der Sozialversicherung zu befriedigen. Gewiss: Die Zahl der Bürger, die in der zwangsweisen Altersversicherung eine Abweichung vom Pfad der Freiheit sehen, wird klein sein, doch wer an die persönliche Freiheit glaubt, zählt keine Köpfe.

Der Bürger der Vereinigten Staaten, der aufgrund der Gesetze einiger Bundesstaaten nur dann die Beschäftigung aufnehmen kann, die er sich gewählt hat, wenn er dafür eine Lizenz bekommt, wird um einen entscheidenden Teil seiner Freiheit gebracht. Das Gleiche gilt für den, der einen Teil seiner Güter beispielsweise mit einem Schweizer gegen eine Uhr austauschen will, doch daran durch das Bestehen von Einfuhrquoten gehin-

---

[1] Heute (Stand: 2002) beträgt der Pflichtbeitrag zur staatlichen Sozialversicherung, den jeder erwerbstätige US-Bürger einschließlich der Selbstständigen, jedoch ausschließlich der Angestellten des öffentlichen Dienstes zu leisten hat, 7,65 Prozent des Bruttoeinkommens. Er wird ergänzt durch Abgaben an betriebliche Pensionskassen, die oft tariflich vereinbart sind, sowie durch freiwillige private Altersvorsorge. (Anm. d. Red.)

dert wird. Und ebenso ergeht es dem Kalifornier, der ins Gefängnis wanderte, weil er Alka Seltzer zu einem Preis verkaufte, der unter dem vom Hersteller gebundenen Preis lag, nur weil das die so genannten »Gesetze für fairen Handel« erlaubten. Und das Gleiche gilt schließlich für den Farmer, der nicht so viel Getreide anbauen darf, wie er will, da es die Anbaubeschränkungen der Regierung gibt, und derlei Dinge mehr. Es ist ganz klar: Wirtschaftliche Freiheit als solche macht einen bedeutenden Teil der ganzen Freiheit aus.

Betrachtet man sie als ein Mittel zum Zweck der politischen Freiheit, so sind die wirtschaftlichen Arrangements wichtig, weil sie einen Einfluss auf die Konzentration und die Verteilung der Macht ausüben. Die wirtschaftliche Organisationsform, die unmittelbar für wirtschaftliche Freiheit sorgt, nämlich der Wettbewerbs-Kapitalismus, sorgt auch für politische Freiheit, da sie die wirtschaftliche Macht von der politischen Macht trennt und es dabei beiden Mächten ermöglicht, sich gegenseitig zu neutralisieren.

Aus der Geschichte wird ganz evident, wie die politische Freiheit und der freie Markt zusammenhängen. Ich kenne kein Beispiel, wo es eine Gesellschaft gegeben hat, in der es ein hohes Maß an politischer Freiheit gab und wo nicht zugleich etwas existierte, das mit freien Märkten vergleichbar gewesen wäre, auf denen sich die gesamte wirtschaftliche Freiheit voll entfalten konnte.

Weil wir in einer ziemlich freien Gesellschaft leben, neigen wir dazu, zu vergessen, wie sehr beschränkt doch die Spanne Zeit ist und der Teil der Welt, wo schon einmal politische Freiheit existiert hat: Der typische Zustand der menschlichen Geschichte war stets Tyrannei, Knechtschaft und Elend. Nur das 19. und frühe 20. Jahrhundert in der westlichen Welt bilden auffallende Ausnahmen im generellen Trend der geschichtlichen Entwicklung: Da gab es bezeichnenderweise politische Freiheit, und zwar in engem Zusammenhang mit dem freien Markt und der Entwicklung kapitalistischer Institutionen. Das Geiche gilt für die Zeiten politischer Freiheit im goldenen 5. Jahrhundert Griechenlands und in den ersten Abschnitten des Römischen Reiches.

Die Geschichte lehrt jedoch nur, dass der Kapitalismus eine notwendige Voraussetzung für politische Freiheit ist. Eine hinreichende Bedingung ist er freilich nicht. Das faschistische Italien, das faschistische Spanien, Deutschland in verschiedenen Zeiträumen seiner Geschichte der letzten siebzig Jahre, Japan vor dem Ersten und dem Zweiten Weltkrieg, das Zarenreich in den Jahrzehnten vor dem Ersten Weltkrieg: das waren alles Gesellschaften, die man offenkundig nicht als politisch frei bezeichnen kann. Dennoch war in allen das private Unternehmertum die dominante Form der wirtschaftlichen Organisation. Es ist also ohne weiteres möglich, wirtschaftliche Strukturen zu haben, die fundamental kapitalistisch sind, und politische Strukturen, die zugleich unfrei sind.

Selbst in diesen Gesellschaften hatte die Bürgerschaft meist noch erheblich mehr Freiheiten als in den modernen totalitären Staaten wie in Nazi-Deutschland oder in der Sowjetunion, in denen wirtschaftlicher Totalitarismus mit ökonomischem Totalitarismus verbündet ist. Selbst im Russland der Zaren war es für einige Bürger unter bestimmten Umständen möglich, einen Beruf ohne Erlaubnis der politischen Autoritäten zu wechseln, weil der Kapitalismus und die Existenz von privatem Eigentum noch ein gewisses Gegengewicht gegen die zentrale Staatsgewalt bildeten.

Die Beziehung zwischen politischer und ökonomischer Freiheit ist komplex und auf keinen Fall einseitig. Im frühen 19. Jahrhundert waren Bentham und die philosophischen Radikalen geneigt, politische Freiheit als das Mittel zur Erreichung wirtschaftlicher Freiheit anzusehen. Sie glaubten, dass die Massen durch die Restriktionen, die man ihnen auferlegt hatte, gehindert wären, und dass sie sich in dem Augenblick, in dem eine politische Reform die allgemeine freie Wahlmöglichkeit gebracht hätte, für das entscheiden würden, was für sie gut sei: also für das Prinzip des Laissez-faire. Rückblickend kann man nicht sagen, dass sie Unrecht hatten. Es kam zu einer ganzen Reihe politischer Reformen, die von wirtschaftlichen Reformen begleitet waren, und zwar in Richtung auf eine weitere Verwirklichung des Prinzips des Laissez-faire. Diesem Wandel in den wirtschaftlichen Strukturen folgte ein enormer Anstieg im Wohlstand der breiten Massen.

Dem Triumph des Benthamschen Liberalismus im England des 19. Jahrhunderts folgte die Reaktion in Richtung eines vermehrten Staatsinterventionismus in wirtschaftlichen Angelegenheiten. Diese Tendenz zum Kollektivismus wurde in England ebenso wie auch anderswo sehr stark durch die beiden Weltkriege beschleunigt. Wohlstand, und nicht mehr Freiheit, spielte die dominierende Rolle in den demokratischen Staaten. Nachdem sie die darin implizierte Bedrohung für den Individualismus erkannt hatten, befürchteten die intellektuellen Erben der philosophischen Radikalen – Dicey, von Mises, von Hayek und Simons, um nur einige von ihnen zu nennen –, dass jedes weitere Fortschreiten in Richtung auf eine zentralisierte Kontrolle der wirtschaftlichen Aktivität das bewahrheiten würde, was von Hayek in seinem Buch *Der Weg zur Knechtschaft* vorhergesagt hatte, das diesen Prozess genau analysierte. Jetzt legte man die Betonung auf die wirtschaftliche Freiheit, um damit wieder die politische Freiheit zu erreichen.

Die Ereignisse seit dem Zweiten Weltkrieg zeigen noch eine andere Beziehung zwischen wirtschaftlicher und politischer Freiheit auf. Die kollektivistische wirtschaftliche Planung hat sich jetzt noch zusätzlich in die individuelle Freiheit eingemischt. In einigen Ländern war das Resultat zunächst nicht eine Unterdrückung der Freiheit, sondern eine Wende in der Wirtschaftspolitik. Auch hier bot wiederum England das treffendste Beispiel. Der Punkt, an dem es umschlug, war vermutlich die Verordnung zur »Kontrolle der Beschäftigung«, die die Labour-Partei trotz großer unguter Gefühle für notwendig hielt, um ihre Wirtschaftspolitik durchzuführen. Wäre das Gesetz voll und ganz durchgesetzt und befolgt worden, hätte es die zentrale Steuerung der Beschäftigung aller Individuen bedeutet. Dies stieß jedoch so stark mit der persönlichen Freiheit zusammen, dass es nur in einer geringen Zahl von Fällen angewendet und wieder zurückgenommen wurde, nachdem es erst eine kurze Zeit in Kraft gewesen war. Diese Zurücknahme leitete einen entscheidenden Wandel in der Wirtschaftspolitik ein, die jetzt gekennzeichnet war von einem verringerten Vertrauen in Zentral-»Pläne« und Zentral-»Programme«, durch die Ablösung vieler Kontrollen und einer wachsenden Betonung der privaten Märkte. Ein ähnlicher Wandel machte sich in den meisten anderen demokratischen Ländern bemerkbar.

Die nahe liegende Erklärung für diesen Wandel in der Politik ist der begrenzte Erfolg der Zentralplanwirtschaft oder ihr offenkundiges Versagen beim Erreichen vorgenommener Vorhaben. Auf jeden Fall kann dieses Versagen zumindest in einem bestimmten Ausmaße auf die politischen Implikationen der zentralen Planung zurückgeführt werden und den Unwillen, ihrer Logik zu folgen, nach der man rücksichtslos über wertvolle private Rechte trampeln muss. Möglicherweise ist diese Wende nur eine vorübergehende Unterbrechung in dem kollektivistischen Trend dieses Jahrhunderts. Selbst wenn dem so ist, illustriert sie doch die engen Beziehungen zwischen politischer Freiheit und wirtschaftlichen Einrichtungen.

Die geschichtliche Evidenz allein kann nie überzeugen. Möglicherweise war es ein Zufall, dass die Ausdehnung der Freiheit in derselben Zeit stattfand wie die Entwicklung kapitalistischer und marktwirtschaftlicher Institutionen. Warum soll es da eine Verbindung geben? Wo sind die logischen Verbindungsglieder zwischen wirtschaftlicher und politischer Freiheit? Wenn wir diese Fragen diskutieren, werden wir zunächst den Markt als einen direkten Bestandteil der Freiheit betrachten und anschließend die indirekten Verbindungen zwischen marktwirtschaftlichen Strukturen und politischer Freiheit. Als Nebenprodukt wollen wir die ideale Wirtschaftsstruktur für eine freie Gesellschaft aufzeigen.

Als Liberale sehen wir in der Freiheit des Individuums und vielleicht noch in der Freiheit der Familie das höchste Ziel aller sozialen Einrichtungen. In diesem Sinne hat Freiheit als ein Wert etwas mit den Beziehungen der Menschen untereinander zu tun. Für Robinson Crusoe auf seiner einsamen Insel hatte sie keine Bedeutung (Robinson ohne seinen Freitag). Robinson Crusoe auf seiner Insel ist »Zwängen« unterworfen, er hat beschränkte »Kräfte«, und er hat nur eine begrenzte Anzahl von Alternativen. Doch es besteht kein Problem für die Freiheit in einem Sinne, der für unsere Diskussion relevant werden könnte. Genauso sagt in einer Gesellschaft die Freiheit nichts darüber aus, was ein Individuum mit dieser Freiheit macht; es ist keine allumfassende Ethik. Tatsächlich ist es eines der Hauptziele des Liberalismus, die ethischen Probleme dem Individuum zu überlassen, damit es mit diesen Problemen allein fertig werden kann. Die »wirklich« wichtigen ethischen Probleme sind solche, denen ein Individuum in einer freien Gesellschaft gegenübersteht: Nämlich zum Beispiel das Problem, was er mit seiner Freiheit anfangen soll. Daher gibt es zwei verschiedene Arten von Werten, die ein Liberaler für wichtig hält: die Werte, die für die Beziehungen der Menschen untereinander wichtig sind. In diesem Zusammenhang wird er der Freiheit die absolute Priorität einräumen. Und zum Zweiten die Werte, die für das Individuum bei der Ausübung seiner Freiheit wichtig sind. Hierhin gehört die liberale Ethik und Philosophie.

Der Liberale stellt sich den Menschen als ein unvollkommenes Wesen vor. Das Problem der sozialen Organisation betrachtet er ebenso sehr als ein negatives Problem, also »schlechte« Menschen daran zu hindern, Schlimmes zu tun, wie »gute« Menschen in den Stand zu setzen, Gutes zu tun; dabei können natürlich die »schlechten« und die »guten« Menschen dieselben sein, wobei alles davon abhängt, wer sie beurteilt.

Das Grundproblem der sozialen Organisation lautet: Wie kann man die wirtschaftlichen Aktivitäten einer großen Menge von Menschen koordinieren? Selbst in relativ zurückgebliebenen Gesellschaften ist eine extensive Arbeitsteilung und eine Spezialisierung der Funktionen notwendig, um die vorhandenen Ressourcen sinnvoll auszubeuten. In den fortgeschrittenen Gesellschaften ist der Bereich ungleich viel größer, in dem die Koordination wichtig ist, um die Möglichkeiten auch voll zu nutzen, die Wissenschaft und Technologie heute anbieten. Buchstäblich Millionen von Menschen sind damit befasst, sich gegenseitig mit dem täglichen Brot zu versorgen, mit dem jährlichen Automobil. Die Herausforderung für den, der an die Freiheit glaubt, liegt darin, die weit verzweigten Abhängigkeiten mit der persönlichen Freiheit in Einklang zu bringen.

Grundsätzlich gibt es nur zwei Arten, die wirtschaftlichen Aktivitäten von Millionen von Menschen zu koordinieren: Die eine ist die zentral gelenkte, wobei mithilfe von Zwangsmaßnahmen gearbeitet wird, also mit Techniken, wie sie Armeen und totalitäre Staaten anwenden. Die zweite Art ist die freiwillig gesteuerte, also die Kooperation einzelner Individuen, wie man sie auf jedem Marktplatz erleben kann.

Die Möglichkeit der Koordination durch freiwillige Kooperation basiert auf der elementaren – freilich häufig verneinten – Voraussetzung, dass beide Parteien einer wirtschaftlichen Transaktion von ihr profitieren, *vorausgesetzt, die Transaktion geschieht auf beiden Seiten freiwillig und in vollem Wissen darüber, was geschieht.*

Der Austausch kann daher Koordination ohne Zwang herbeiführen. Das funktionierende Modell einer Gesellschaft, die durch das Mittel des freiwilligen Austausches organisiert wird, ist die *freie, auf privatem Unternehmertum basierende Marktwirtschaft* – was wir den Wettbewerbs-Kapitalismus genannt haben.

In ihrer einfachsten Form besteht eine solche Gesellschaft aus einer Anzahl von unabhängigen Haushalten – einer Sammlung von Robinson Crusoes, wenn es sie gäbe. Jeder Haushalt gebraucht die Ressourcen, die er kontrolliert, um Güter und Dienstleistungen zu produzieren, die er gegen Güter und Dienstleistungen anderer Haushalte austauscht, und zwar auf einer Basis, die beide Seiten freiwillig akzeptieren. Jeder Haushalt ist damit in der Lage, seine Bedürfnisse indirekt durch den Verkauf von Gütern und Dienstleistungen zu befriedigen und nicht direkt, indem er Güter und Dienste für seinen eigenen unmittelbaren Gebrauch selbst produziert. Der Ansporn für das indirekte Verfahren ist natürlich die Tatsache, dass man durch Arbeitsteilung und Spezialisierung der Funktionen erheblich mehr produzieren kann. Da ein Haushalt immer die Alternative hat, direkt für sich selbst zu produzieren, muss er sich ja nicht an dem Austausch beteiligen, es sei denn, er profitiert davon. Daher wird auch kein Austausch zustande kommen, wenn nicht beide Parteien davon profitieren. Die Kooperation wird also ohne jeden Zwang erreicht.

Die Spezialisierung der Funktion und die Arbeitsteilung würden freilich nicht sehr weit reichen, wenn die letzte Produktionseinheit stets der Haushalt bliebe. In der modernen Gesellschaft sind wir schon viel weiter gekommen. Wir haben Unternehmungen dazwischengeschaltet, die ein Bindeglied darstellen zwischen der Kapazität der Individuen als Lieferanten von Dienstleistungen und als Käufer von Gütern. Und da die Spezialisierung der Funktion und die Arbeitsteilung nicht sehr weit vorangekommen wären, wenn wir bei dem Tausch Ware gegen Ware stehen geblieben wären, wurde konsequenterweise das Geld als Mittel eingeführt, die Tauschvorgänge zu vereinfachen und die beiden Akte, Kauf und Verkauf, in zwei getrennten Vorgängen durchzuführen.

Ungeachtet der wichtigen Rolle der Unternehmungen und des Geldes in unserer heutigen Wirtschaft und ungeachtet der vielen Probleme, die ihre Existenz aufwirft, ist der charakteristische Zug der Markttechnik, nämlich das Erreichen der Koordination, bereits in dem einfachen Modell der Tauschwirtschaft, die weder Unternehmen noch Geld kennt, vollzählig enthalten. Wie in dem einfachen Modell bleibt auch in der komplexen Unternehmens- und Geldwirtschaft die Kooperation vollkommen privat und freiwillig, *vorausgesetzt*: a) die Unternehmen sind privat, sodass die letztlich vertragschließenden Parteien Individuen bleiben, und b) die Individuen sind tatsächlich frei, einen bestimmten Austausch zu betreiben oder nicht zu betreiben, sodass jeder Tauschvorgang strikt freiwillig bleibt.

Natürlich ist es viel einfacher, diese Bedingungen im Allgemeinen zu formulieren, als sie im Detail darzustellen oder im Einzelnen die institutionellen Bedingungen aufzuzählen, die zu ihrer Verwirklichung gehören. Ein Großteil der wirtschaftswissenschaftlichen Literatur befasst sich gerade mit diesen technischen Fragen. Die grundlegende Erfordernis ist die Aufrechterhaltung von Gesetz und Ordnung, um jeden physischen Druck eines Individuums auf ein anderes zu verhindern und dafür zu sorgen, dass die freiwillig geschlossenen Verträge eingehalten werden, um damit dem »Privaten« seine Substanz zu verleihen. Daneben treten die schwierigsten Probleme durch die Existenz von Monopolen auf – die eine effektive Freiheit dadurch verhindern, dass sie für den jeweiligen Tauschvorgang dem Individuum keine Alternativen belassen – und ferner dadurch, dass es »Nebenwirkungen« gibt – also Effekte bei unbeteiligten Dritten, wobei es nicht angeht, dafür etwas zu berechnen oder eine Kompensation zu verlangen. Diese Probleme sollen detailliert im folgenden Kapitel behandelt werden.

Solange die effektive Freiheit des Austausches gewahrt bleibt, ist das Hauptkennzeichen der Marktwirtschaft, dass sich niemand in die Angelegenheiten eines anderen einmischen kann. So ist der Verbraucher vor einem Druck durch den Verkäufer dadurch gesichert, dass es andere Verkäufer gibt, bei denen er kaufen kann. Ebenso ist der Verkäufer dadurch vor einem Zwang durch den Konsumenten geschützt, dass er mit anderen Konsumenten abschließen kann. Der Angestellte ist vor Nötigungen seitens des Arbeitgebers dadurch geschützt, dass er für andere Arbeitgeber arbeiten kann, und so weiter. All das wird auf dem Markt ohne eine zentrale Instanz erreicht.

Eine der Hauptursachen für die Gegnerschaft zur freien Wirtschaft ist gerade die Tatsache, dass sie ihre Aufgaben so gut erfüllt. Sie gibt den Menschen das, was sie wollen, und nicht das, was ihnen eine bestimmte kleine Gruppe aufzwingen will. Hinter den meisten Argumenten gegen den freien Markt steckt der mangelnde Glaube in die Freiheit selbst.

Die Existenz eines freien Marktes ersetzt natürlich nicht die Notwendigkeit einer Regierung. Im Gegenteil: Die Regierung ist einmal wichtig als das Forum, das die »Spielregeln« bestimmt, und zum anderen als der Schiedsrichter, der über die Regeln wacht und sagt, ob sie auch richtig ausgelegt wurden. Die große Leistung des Marktes besteht darin, dass er die Anzahl der Probleme reduziert, die mithilfe politischer Maßnahmen entschieden werden müssen. Der Markt hilft dabei, den Umfang zu minimieren, in dem die Regierung direkt in das Spiel eingreift. Das charakteristische Merkmal einer Maßnahme, die mit politischen Mitteln durchgeführt wird, ist meistens ihre Konformität. Der große Vorteil des Marktes dagegen ist: Er ermöglicht eine große Verschiedenheit. Oder politisch ausgedrückt: Es ist ein System der proportionalen Repräsentation. Jeder kann sich also die Farbe seiner Krawatte aussuchen und sie dann auch bekommen. Er muss sich nicht danach richten, was die Mehrheit will, um dann als Minderheit klein beizugeben.

Diese Eigenschaft des Marktes meinen wir, wenn wir sagen: Der Markt sichert die wirtschaftliche Freiheit. Aber diese Eigenschaft führt zugleich weit über den Bereich des rein Wirtschaftlichen hinaus. Politische Freiheit bedeutet, dass es keinen Zwang eines Menschen gegenüber einem anderen geben darf. Die fundamentale Bedrohung der Freiheit kommt gerade durch die Macht, Zwang ausüben zu können, sei es durch einen Monarchen, einen Diktator, eine Oligarchie oder eine momentane demokratische Majorität. Die Bewahrung der Freiheit verlangt die Eliminierung solcher Machtzusammenballung, so weit es nur geht. Die Macht, die dann noch übrig bleibt, muss weitmöglichst verteilt und zerstreut sein – als ein echtes System der »Checks and Balances«. Indem er die Organisation der wirtschaftlichen Aktivitäten der Kontrolle der politischen Instanzen entzieht, eliminiert der Markt zugleich die Quelle der Macht, Zwänge auszuüben. Er ermöglicht es, der wirtschaftlichen Stärke der politischen Macht eher einen Zügel anzulegen als irgendwelche sonstigen Maßnahmen, die man bisher dagegen ergriffen hat.

Wirtschaftliche Macht kann immer wieder weithin zerstreut werden. Es gibt kein Gesetz oder Übereinkommen, nach dem der Aufbau neuer Zentren wirtschaftlicher Stärke nur möglich sei auf Kosten des Abbaus bereits bestehender wirtschaftlicher Zentren. Politische Macht, auf der anderen Seite, ist jedoch nur sehr schwer wieder zu dezentralisieren. Natürlich kann es eine Menge kleiner unabhängiger Regierungen geben. Aber es ist viel schwieriger, eine bestimmte Anzahl gleich mächtiger, kleiner politischer Zentren in einem großen Staat unter einer einzigen großen Regierung aufrechtzuerhalten, als viele Zentren ökonomischer Stärke in einer einzigen großen Volkswirtschaft. In einer großen Volkswirtschaft kann es beliebig viele Millionäre geben. Kann es aber mehr als einen wirklich hervorragenden politischen Führer geben, mehr als eine Person, auf die sich die Energien und der Enthusiasmus ihrer Landsleute konzentriert? Wenn die zentrale Staatsgewalt Macht gewinnt, dann geschieht dies wahrscheinlich nur auf Kosten der kleinen örtlichen Regierungsgewalten. Es scheint überhaupt nur ein ganz bestimmtes fixes Quantum an politischer Macht zu geben, das verteilt werden kann. Wenn dann noch wirtschaftliche Macht zu der politischen tritt, ist natürlich eine Konzentration unvermeidlich. Auf der anderen Seite kann die wirtschaftliche Macht die politische Macht zügeln und sogar ihr Widerpart sein, wenn sie nur in anderen Händen als die politische Macht liegt.

Der Wert dieses abstrakten Arguments kann am besten durch Beispiele verdeutlicht werden. Zunächst soll das Ganze an einem hypothetischen Beispiel erklärt werden, das die Grundlinien, um die es geht, verdeutlicht; dann sollen einige aktuelle Beispiele der jüngsten Vergangenheit zeigen, auf welche Weise der Markt dazu beiträgt, die politische Freiheit zu bewahren.

Ein Merkmal einer freien Gesellschaft ist sicherlich die Freiheit des Einzelnen, in aller Offenheit für den totalen Wandel in der Struktur dieser Gesellschaft eintreten zu können – jedenfalls solange er das Plädoyer für den Wandel auf seine Überzeugungskraft beschränkt und nicht zur Gewalt oder zu anderen Formen des Zwangs greift. Ein ganz besonderes Kennzeichen der politischen Freiheit in der kapitalistischen Gesellschaft liegt nun darin, dass jedermann ganz offen für den Sozialismus eintreten und für seine Verwirklichung arbeiten kann. Entsprechend müsste in einer sozialistischen Gesellschaft die politische Freiheit darin bestehen, dass jedermann frei für die Einführung des Kapitalismus plädieren kann. Wie könnte jedoch die Freiheit, den Kapitalismus zu predigen, jemals in einer sozialistischen Gesellschaft erreicht werden und gewährleistet bleiben?

Um sich für etwas einsetzen zu können, muss man natürlich zunächst einmal genug verdienen, um überhaupt am Leben bleiben zu können. Hier beginnt bereits das Problem der sozialistischen Gesellschaft: Alle Jobs stehen im Sozialismus nämlich unter der direkten Kontrolle der politischen Autoritäten. Das Plädoyer für den Kapitalismus käme also einem Akt der Selbstverleugnung gleich: Denn man müsste ja gegen seinen eigenen Arbeitgeber auftreten. In den Vereinigten Staaten gab es nach dem Zweiten Weltkrieg das Problem der »Sicherheit« der Angestellten des Bundes, also einer sozialistischen Regierung, die ihren Angestellten erlauben sollte, eine Politik zu vertreten, die sich offen gegen die offizielle politische Linie richtete.

Aber selbst wenn wir diesen Akt der Selbstverleugnung voraussetzen: Um dann richtig für den Kapitalismus zu arbeiten, müssten seine Vertreter auch in der Lage sein, ihre Sache finanzieren zu können, öffentliche Sitzungen abzuhalten, Flugblätter zu verteilen, Werbezeit im Radio zu kaufen, Zeitungen und Magazine herauszugeben usw. Aber woher sollten sie das Geld dafür bekommen? Es kann natürlich in der sozialistischen Gesellschaft durchaus Leute mit hohen Einkommen geben (und so ist es denn auch tatsächlich), die große Summen in Staatspapieren oder Ähnlichem angelegt haben. Doch dabei kann es sich natürlich nur um hohe Staatsfunktionäre handeln. Es ist zwar möglich, sich vorzustellen, dass ein kleiner Funktionär seinen Job behält, obwohl er offen für die Einführung des Kapitalismus plädiert. Es erfordert jedoch eine große Einbildungskraft, sich vorzustellen, dass ein Top-Funktionär sich finden lässt, der solche »subversiven« Aktivitäten finanziert.

Also läge der einzige Weg, um Geld für eine prokapitalistische Kampagne zu bekommen, darin, sich an die Vielzahl kleiner Funktionäre zu wenden. Doch dies ist nicht die richtige Antwort. Um diese Quellen anzapfen zu können, müssten die Leute ja schon durch eine Kampagne überzeugt sein. Unser Problem war jedoch: Wie kann man eine solche Kampagne wirklich starten und finanzieren? Die radikalen Bewegungen in den kapitalistischen Gesellschaften wurden nie auf diese Weise finanziert. Typischerweise erhielten sie ihr Geld von einigen Reichen, die überzeugt waren – wie etwa ein Frederick Vanderbilt Field oder eine Anita McCormick Blaine oder wie Corliss Lamont, um ein paar Prominente der amerikanischen Vergangenheit zu nennen, oder schließlich wie Friedrich Engels, um etwas weiter zurückzugehen. Diese Rolle der ungleichen Vermögensverteilung bei der Bewahrung politischer Freiheiten wird nur selten gewürdigt – und die Rolle des finanziellen Förderers.

In einer kapitalistischen Gesellschaft ist es also nur erforderlich, ein paar reiche Leute zu überzeugen: Schon hat man die Mittel, um eine Idee zu lancieren – ganz egal, wie merkwürdig sie auch sein mag. Und es gibt sehr viele solcher unabhängiger Personen, von denen Unterstützung kommen kann. Auch ist es nicht einmal notwendig, die Leute, die über Geld verfügen, davon zu überzeugen, dass die Ideen, die man propagiert, auch Hand und Fuß haben. Es genügt völlig, diese Leute davon zu überzeugen, dass die Propagierung einer Idee an sich erfolgreich sein wird: dass also das Magazin oder Buch oder sonst eine Publikation etwas abwerfen wird. Denn der Verleger, der unter Wettbewerbsdruck steht, kann es sich nicht leisten, etwas zu veröffentlichen, womit nur er allein einverstanden ist. Der einzige Prüfstein für die Güte der Ideen, die er vertreibt, ist der Markt. Der Markt muss groß genug sein, um eine entsprechende Dividende für seinen verlegerischen Einsatz zu erbringen.

In diesem Sinne durchbricht also der Markt den Circulus vitiosus und ermöglicht es, solche Aktionen von vielen Leuten, die man vorher nicht eigens überzeugen muss, mit jeweils geringen Mitteln finanzieren zu lassen. In einer sozialistischen Gesellschaft gibt es solche Möglichkeiten nicht. Hier regiert nur einer: der allmächtige Staat.

Versuchen wir uns dennoch vorzustellen, dass es ein sozialistisches Regime gibt, das diese Probleme erkannt hat und das aus Leuten besteht, die die Freiheit bewahren wollen. Könnte es die dafür notwendigen Mittel zur Verfügung stellen? Vielleicht. Doch es ist schwer, sich das vorzustellen. Das Regime könnte vielleicht eigens ein Büro einrichten zur Finanzierung subversiver Propaganda. Aber woher will das Regime wissen, welche Leute es unterstützen soll? Wenn es an alle Geld geben würde, die danach fragten, würde es selbst sehr schnell die bereitgestellten Mittel erschöpft haben. Denn auch der Sozialismus kann das Gesetz nicht durchbrechen, dass sich zu einem genügend hohen Preis sehr bald genügend Anbieter einfinden werden. Macht man die Unterstützung radikaler Ideen nur einträglich genug, wird das Angebot an Leuten, die radikale Ideen unterstützen wollen, sehr schnell grenzenlos sein.

Überdies erfordert die Freiheit, unpopuläre Dinge zu propagieren, nicht, dass dies ohne Kosten geschehen muss. Im Gegenteil: Keine Gesellschaft könnte stabil sein, wenn die Propagierung radikaler Veränderungen umsonst wäre, und noch viel weniger, wenn sie subventioniert wäre. Es ist völlig angemessen, dass Menschen, die an bestimmte Dinge glauben, auch Opfer bringen, um diese Dinge zu propagieren. Es ist nämlich sehr wichtig, Freiheit nur für die Leute zu reservieren, die auch willens sind, Selbstverleugnung zu praktizieren. Sonst würde Freiheit zu einem System von Lizenzen und Unverantwortlichkeiten degenerieren. Das ist nötig: Die Kosten für die Verbreitung unpopulärer Ideen müssen erträglich sein und nicht prohibitiv.

Aber wir sind noch nicht fertig. In einer Gesellschaft der freien Märkte ist es schon genug, wenn man die nötigen Mittel hat. Die Papierfabriken sind ebenso bereit, ihr Papier dem *Daily Worker* oder dem *Wall Street Journal* zu verkaufen. In einer sozialistischen Gesellschaft genügt es nicht, die Mittel zu haben. Unser hypothetischer Propagandist des Kapitalismus müsste erst noch Staatsfabriken, die Papier herstellen, dazu überreden, ihm Papier zu verkaufen. Die staatliche Druckerei müsste gewonnen werden, damit die prokapitalistischen Pamphlete auch gedruckt werden können, die staatliche Post müsste sie anschließend unter die Leute bringen, eine staatliche Agentur müsste dafür sorgen, dass Räume für Versammlungen zur Verfügung gestellt werden, usw.

Vielleicht gibt es einen Weg, diese Schwierigkeiten alle zu überwinden und die Freiheit auch in einer sozialistischen Gesellschaft zu erhalten. Man muss nicht sagen, dass dies ganz und gar unmöglich sei. Ganz klar bleibt jedenfalls, dass es sehr reale Schwierigkeiten gibt, die Einrichtungen zu schaffen, die dafür sorgen könnten, dass auch Andersmeinende zu Wort kommen. Soweit ich sehen kann, hat bisher noch keiner von denen, die sowohl für Sozialismus als auch für Freiheit sind, diese Probleme ganz durchdacht oder gar damit begonnen, die institutionellen Voraussetzungen dafür zu schaffen, dass Freiheit unter dem Sozialismus ermöglicht würde. Im Gegensatz dazu ist es klar, wie eine kapitalistische Gesellschaft mit freien Märkten diese Freiheiten verbürgt.

Ein besonders treffendes Beispiel für diese abstrakten Überlegungen liefert die Erfahrung Winston Churchills. Zwischen 1933 und Kriegsausbruch war es Churchill verwehrt, über den britischen Rundfunk zu sprechen. Die Rundfunkanstalt war natürlich ein Staatsmonopol, verwaltet von der British Broadcasting Corporation BBC. Ein führender Bürger seines Landes, ein Mitglied des Parlaments, ein ehemaliger Kabinettsminister, versuchte damals mit allen Mitteln verzweifelt, seine Landsleute davon zu überzeugen, dass man Schritte zur Abwehr der Bedrohung durch Hitler-Deutschland unternehmen müsse. Doch es wurde ihm nicht erlaubt, über den Rundfunk zum britischen Volk zu sprechen, weil die BBC ein Staatsmonopol war und seine Ansichten, wie man es nannte, als zu »kontrovers« galten.

Ein anderes sehr treffendes Beispiel berichtet *Time* vom 26. Januar 1959. Darin schreibt das Magazin:

»Das Ritual der Verleihung des Oscar ist Hollywoods würdevollste Stunde; vor zwei Jahren freilich war von Würde wenig zu spüren. Als man Robert Rich zum besten Drehbuchautor für sein Drehbuch *Der Tapfere* (The Brave One) aufrief, trat niemand nach vorne. Robert Rich war ein Pseudonym, das einen von 150 Schriftstellern maskierte, ... die seit 1947 von der Industrie auf eine Schwarze Liste gesetzt worden waren, weil sie unter dem Verdacht standen, kommunistische Sympathisanten zu sein. Dieser Fall war besonders heikel, da die Filmakademie jeden vom Wettbewerb um den Oscar ausgeschlossen hatte, der als Kommunist bekannt war oder sich auf die Fünfte Ergänzung (Fifth Amendment) zur Verfassung berufen hatte (die das Aussageverweigerungsrecht regelt). In der letzten Woche wurden plötzlich die Kommunisten-Klausel und das Geheimnis um Richs Identität amtlich.

Rich erwies sich als Dalton *(Johnny Got His Gun)* Trumbo, einer der ursprünglichen ›Großen Zehn‹ von Hollywoods Drehbuchautoren, die sich 1947 geweigert hatten, in den Hearings über den Kommunismus in der Filmindustrie auszusagen. Produzent Frank King, der zunächst darauf bestanden hatte, sagte, dass Robert Rich ein ›junger Mann in Spanien mit einem Bart‹ sei: ›Wir sind unseren Aktionären gegenüber verpflichtet, das beste Skript anzukaufen, das wir ankaufen können. Trumbo brachte uns *The Brave One* und wir kauften es ...‹

Tatsächlich war das das Ende der Schwarzen Liste Hollywoods. Für die verhinderten Schreiber war das inoffizielle Ende schon lange vorher gekommen. Von mindestens 15 Prozent der Filme Hollywoods berichtet man, dass sie von Leuten auf der Schwarzen Liste geschrieben worden waren. Produzent King sagte: ›In Hollywood gibt es mehr Geister(-Schreiber) als im tiefen Wald. Jede Gesellschaft in der Stadt hat die Dienste der Leute auf der Liste in Anspruch genommen. Wir sind nur die Ersten, die das offen zugeben, was jeder weiß.‹«

Man mag – so wie ich – der Meinung sein, dass der Kommunismus unsere sämtlichen Freiheiten zerstören würde, man mag ihn so kritisch und so stark ablehnen, wie überhaupt nur möglich, und doch dabei die Ansicht vertreten, dass es in einer freiheitlichen Gesellschaft unerträglich ist, wenn jemand davon abgehalten wird, mit anderen beidseitig attraktive Abmachungen zu treffen, nur weil der andere für den Kommunismus eintritt oder versucht, dessen Gedankengut zu verbreiten. Selbstverständlich heißt Freiheit auch, dass andere unter diesen Umständen keine Vereinbarungen mit ihm zu treffen brauchen. Die Schwarze Liste Hollywoods war ein Mittel der Unfreiheit, welches die Freiheit zerstört; sie war ein allgemeines Übereinkommen, das mithilfe von Zwang den freien Austausch verhinderte. Sie funktionierte nicht ganz, da die Marktgegebenheiten es zu kostspielig machten, die Schwarze Liste aufrechtzuerhalten. Der kommerzielle Antrieb, die Tatsache, dass Unternehmer so viel Geld wie möglich verdienen möchten, schützte die Freiheit der auf die Schwarze Liste gesetzten Individuen, indem ihnen eine Alternativmöglichkeit der Arbeit verschafft und den Unternehmern ein Interesse an ihrer Beschäftigung gegeben wurde.

Wenn die Filmindustrie Hollywoods ein Regierungsunternehmen gewesen wäre oder wenn es sich in England um die Frage einer Anstellung bei der British Broadcasting Corporation gehandelt hätte: Es ist schwer, sich vorzustellen, dass die »Großen Zehn von Hollywood« oder ihresgleichen eine Beschäftigung gefunden hätten. Gleichermaßen lässt sich schwerlich glauben, dass unter derartigen Umständen dezidierte Befürworter des Individualismus und des freien Unternehmertums – oder selbst dezidierte Vertreter irgendeiner Ansicht, die sich von der des Status quo unterscheidet – eine Beschäftigung hätten finden können.

Ein weiteres Beispiel für die Rolle des Marktes bei der Bewahrung politischer Freiheit wurde bei den Erfahrungen mit dem McCarthyismus gesammelt.[2] Völlig unabhängig von den zentralen Fragen, um die es dabei ging, und unabhängig von der Wirksamkeit der getroffenen Maßnahmen erhebt sich die Frage, welchen Schutz Einzelpersonen, und insbesondere Regierungsangestellte, vor verantwortungslosen Anschuldigungen und Untersuchungen von Angelegenheiten genießen, deren Offenlegung ihrem Gewissen zuwiderläuft. Hätten sie sich nur auf das Fifth Amendment der

---

[2] Joseph R. McCarthy (1908–1957), republikanischer Senator von 1946 bis 1957, leitete zu Beginn der Fünfzigerjahre als Vorsitzender des ständigen Senatsausschusses zur Untersuchung unamerikanischer Umtriebe eine Kampagne gegen die angebliche kommunistische Unterwanderung der Verwaltung und anderer Bereiche des öffentlichen Lebens. Seine Kommission zielte darauf, das gesamte öffentliche Leben in den Vereinigten Staaten nach Kommunisten zu durchforsten und sie vor dem Tribunal des Ausschusses auf ihre »demokratische« Integrität zu überprüfen. (Anm. d. Red.)

amerikanischen Verfassung berufen können, wäre das nichts als ein sinnloses Unterfangen ohne eine Alternativmöglichkeit zu der Tatsache gewesen, dass sie bei der Regierung beschäftigt bleiben mussten, um weiterhin Geld verdienen zu können.

Ihr wichtigster Schutz lag in der Existenz einer freien Marktwirtschaft, innerhalb deren sie ihren Lebensunterhalt verdienen konnten. Doch auch hier war der Schutz wiederum nicht absolut. Viele mögliche private Arbeitgeber zögerten – zu Recht oder zu Unrecht – bei der Einstellung dieser abgestempelten Personen. Es mag sein, dass die Nachteile für viele der hiervon Betroffenen viel weniger gerechtfertigt waren als die Nachteile, die im Allgemeinen die Vertreter unpopulärer Ansichten treffen. Entscheidend ist jedoch die Tatsache, dass die Nachteile begrenzt waren und keinen Absolutheitscharakter besaßen, wie es der Fall gewesen wäre, wenn eine Weiterbeschäftigung durch staatliche Organe die einzige Möglichkeit gewesen wäre, die ihnen offen gestanden hätte.

Es ist interessant festzustellen, dass ein großer Teil der Betroffenen offensichtlich in den konkurrenzintensivsten Bereichen der Wirtschaft untergekommen ist – in kleinen Unternehmen, in Handel und Landwirtschaft –, bei denen der Markt der Idealvorstellung vom freien Markt am nächsten kommt. Kein Brotkäufer weiß, ob der verwendete Weizen von einem Kommunisten oder Republikaner, Konstitutionalisten oder Faschisten, von einem Farbigen oder einem Weißen angebaut wurde. Das macht deutlich: Ein unpersönlicher Markt trennt wirtschaftliche Aktivitäten von politischen Ansichten und schützt zugleich den Einzelnen vor Diskriminierung infolge von Gründen, die mit seiner individuellen Produktivität nichts zu tun haben – seien diese Gründe nun mit seinen politischen Ansichten oder mit seiner Hautfarbe verbunden.

Wie dieses Beispiel zeigt, sind die Gruppen unserer Gesellschaft, für die am meisten bei der Bewahrung und Stärkung des konkurrenzintensiven Kapitalismus auf dem Spiel steht, diejenigen Minoritäten, die als Erste das Ziel von Misstrauen und Feindseligkeit durch die Mehrheit werden: die Schwarzen, die Juden und die Einwanderer in der ersten Generation, um nur die offensichtlichsten anzuführen. Paradoxerweise setzen sich die Feinde der freien Marktwirtschaft – wie Sozialisten und Kommunisten – in unverhältnismäßig hohem Maße aus Mitgliedern dieser Gruppen zusammen. Anstatt anzuerkennen, dass die Existenz des Marktes sie vor der Böswilligkeit ihrer Mitbürger schützt, schreiben sie irrtümlicherweise die ihnen gegenüber bestehende Diskriminierung der Existenz des Marktes zu.

2 Die Rolle des Staates in einer freien Gesellschaft

Ein häufig erhobener Einwand gegen totalitäre Gesellschaftssysteme besteht darin, dass für sie der Zweck die Mittel heilige. Genau genommen ist dieser Einwand völlig unlogisch. Wenn nicht der Endzweck die Mittel heiligt, was sonst? Aber diese simple Antwort schafft den Vorwurf nicht aus der Welt; sie zeigt nur, dass die Formulierung des Einwandes nicht sehr glücklich ist. In Abrede zu stellen, dass der Zweck die Mittel rechtfertigt, bedeutet indirekt, dass das betreffende Ziel nicht endgültig ist und dass der eigentliche Zweck darin besteht, die geeigneten Mittel einzusetzen. Ob wünschenswert oder nicht, jedes Ziel, das nur durch den Einsatz schlechter Mittel erreicht werden kann, muss den Weg freigeben für den ursprünglichen Endzweck, nämlich die Anwendung geeigneter Mittel.

Für den Liberalen sind die geeigneten Mittel freie Diskussion und freiwillige Zusammenarbeit, das bedeutet, dass jede Form von Zwang unzulässig ist. Das Ideal ist die Übereinstimmung von verantwortlichen Individuen, die aufgrund freier Diskussionen erreicht worden ist. Dies ist eine andere Möglichkeit, das Ziel der Freiheit zum Ausdruck zu bringen, von dem im vorangegangenen Kapitel die Rede war.

So betrachtet besteht die Funktion des Marktes darin, dass er Übereinstimmung ohne Konformität zulässt, eine echte repräsentative Vertretung. Auf rein politischem Gebiet scheint andererseits ein bezeichnendes Merkmal zu sein, dass grundlegende Konformität wünschenswert oder gar erforderlich ist. Typische Streitfragen müssen mit »Ja« oder »Nein« beantwortet werden; bestenfalls kann eine begrenzte Anzahl von Alternativvorschlägen mit eingeplant werden. Auch die Anwendung der repräsentativen Vertretung in ihrer rein politischen Form kann daran nichts ändern. Die Anzahl der einzelnen Gruppen, die wirklich repräsentiert sein können, ist stark begrenzt, besonders wenn man sie mit der proportionalen Repräsentation des Marktes vergleicht. Wichtiger ist, dass das Endergebnis im Allgemeinen ein Gesetz sein sollte, das für alle Gruppen anwendbar ist, und nicht einzelne gesetzliche Verfügungen für jede repräsentierte »Partei«. Das bedeutet, dass die repräsentative Vertretung in ihrer politischen Form – weit davon entfernt, Übereinstimmung ohne Konformität zu erlauben – zu Unwirksamkeit und Zersplitterung führt. Jeder Konsens, der auf Einmütigkeit und konformer Einstellung beruhen könnte, wird zerstört.

Auf einigen Gebieten ist eine wirksame proportionale Repräsentation unmöglich. Ich kann nicht die Mittel zur Landesverteidigung bekommen, die ich will, und ein anderer einen anderen Betrag. Fragen solcher unteilbaren Bereiche können wir diskutieren, erörtern und darüber abstimmen. Aber wenn wir einen Beschluss gefasst haben, müssen wir uns an ihn halten. Und gerade weil es diese unteilbaren Bereiche gibt – der Schutz des Individuums und der Nation gegen jeden Zwang ist einer der wichtigsten –, kann man sich nicht ausschließlich auf die Handlungsweise des Einzelnen im Rahmen des Marktes verlassen. Wenn wir das Problem der unteilbaren Bereiche lösen wollen, müssen wir politische Mittel zur Hilfe nehmen, um die Differenzen auszugleichen.

Die Anwendung politischer Mittel, auch wenn sie unvermeidbar sind, kann das für eine stabile Gesellschaftsordnung notwendige soziale Gefüge erschüttern. Die Belastung ist geringfügig, wenn es sich darum handelt, sich über das gemeinsame Vorgehen bei einer begrenzten Anzahl von Problemen zu einigen, über die man ohnehin einer Meinung ist. Jede Erweiterung des Problemkreises, die eine ausdrückliche Einigung verlangt, belastet die empfindlichen Fäden, durch die das Gesellschaftssystem zusammengehalten wird. Wenn es so weit geht, dass ein Problem berührt wird, das die Menschen zwar gleichermaßen beschäftigt, über das sie aber verschiedener Meinung sind, so kann dies zur Spaltung der Gesellschaft führen. Grundsätzliche Meinungsverschiedenheiten, die Grundwerte betreffen, können selten, wenn überhaupt, an der Wahlurne entschieden werden; letzten Endes können sie nur durch einen Konflikt gelöst, aber nicht behoben werden. Die Religions- und Bürgerkriege der Geschichte sind das blutige Zeugnis dieser Entscheidung.

Die weit verbreitete Wirksamkeit des Marktes verringert die Belastung der sozialen Struktur, indem er Konformität im Hinblick auf alle damit im Zusammenhang stehenden Aktivitäten überflüssig macht. Je mehr Aktivitäten durch den Markt erfasst werden, umso geringer ist die Zahl der Probleme, die eine eindeutige politische Entscheidung und Einigung erfordern. Je weniger Streitfragen also eine Zustimmung notwendig machen, umso größer ist die Wahrscheinlichkeit einer Einigung bei Aufrechterhaltung einer freien Gesellschaft.

Einmütigkeit ist natürlich ein Idealzustand. In der Praxis können wir uns weder den Zeit- noch den Kraftaufwand leisten, der erforderlich wäre, wollten wir völlige Einstimmigkeit in jeder Frage erlangen. Notgedrungen müssen wir uns mit etwas weniger zufrieden geben. Und so kommt es, dass wir bereit sind, die Majorisierung in der einen oder anderen Form als Hilfsmittel zu akzeptieren. Das Majoritätsprinzip ist in erster Linie ein Hilfsmittel und kein Grundprinzip. Das wird durch unsere Bereitschaft deutlich, auf das Majoritätsprinzip zurückzugreifen und die Stärke der erforderlichen Mehrheit von der Wichtigkeit des zur Diskussion stehenden Themas abhängig zu machen. Wenn das Problem von untergeordneter Bedeutung ist und eine Übereinstimmung nicht den Unwillen der Minorität erregt, genügt eine einfache Mehrheit. Hat sich die Minorität aber andererseits stark für das zur Diskussion stehende Problem engagiert, wird eine einfache Mehrheit nicht ausreichen. So wird sich zum Beispiel kaum einer damit einverstanden erklären, Probleme der Redefreiheit durch einfache Mehrheit entschieden zu wissen. In unserem Rechtssystem gibt es eine Menge Beispiele derartiger Unterscheidungen zwischen Fragenkomplexen, die bei Abstimmung verschiedene Mehrheiten erfordern. Ein extremes Beispiel sind die Rechtsfragen, die in der Verfassung verankert sind. Hier handelt es sich um Grundsatzfragen, die so wichtig sind, dass wir nur zu kleinsten Konzessionen bereit sind. Es wurde seinerzeit so etwas wie ein grundsätzlicher Konsens erreicht, als man sie akzeptierte, und heute fordern wir einen ähnlich grundsätzlichen Konsensus, um sie zu ändern.

Der uneigennützige Brauch, bei gewissen strittigen Fragen vom Majoritätsprinzip abzusehen, das in unserer Verfassung und vergleichbaren geschriebenen oder ungeschriebenen Verfassungen verankert ist, desgleichen die speziellen Verfügungen in diesen Verfassungen oder ihren Äquivalenten, die Gewaltanwendung bei Menschen verbieten, sind das Ergebnis freier Diskussion und der notwendigen Einigung über die Mittel.

Ich komme nun zur ausführlicheren, wenngleich immer noch sehr allgemein gehaltenen Betrachtung der Gebiete, die durch den Markt nicht erfasst werden können, oder wenn ja, dann mit so hohen Kosten, dass die Anwendung politischer Mittel vorzuziehen ist.

Die Regierung als Spielleiter und Schiedsrichter

Man muss ganz deutlich unterscheiden zwischen den praktischen Handlungsweisen der Menschen und dem allgemein üblichen und legalen Rahmen, in dem sie sich abspielen. Die täglichen Verhaltensweisen erinnern an Spielteilnehmer, den Rahmen dafür bilden die Spielregeln. Und wie man bei einem guten Spiel voraussetzt, dass die Spieler sowohl die Regeln als auch den Schiedsrichter akzeptieren, der die Regeln interpretiert und dafür sorgt, dass sie eingehalten werden, so verlangt eine gute Gesellschaft die Einigung ihrer Mitglieder über die allgemeinen Bedingungen für die Regelung ihrer Beziehungen untereinander, über Entscheidungsinstanzen bei unterschiedlicher Beurteilung dieser Bedingungen und über ein Instrument, mit dem man die Einhaltung der allgemein akzeptierten Regeln erzwingen kann. Wie bei den Spielen, so sind auch in der Gesellschaft die allgemeinen Bedingungen zum großen Teil das unbeabsichtigte Produkt der Gewohnheit, das man gedankenlos übernimmt. Wir bedenken bestenfalls nur kleine unbedeutende Modifikationen, obwohl die kumulative Wirkung einer Folge kleiner Modifikationen das Wesen des Spiels oder der Gesellschaft drastisch verändern kann. Sowohl bei Spielern als auch in der Gesellschaft können die Spielregeln nur dann ohne Strafmaßnahmen durchgesetzt werden, wenn sich die überwiegende Zahl der Teilnehmer fast ausnahmslos an die Spielregeln hält. In diesem Fall haben wir eine breite Basis sozialer Übereinstimmung. Aber bei der Interpretation und Durchsetzung der Regeln können wir uns nicht ausschließlich auf die Gewohnheit oder die Übereinstimmung verlassen, wir brauchen einen Schiedsrichter. Zu den wichtigsten Aufgaben einer Regierung in einer freien Gesellschaft gehört, dass uns die Möglichkeit einer Änderung dieser Regeln vorbehalten ist. Bei unterschiedlicher Interpretation der Regeln soll die Regierung vermittelnd eingreifen und die wenigen zur Einhaltung der Regeln zwingen, die das Spiel sonst nicht mitspielen würden.

Die Notwendigkeit einer Regierung ergibt sich aus der Tatsache, dass es eine absolute Freiheit nicht gibt. So reizvoll die Anarchie als Philosophie sein mag, in einer Welt der Unvollkommenheit ist sie nicht durchführbar. Bei der Freiheitsentfaltung der Menschen kann es zu Konflikten kommen, und dann muss die Freiheit eines Menschen beschränkt werden, um die Freiheit des anderen zu bewahren. Ein Richter des Obersten Gerichtshofes formulierte das einmal so: »Die Bewegungsfreiheit meiner Faust muss durch die Nähe deines Kinns beschränkt sein.«

Bei der Beurteilung der angemessenen Aufgaben einer Regierung stellt sich als größtes Problem die Frage, wie solche Konflikte zwischen den Freiheiten von verschiedenen Individuen zu lösen sind. In einigen Fällen ist die Antwort nicht schwer. So würde man beispielsweise ohne große Schwierigkeit volle Zustimmung dafür finden, dass die Freiheit des Menschen, seinen Nachbarn zu ermorden, aufgehoben werden muss, um dem anderen Mann die Freiheit des Lebens zu erhalten. In anderen Fällen ist die Antwort schwierig. Im Bereich der Wirtschaft haben wir den Konflikt zwischen der Freiheit, sich zusammenzuschließen, und der Freiheit, miteinander zu konkurrieren. Was meinen wir mit »frei«, wenn wir von einem »Unternehmen« sprechen? In den Vereinigten Staaten bedeutet »frei«, dass jeder die Freiheit hat, ein Unternehmen zu gründen. Das bedeutet, dass die bestehenden Unternehmen nicht die Möglichkeit haben, Konkurrenten fernzuhalten, es sei denn, sie verkaufen ein besseres Produkt zum gleichen Preis oder das gleiche Produkt zu einem niedrigeren Preis. In der kontinentalen Tradition interpretiert man den Begriff im Allgemeinen dahingehend, dass es den Unternehmen völlig freigestellt ist, was sie tun, dazu gehören das Festsetzen der Preise, die Aufteilung des Marktes sowie die Anwendung anderer Techniken, um potenzielle Konkurrenten auszuschalten. Ein äußerst schwieriges und für diesen Sektor spezifisches Problem bilden die Zusammenschlüsse der Arbeiter. Die Freiheit, sich zusammenzuschließen, und die Freiheit, miteinander zu konkurrieren, erweisen sich hier als ein besonders akutes Problem.

Zu den Grundlagen der Wirtschaft gehört die Definition der Eigentumsrechte, ein Problem, das wichtig und schwierig zugleich ist. Der Begriff des Eigentums, wie er sich im Laufe von Jahrhunderten entwickelt hat und in unseren Gesetzen festgelegt ist, ist zu einem so wesentlichen Bestandteil unseres Denkens geworden, dass wir ihn wie selbstverständlich hinnehmen. Dabei übersehen wir, dass der Begriff von Eigentum und die Rechte, die man davon ableitet, keineswegs selbstverständliche Thesen, sondern vielmehr auf kompliziertem Wege gewachsene soziale Gebilde sind. Angenommen zum Beispiel, ich besitze Land und kann über mein Eigentum frei verfügen, bedeutet das dann, dass ich das Recht habe, einem anderen zu verwehren, in seinem Flugzeug über mein Land zu fliegen? Oder ist sein Recht auf Benutzung seines Flugzeuges vorrangig? Hängt es von der Höhe ab, in der er fliegt? Oder davon, wie viel Lärm er macht? Sieht die übliche Übereinkunft vor, dass er mir für das Privileg, über mein Land fliegen zu dürfen, etwas zahlen muss? Oder muss ich ihm etwas zahlen, wenn ich verhindern will, dass er über mein Land fliegt? Lizenzgebühren, Urheberrechte, Patente, Beteiligung an Unternehmen in Form von Aktien, Rechte eines Seegrundstücksbesitzers usw., diese kurze Aufzählung mag genügen, um die Bedeutung der allgemein anerkannten sozialen Regeln zu unterstreichen, bei denen es um die Definition von Eigentum geht. In vielen Fällen ist die Existenz einer in allen Einzelheiten gut ausgearbeiteten Definition von Eigentum weitaus wichtiger als ihr Inhalt.

Das Geldwesen ist ein anderes Wirtschaftsgebiet, in dem es besonders schwierige Probleme gibt. Die Verantwortung für das Geldwesen liegt bei der Regierung und wurde ihr schon vor langer Zeit zuerkannt. Die Verfassung sieht das ausdrücklich vor, und der Kongress ist dadurch ermächtigt, »Geld zu prägen und den Wert der eigenen und fremden Währung zu regulieren«. Es gibt vermutlich keinen anderen Wirtschaftsbereich, in dem die Regierungstätigkeit so einmütig akzeptiert wurde. Inzwischen ist es zur Selbstverständlichkeit und Gewohnheit geworden, dass wir die Regierungsverantwortlichkeit akzeptieren. Diese Tatsache macht eine genaue Untersuchung der Gründe für eine solche Verantwortung erforderlich, denn diese Verantwortung birgt die Gefahr, dass sich der Aktionsradius der Regierung ausweitet von Tätigkeiten, die in einer freien Gesellschaft zulässig sind, auf solche, die es nicht sind. Das wäre zum Beispiel der Fall, wenn die Regierung nach der Schaffung eines Geldsystems dazu übergehen würde, die Verteilung der Ressourcen unter den Menschen zu übernehmen. Dieses Problem wird im dritten Kapitel noch ausführlich behandelt.

Kurz zusammengefasst: Die Organisation des Wirtschaftslebens durch freiwilligen Austausch setzt voraus, dass wir über die Instanz der Regierung die Voraussetzungen für die Aufrechterhaltung von Ruhe und Ordnung geschaffen haben. Das bedeutet, dass die Menschen keinen Zwang gegeneinander ausüben dürfen, dass Verträge, die freiwillig abgeschlossen wurden, eingehalten werden müssen. Die Bedeutung der Eigentumsrechte ist juristisch festgelegt, desgleichen ihre Auslegung und Durchsetzung. Es gibt einen festgelegten monetären Rahmen.

Eingreifen der Regierung aufgrund eines technischen Monopols und der Nebenwirkungen

Wir haben uns bislang mit die Aufgabe der Regierung beschäftigt, eine Funktion zu übernehmen, die der Markt selbst nicht regeln kann, nämlich die Spielregeln festzulegen, durchzusetzen und die Rolle des Schiedsrichters zu übernehmen. Genauso kann es sein, dass wir Dinge durch die Regierung geregelt wissen wollen, die sich sehr wohl durch den Markt regeln ließen, die aber durch technische oder vergleichbare Bedingungen erschwert würden. Dies trifft für alle die Fälle zu, bei denen ein streng freiwilliger Austausch entweder überaus kostspielig oder praktisch unmöglich ist. Diese Fälle lassen sich in zwei allgemeine Kategorien einteilen: Monopol sowie vergleichbare unvollkommene Marktformen und die Nebenwirkungen (neighborhood effects).

Ein Austausch kann nur dann als wirklich freiwillig bezeichnet werden, wenn es annähernd gleichwertige Alternativen gibt und eine echte Freiheit des Austausches nicht durch Monopole unmöglich gemacht wird. In der Praxis entstehen Monopole häufig – wenn nicht sogar immer – durch Regierungssubventionen oder durch kollektive Absprachen der einzelnen Unternehmer. Die Schwierigkeit besteht also darin, die staatliche Begünstigung von Monopolen zu verhindern oder eine wirksame Gesetzgebung, wie sie die Anti-Trust-Gesetze darstellen, zu unterstützen. Ein Monopol kann auch entstehen, weil es aus technischen Gründen effizient ist, einen einzelnen Produzenten oder ein einzelnes Unternehmen zu haben. Ich wage zu behaupten, dass diese Fälle seltener sind, als man gemeinhin annimmt, aber zweifellos gibt es sie. Ein einfaches Beispiel dafür ist vielleicht die Einrichtung von Telefondiensten innerhalb eines Staates. In solchen Fällen werde ich von einem »technischen« Monopol sprechen.

Wenn sich ein Monopol aufgrund technischer Gegebenheiten und auf natürliche Weise aus dem Wettstreit konkurrierender Kräfte auf dem Markt entwickelt, gibt es drei Möglichkeiten: Privatmonopol, Staatsmonopol oder die Form einer öffentlichen Kontrolle. Alle drei Lösungen sind schlecht, und wir müssen das geringste Übel wählen. Henry Simons, der die öffentliche Kontrolle von Monopolen in den Vereinigten Staaten untersuchte, kam zu derart erschreckenden Ergebnissen, dass er jetzt die Meinung vertritt, ein Staatsmonopol sei das kleinere Übel. Walter Eucken, der als deutscher Liberaler das Staatsmonopol der Eisenbahn in Deutschland untersuchte, kam seinerseits zu so erschreckenden Ergebnissen, dass er die öffentliche Kontrolle für das kleinere Übel hält. Nachdem ich aus beiden Beispielen gelernt habe, komme ich wider Willen zu dem Schluss, dass ein maßvolles Privatmonopol wohl das kleinste Übel ist.

Wenn eine Gesellschaft statisch wäre und man die Gewissheit hätte, dass sich die Bedingungen, die zu einem technischen Monopol führen, nicht ändern, würde ich wenig Vertrauen in dieses System setzen. In einer sich laufend verändernden Gesellschaft jedoch ändern sich auch häufig die Bedingungen, die zu einem technischen Monopol geführt haben, und ich glaube, dass sowohl eine öffentliche Kontrollinstanz als auch ein Staatsmonopol auf solche veränderten Bedingungen nicht so schnell reagieren und sich als unfähiger erweisen würden als eine private Monopolwirtschaft.

Die Eisenbahn in Amerika ist dafür ein gutes Beispiel. Im 19. Jahrhundert war es wahrscheinlich aus technischen Gründen unvermeidlich, dass ein beachtlicher Teil des Eisenbahnnetzes einem Monopol unterstellt wurde. Das gab der Interstate Commerce Commission ihre Berechtigung. Aber die Lage hat sich gewandelt. Die Entwicklung des Straßen- und Luftverkehrs hat das Monopol der Eisenbahn so geschwächt, dass es heute völlig unbedeutend geworden ist. Trotzdem haben wir die ICC nicht abgeschafft. Ganz im Gegenteil, die ICC, die man zum Schutz der Öffentlichkeit vor der Ausbeutung durch die Eisenbahn gegründet hatte, hat sich inzwischen zum Schutzorgan der Eisenbahn gegen die Konkurrenz von Lastkraftwagen und anderen Transportmitteln entwickelt, und seit neuestem schützt sie sogar LKW-Transportfirmen gegen die Konkurrenz neuer Unternehmen. Ähnlich war es in England. Als die Eisenbahn verstaatlicht worden war, unterstellte man den Straßentransport einem Staatsmonopol. Wenn die Eisenbahn in Amerika nie einer Kontrolle unterstanden hätte, wäre das Transportwesen, einschließlich der Eisenbahn, heute sicher ein äußerst konkurrenzfähiger Wirtschaftszweig mit nur geringen oder gar keinen monopolistischen Elementen.

Die Wahl zwischen den Übeln eines Privatmonopols, eines Staatsmonopols und einer öffentlichen Kontrolle kann nicht ein für alle Mal getroffen werden, ohne die tatsächliche Situation zu berücksichtigen. Wenn sich das technische Monopol auf Dienstleistungen und Waren bezieht, die unentbehrlich sind, und wenn die Monopolstellung sehr stark ist, werden selbst die kurzfristigen Folgen eines privaten unkontrollierten Monopols nicht zufriedenstellend sein, und die öffentliche Kontrolle oder das öffentliche Eigentum wären das kleinere Übel. Ein technisches Monopol kann gelegentlich ein de-facto-Staatsmonopol rechtfertigen. Es kann jedoch von sich aus kein Staatsmonopol rechtfertigen, das durch ein Verbot jeglicher Konkurrenz erreicht wurde. So gibt es zum Beispiel keinen plausiblen Grund für unser heutiges staatliches Postmonopol. Man kann natürlich die Meinung vertreten, dass die Beförderung der Post ein technisches Monopol sei und dass in dem Fall ein Staatsmonopol das kleinere Übel wäre. Unter dieser Voraussetzung könnte man eine Staatspost für berechtigt halten, nicht aber das derzeitige Gesetz, das die Beförderung der Post durch andere verbietet. Wenn die Beförderung der Post ein technisches Monopol darstellt, wird niemand mit der Regierung in Konkurrenz treten können. Ist sie es aber nicht, so besteht für die Regierung kein Grund, hier Einfluss zu nehmen. Die einzige Lösung wäre, es anderen freizustellen, sich dieser Sache anzunehmen.

Aus der Geschichte lässt sich das Postmonopol folgendermaßen erklären. Der Pony Express leistete so gute Dienste bei der Zustellung der Post im Lande, dass die Regierung, als sie den transkontinentalen Dienst einführte, nicht mit ihm konkurrieren konnte und Verluste hatte. Die Folge war ein Gesetz, das die Postbeförderung durch jeden anderen strafbar machte. Die Adams Express Company ist deshalb heute eine Vermögensverwaltungsgesellschaft und keine produktiv tätige Gesellschaft.

Ich vermute: Wenn das Postbeförderungsgeschäft für jedermann zugängig wäre, würde sich eine große Anzahl von Firmen daran beteiligen, und dieser veraltete Wirtschaftszweig wäre binnen kurzer Zeit völlig umgestaltet.

Eine zweite allgemeine Kategorie von Beispielen, wo ein freier Handel nicht möglich ist, bilden die Fälle, bei denen die Handlungsweise Einzelner Auswirkungen auf die Mitmenschen hat und man sie hierfür weder belangen noch entschädigen kann. Hier haben wir es mit dem Problem der Folgewirkungen (neighborhood effects) zu tun. Ein anschauliches Beispiel dafür ist die Verschmutzung der Flüsse. Wer einen Fluss verschmutzt, zwingt dadurch andere, gutes Wasser gegen schlechtes einzutauschen. Die anderen sind vielleicht bereit, für einen Preis in diesen Handel einzuwilligen. Aber sie haben keine Möglichkeit, als Einzelperson diesem Handel auszuweichen oder eine angemessene Entschädigung zu erzwingen.

Ein weniger gutes Beispiel ist die Unterhaltung von Autostraßen. Hier ist es technisch möglich, Personen, die die Straßen benutzen, zu ermitteln, sie für die Benutzung gebührenpflichtig zu machen und die Straßenbenutzung auf diese Weise privat zu organisieren. Bei den gewöhnlichen Zufahrtsstraßen mit vielen Auf- und Abfahrten wären die Unkosten, die bei einer Gebührenerhöhung entstünden, jedoch sehr hoch, denn um jeden einzelnen Kundendienst zu erfassen und zu berechnen, müssten an allen Einfahrten Zahlstellen errichtet werden. Die Benzinsteuer ist ein wesentlich billigeres Verfahren, um die Autofahrer entsprechend ihrer Straßenbenutzung zu belasten. Bei diesem Verfahren kann jedoch die einzelne Zahlung nicht genau mit dem speziellen Nutzen gleichgesetzt werden. Es ist kaum vorstellbar, dass private Unternehmen, die Dienstleistungen gegen Bezahlung erbringen, nicht ein beherrschendes Privatmonopol anstreben.

Diese Überlegungen treffen für die großen Fernstraßen mit hoher Verkehrsdichte und wenig Zufahrten nicht zu. Hier sind die Unkosten bei Gebührenerhebung gering und werden in vielen Fällen bereits entrichtet. Und da es genügend Ausweichmöglichkeiten gibt, besteht keine ernste Gefahr eines Monopols. Es spricht also nichts dagegen, dass sie als Privatunternehmen geführt werden. Bei einer solchen Regelung müsste der Unternehmer für seine Autobahn die Benzinsteuer erhalten, die für die Benutzung entrichtet wird.

Ein interessantes Beispiel sind die Parks, weil sie den Unterschied deutlich machen zwischen Fällen, die durch ihre Nebenwirkungen gerechtfertigt sind, und anderen, die es nicht sind. So betrachtet beispielsweise fast jeder die Erhaltung der Nationalparks als rechtmäßige Aufgabe der Regierung. Die Nebenwirkungen mögen einen Stadtpark rechtfertigen, jedoch keinen Nationalpark wie den Yellowstone National Park oder den Grand Canyon. Worin besteht der grundsätzliche Unterschied zwischen beiden? Bei einem Stadtpark ist es äußerst schwierig, die Menschen zu ermitteln, die einen Nutzen daraus ziehen, und sie für den Nutzen gebührenpflichtig zu machen. Befindet sich der Park zum Beispiel im Zentrum der Stadt, so haben die Bewohner der umliegenden Häuser den Vorteil des freien Blicks. Die Menschen, die durch den Park oder längs des Parks gehen, ziehen ebenfalls einen Nutzen aus ihm. Es wäre sehr kostspielig und schwierig, wollte man an den Eingängen eine Gebühr erheben oder für jedes Fenster, das zum Park liegt, eine jährliche Abgabe verlangen. Zu den Nationalparks wie Yellowstone dagegen gibt es nur wenige Zugänge. Die meisten Besucher halten sich eine gewisse Zeit lang dort auf, und es ist ohne weiteres möglich, an den Eingängen Zahlstellen zu errichten und Eintrittsgebühren zu verlangen. So wird es heute auch gemacht, aber die Einnahmen reichen nicht aus, um die Unkosten zu decken. Wenn der Bevölkerung an derlei Einrichtungen so sehr gelegen ist, dass sie bereit ist, dafür zu bezahlen, werden sich Privatunternehmen bemühen, solche Parks zur Verfügung zu stellen. Und natürlich gibt es heute auch schon Privatunternehmen dieser Art. Ich persönlich kann beim besten Willen keine Nebenwirkungen oder bedeutende Monopolauswirkungen feststellen, die eine Einmischung der Regierung auf diesem Gebiet rechtfertigen würde.

Überlegungen, wie ich sie zum Thema der Nebenwirkungen (neighborhood effects) angestellt habe, sollten jede nur denkbare Intervention vernunftgemäß erklären. In vielen Fällen war diese Begründung jedoch eher Sophisterei als eine einwandfreie Verwendung des Begriffs der Nebenwirkungen. Die Nebenwirkungen sind ein zweischneidiges Problem. Sie können ein Grund dafür sein, die Regierungstätigkeit zu beschränken oder aber sie zu erweitern. Die Folgewirkungen auf Mitkonkurrenten erschweren den freiwilligen Austausch, weil es schwierig ist, die Auswirkungen auf dritte Gruppen und ihre Tragweite zu ermessen. Aber dieses Problem gibt es auch dort, wo die Regierung im Spiel ist. Schwierig ist es, den Zeitpunkt festzustellen, wann die Nebenwirkungen ein solches Ausmaß erreicht haben, dass Sonderausgaben für ihre Behebung berechtigt sind. Und noch schwieriger ist die angemessene Aufteilung der Kosten. Wenn sich die Regierung an der Behebung von Folgewirkungen beteiligt, wird sie teilweise zusätzliche Nebenwirkungen hervorrufen, weil sie Menschen nicht in angemessener Form belangt oder entschädigt. Welche Folgewirkungen schwerwiegender sind, die ursprünglichen oder die neu hinzugekommenen, kann nur an Hand eines Einzelfalles beurteilt werden, und auch dann nur unzureichend. Darüber hinaus hat das Einschalten der Regierung bei der Beseitigung von Folgewirkungen selbst eine wichtige Nebenwirkung, die in keiner Beziehung zu dem besonderen Anlass der Regierungseinflussnahme steht. Jede Art einer Regierungsintervention beschränkt direkt das Feld der individuellen Freiheit und gefährdet indirekt die Erhaltung der Freiheit aus Gründen, die im ersten Kapitel erläutert worden sind.

Unsere Prinzipien bieten keine festgelegte und bindende Richtlinie dafür, inwieweit es zweckmäßig ist, in Zusammenarbeit mit der Regierung Probleme als Gemeinschaftsaufgabe in Angriff zu nehmen, die man im freiwilligen Einsatz ohne den Staat nur schwer oder gar nicht lösen könnte. In jedem einzelnen Fall einer geplanten Intervention müssen wir eine Bilanz aufstellen, in der wir die Vor- und Nachteile gegenüberstellen. Auf die Passiv-Seite jeder vorgesehenen Regierungsintervention werden wir seine Auswirkungen in Bezug auf die Gefährdung der Freiheit eintragen und dieser Wirkung besondere Bedeutung beimessen müssen. Es wird von den jeweiligen Umständen abhängen, wie hoch wir ihre Bedeutung und die der anderen Faktoren einschätzen. Ist zum Beispiel der bereits vorhandene Regierungseinfluss gering, so werden wir den negativen Auswirkungen einer verstärkten Regierungsintervention geringe Bedeutung beimessen. Das ist eine wichtige Erklärung dafür, dass viele Anhänger des Liberalismus zu einer Zeit, als der Regierungsapparat gemessen an heutigen Maßstäben noch klein war, Eingriffe der Regierung nicht ablehnten, die die Liberalen von heute angesichts des riesigen Staatsapparates nicht billigen würden.

Eingreifen des Staates aus paternalistischen Gründen

Freiheit ist nur für verantwortungsbewusste Menschen ein überzeugendes Ziel. Wir glauben nicht an die Freiheit für Irre und Kinder. Man kommt nicht darum herum, eine Grenze zwischen den verantwortungsbewussten Menschen und den übrigen zu ziehen. Das bedeutet jedoch, dass unser endgültiges Ziel, die Freiheit, wesentlich doppelsinnig ist. Paternität für jene, die wir für nicht verantwortungsvoll halten, ist unvermeidbar.

Ein ganz eindeutiges Beispiel bieten die geistig Behinderten. Weder wollen wir ihnen die Freiheit gewähren, noch wollen wir sie töten. Es wäre schön, wenn wir mit der freiwilligen Hilfe der Mitmenschen rechnen könnten, geistig Behinderte aufzunehmen und für sie zu sorgen. Aber ich glaube, die Möglichkeit ist nicht auszuschließen, dass ein solcher karitativer Einsatz unzulänglich ist, und sei es nur wegen der Folgewirkung, die darin besteht, dass ich einen Nutzen daraus ziehe, wenn jemand anders einen Betrag zur Pflege der geistig Behinderten leistet. Aus diesem Grund werden wir damit einverstanden sein, die Obhut und Pflege dieser Menschen dem Staat zu überlassen.

Bei Kindern liegt der Fall schon schwieriger. Die wirksame Urzelle unserer Gesellschaft ist die Familie und nicht das Individuum. Trotzdem gründet sich die Bejahung der Familie als Kern der Gesellschaft mehr auf ihre Zweckmäßigkeit als auf ein Prinzip. Wir glauben, dass die Eltern im Allgemeinen am ehesten dazu befähigt sind, ihre Kinder zu schützen und sie zu verantwortlichen Individuen heranzubilden, die die Freiheit schätzen. Aber wir halten nichts von der Freiheit der Eltern, mit anderen Menschen nach Gutdünken zu verfahren. Kinder sind im Entwicklungsstadium begriffene verantwortliche Wesen, und wer an die Freiheit glaubt, glaubt auch an den Schutz ihrer Grundrechte.

Mit anderen Worten und drastischer ausgedrückt: Kinder sind zu gleicher Zeit Konsumgüter und potenzielle verantwortliche Mitglieder der Gesellschaft. Zu der Freiheit der Menschen, ihre wirtschaftlichen Reserven nach Belieben zu nutzen, gehört auch die Freiheit, Kinder zu haben und die Dienste der Kinder, so wie es früher war, als eine besondere Form des Konsums zu kaufen. Aber wenn die Wahl getroffen ist, haben die Kinder einen Selbstwert und eine eigene Freiheit, die nicht nur eine Erweiterung der Freiheit der Eltern darstellt.

Maßnahmen der Gesellschaft aus paternalistischen Gründen sind für einen Liberalen aus verschiedenen Gründen besonders problematisch, denn sie befürworten das Prinzip, dass einige befugt sind, für andere zu entscheiden. Der Liberale findet dieses Prinzip in fast allen seinen Anwendungen zweifelhaft und sieht darin mit Recht das Programm seiner wichtigsten intellektuellen Gegner, der Befürworter des Kollektivismus in der einen oder anderen Form, sei es als Kommunismus, Sozialismus oder als Wohlfahrtsstaat. Aber es ist sinnlos, vortäuschen zu wollen, die Probleme seien einfacher zu lösen, als es in Wirklichkeit der Fall ist. Die Notwendigkeit eines gewissen Maßes an Paternalismus ist nicht zu leugnen. Dicey schrieb 1914 über ein Gesetz zum Schutz geistig Behinderter: »Die Mental Deficiency Act ist der erste Schritt auf einem Weg, und ein geistig Gesunder kann jederzeit gezwungen werden, ihn zu beschreiten. Wenn die Regierung hier aber zu weit geht, wird sie auf Schwierigkeiten stoßen, die ohne einen beträchtlichen Eingriff in die persönliche Freiheit nur schwer zu beseitigen sind.«[1] Es gibt keine Formel, die uns sagt, wie weit wir gehen können. Wir müssen uns auf unser fehlbares Urteil verlassen, und wenn das Urteil gesprochen ist, auf unsere Fähigkeit, unsere Mitmenschen davon zu überzeugen, dass das Urteil gerecht ist, oder aber wir verlassen uns auf die Fähigkeit unserer Mitmenschen, uns davon zu überzeugen, dass wir unser Urteil ändern müssen. Wir müssen hier wie überall Vertrauen zu einem Konsensus haben, der auf dem Wege der freien Diskussion und Regula falsi zwischen unvollkommenen, voreingenommenen Menschen getroffen wurde.

---

[1] A.V. Dicey, *Lectures on the Relation between Law and Public Opinions in England during the Nineteenth Century*, 2. Aufl. London: Macmillan & Co., 1914, S. li.

Zusammenfassung

Eine Regierung, die für Ruhe und Ordnung sorgt, die die Eigentumsrechte definiert, die ein Instrument vorsieht, mit dem wir die Eigentumsrechte und andere Gesetze im Spiel der Wirtschaftskräfte ändern können, eine Regierung, die Kontroversen über die Auslegung der Gesetze entscheidet, die Einhaltung von Verträgen erzwingt, den Wettbewerb fördert, ein monetäres System schafft, sich für die Bekämpfung technischer Monopole und die Beseitigung ihrer Folgewirkungen einsetzt, wenn dies angebracht scheint, und die die private Wohlfahrt und die Familie bei der Fürsorge der Unzurechnungsfähigen, seien es Geisteskranke oder Kinder, unterstützt – eine solche Regierung hat zweifellos eine Reihe wichtiger Funktionen zu erfüllen. Der konsequente Liberale ist kein Anarchist. Die Funktionen einer solchen Regierung wären zwar klar abgegrenzt, aber eine Unzahl von Aufgaben würde vernachlässigt, die jetzt in Amerika von den Bundesstaaten oder von der Regierung und in anderen westlichen Ländern von den entsprechenden Instanzen übernommen werden. In den folgenden Kapiteln wird von einigen dieser Aufgaben noch ausführlich die Rede sein, und ein paar wurden bereits erwähnt. Vielleicht trägt die folgende Liste dazu bei, deutlich zu machen, welche Rolle ein Liberaler der Regierung zuweist. Die Liste enthält eine Aufstellung von Funktionen, die gegenwärtig von der amerikanischen Regierung wahrgenommen werden, und die, soweit ich es beurteilen kann, nicht in Form der oben erwähnten Richtlinien ausreichend zu rechtfertigen sind.

1. Paritätische Preisunterstützung in der Landwirtschaft.
2. Importsteuer oder Restriktionen für Exporte wie beispielsweise die derzeitigen Ölimportkontingente, Zuckerkontingente usw.
3. Staatliche Überwachung der Produktion, zum Beispiel durch das Landwirtschaftsprogramm oder die Zuteilung von Öl durch die Texas Railroad Commission.
4. Mietkontrollen, wie sie in New York noch üblich sind, oder umfassendere Lohn- und Preiskontrollen, wie sie während und nach dem Zweiten Weltkrieg durchgeführt wurden.
5. Gesetzlich festgelegte Höhe der Mindestlöhne oder gesetzliche Festlegung von Höchstpreisen wie zum Beispiel die gesetzliche Festlegung des Zinssatzes, der auf kurzfristige Einlagen bei Geschäftsbanken bezahlt wird, auf Null, oder die gesetzlich fixierten Höchstsätze, die auf Spar- und Termineinlagen bezahlt werden.

6. Genaue Regulierung der Wirtschaft, zum Beispiel die Regulierung des Transportwesens durch die Interstate Commerce Commission. Als man sie ursprünglich zum Schutz der Eisenbahn gründete, hatte sie aus Gründen des technischen Monopols eine gewisse Berechtigung, die sie aber heute für das Transportwesen allgemein verloren hat. Ein anderes Beispiel ist die genaue Regulierung des Bankwesens.
7. Ein ähnliches Beispiel, das wegen stillschweigender Zensur und Verletzung der Redefreiheit besondere Aufmerksamkeit verdient, ist die Kontrolle von Radio und Fernsehen durch die Federal Communication Commission.
8. Die heutige Sozialpolitik, insbesondere die Pensions- und Renten-Programme, die die Menschen buchstäblich zwingen, a) einen bestimmten Prozentsatz ihres Gehaltes in Rentenpapieren anzulegen, b) die Renten bei einer staatlich geführten Gesellschaft zu kaufen.
9. Lizenzvorschriften in verschiedenen Städten und Staaten; dadurch sind bestimmte Unternehmen, Gewerbe- und Berufsgruppen Personen vorbehalten, die über eine Konzession verfügen, wobei die Lizenz mehr als eine Steuerquittung ist, die jeder, der eine Tätigkeit aufnehmen möchte, zahlen würde.
10. Der so genannte »gemeinnützige Wohnungsbau« und andere subventionierte Projekte, die den Wohnungsbau fördern sollen, darunter die Hypothekengarantie usw.
11. Die Wehrpflicht zur Aufrechterhaltung einer kriegsstarken Armee in Friedenszeiten. Eine dem freien Markt entsprechende Lösung wäre das Freiwilligenheer, das heißt, Menschen für den Dienst anzuwerben. Es gibt keinen Grund, warum man dafür nicht einen Preis zahlen sollte, der hoch genug ist, um die erforderliche Anzahl Freiwilliger zu bekommen. Das jetzige System ist ungerecht und willkürlich, es greift weit gehend in die Freiheit der jungen Menschen ein, ihr Leben selbst zu gestalten, und ist wahrscheinlich sogar kostspieliger als die Alternative des freien Marktes. (Eine militärische Grundausbildung, um in Kriegszeiten eine Reservearmee bereitzuhalten, ist ein anderes Problem und scheint vom liberalen Standpunkt aus gerechtfertigt zu sein.)
12. Nationalparks, siehe oben.
13. Das gesetzliche Verbot der Postbeförderung mit Gewinn.
14. Gebührenpflichtige Straßen, die dem Staat gehören und von ihm verwaltet werden.

Diese Liste ist bei weitem nicht vollständig.

3 Die Kontrolle über das Geld

In den vergangenen Jahrzehnten sind die Begriffe »Vollbeschäftigung« und Wirtschaftswachstum« für die Regierung zu erstklassigen Entschuldigungen geworden, sich immer mehr in wirtschaftliche Angelegenheiten einzumischen. Eine Wirtschaft des freien Unternehmertums, so sagt man, sei von Natur aus instabil. Sich selbst überlassen, schaffe sie abwechselnde Zyklen von Boom und Bankrott. Die Regierung müsse also einschreiten, um einen sicheren Kurs zu steuern. Diese Argumente galten besonders während und nach der großen Depression der Dreißigerjahre. Sie spielten eine große Rolle bei der Entstehung des New Deal[1] in diesem Lande wie auch bei vergleichbaren Regierungsinterventionen in anderen Ländern. In den jüngst vergangenen Jahren ist »Wirtschaftswachstum« zum beliebteren Schlachtruf geworden. Die Regierung muss, so argumentiert man, aufpassen, dass die Wirtschaft wächst, damit alles für den Kalten Krieg da sei und damit den Völkern der Welt gezeigt werden kann, dass eine Demokratie schneller zu Wohlstand kommt als ein kommunistischer Staat.

Diese Argumente sind absolut irreführend. Tatsache ist: Die große Depression – wie die meisten Perioden starker Arbeitslosigkeit – wurde mehr durch ein falsches Vorgehen der Regierung als durch eine der freien Marktwirtschaft innewohnende Labilität hervorgerufen. Eine von der Regierung eingerichtete Institution – das Federal Reserve System – war mit der Verantwortung für die Geldpolitik betraut worden. In den Jahren 1930 und 1931 führte das Reserve-System diesen Auftrag so ungeschickt aus, dass aus einer geringen Rezession eine größere Katastrophe wurde. (Wir kommen auf den Seiten 67 bis 71 darauf zurück.) In ähnlicher Weise sind heute Regierungsmaßnahmen dem wirtschaftlichen Wachstum der Vereinigten Staaten stark im Wege. Zölle und andere Restriktionen im internationalen Handel, hohe Steuerlasten und eine komplexe und ungerechte Steuerstruktur, Über-

---

[1] Franklin D. Roosevelt versprach den US-Bürgern bei seiner Nominierung als Präsidentschaftskandidat einen »New Deal« (Neuverteilung der Karten im Kartenspiel). Zu den staatlichen Eingriffen im Rahmen des New Deal, der stark von dem Gedankengebäude J.M. Keynes' beeinflusst war, gehörten Maßnahmen zum Ausgleich des Staatshaushaltes, Arbeitsbeschaffungsprogramme zur Stärkung des privaten Verbrauchs, Staatsinvestitionen als Initialzündung für weitere Investitionen der Wirtschaft, direkte Eingriffe in die Wirtschaft in den Bereichen der Investitionslenkung und der Preispolitik, die Abkehr von der sozialpolitischen Abstinenz des Staates sowie die Aufnahme einer aktiven Sozialpolitik, vor allem bei der Arbeitsbeschaffung und der Sozialversicherung. (Anm. d. Red.)

wachungskommissionen, von der Regierung festgesetzte Löhne und Preise und eine Unmenge anderer Maßnahmen bringen den Einzelnen dazu, seine Gelder falsch anzulegen und neu Erspartes falsch zu investieren. Was wir dringend für eine stabile und wachsende Wirtschaft brauchen, ist eine reduzierte, nicht eine vermehrte Einmischung der Regierung.

Eine solche Reduzierung würde der Regierung immer noch eine bedeutende Rolle auf diesem Gebiet überlassen. Es ist vor allem wünschenswert, dass die Regierung einen festen Geld- und Finanzrahmen für die freie Wirtschaft liefert – als einen Teil ihrer Funktion, einen festen gesetzlichen Rahmen zu schaffen. Wir sollten von der Regierung einen legalen und ökonomischen Rahmen verlangen, der die einzelnen Menschen befähigt, wirtschaftliches Wachstum zu produzieren.

Die Hauptgebiete der Regierungspolitik in Bezug auf wirtschaftliche Stabilität sind Geldpolitik und Finanzpolitik. In diesem Kapitel wird die Geldpolitik behandelt, im nächsten internationale Finanzabkommen und in Kapitel 5 die Finanzpolitik.

In diesem und dem folgenden Kapitel müssen wir einen Kurs zwischen zwei Ansichten hindurchsteuern, von denen zwar keine annehmbar ist, die aber beide ihre Vorteile haben. Die Scylla ist die Meinung, dass ein rein automatischer Goldstandard anwendbar und wünschenswert wäre und alle Probleme lösen würde, die der wirtschaftlichen Zusammenarbeit zwischen einzelnen Menschen und Nationen unter sicheren Verhältnissen entgegenstehen. Die Charybdis ist die Meinung, dass die Notwendigkeit, sich unvorhergesehenen Umständen anzupassen, es erfordert, einer Gruppe von Experten weit gehende Entscheidungsvollmachten einzuräumen. Diese Experten müssten in einer »unabhängigen« Zentralbank oder in einer Art bürokratischer Körperschaft zusammengefasst sein. Keine der beiden Ansichten hat sich in der Vergangenheit als befriedigende Lösung erwiesen; keine wird es in Zukunft sein.

Ein Liberaler fürchtet grundsätzlich jede Machtkonzentration. Er möchte jedem einzelnen Menschen ein Höchstmaß an Freiheit sichern, solange es nicht die Freiheit anderer Menschen beeinträchtigt. Seiner Ansicht nach muss zu diesem Zweck die Macht aufgeteilt werden. Er wird argwöhnisch, wenn der Regierung Funktionen zugeteilt werden, die der Markt ausführen könnte. Denn das setzt Zwang an die Stelle von Kooperation und bedroht dadurch, dass die Regierung eine größere Rolle erhält, die Freiheit auch auf anderen Gebieten.

Eine Machtverteilung wird auf dem Gebiet des Geldwesens zu einem besonders schwierigen Problem. Man ist sich weit gehend einig, dass die Regierung in monetären Angelegenheiten gewisse Verantwortung haben muss. Ebenso erkennt man weit gehend an, dass die Kontrolle über das Geldwesen ein mächtiges Werkzeug zur Kontrolle und Gestaltung der Wirtschaft sein kann. Lenins berühmter Ausspruch, der wirksamste Weg, eine Gesellschaft zu zerstören, sei, ihr Geldwesen zu ruinieren, dramatisiert diese Macht. Schlichter gesagt: Seit undenklichen Zeiten haben die Herrschenden, im Besitz der Kontrolle über das Geldwesen, der Bevölkerung schwere Steuerlasten auferlegt, meist ohne die Zustimmung der Legislative, falls es überhaupt eine gab. Das gilt für die frühen Zeiten, als die Herrscher den Feingehalt der Münzen beschnitten und dabei schon zu ähnlichen Hilfsmitteln wie unsere Zeit griffen, mit ihren verfeinerten, modernen Techniken, die Notenpresse anzukurbeln oder Eintragungen in den Büchern der Notenbank zu ändern. Das Problem liegt darin, institutionelle Vorkehrungen zu treffen, die die Regierung befähigen, für das Geldwesen die Verantwortung zu tragen, die jedoch gleichzeitig die der Regierung damit zugewachsene Macht in Grenzen halten und verhindern, dass sie genutzt wird, um die freie Gesellschaft zu schwächen, anstatt sie zu stärken.

Eine Warenwährung

Historisch gesehen war die Lösung, die man im Lauf der Jahrhunderte in vielen Ländern gefunden hat, eine Warenwährung: also die Anwendung von Gold und Silber, Messing und Zinn, Zigaretten oder Cognac oder anderer Güter als Zahlungsmittel. Bestünde das Geld ganz und gar aus greifbaren Waren dieser Art, wäre im Prinzip eine Kontrolle durch die Regierung überhaupt nicht notwendig. Die der Gesellschaft zur Verfügung stehende Geldmenge hinge dann von den Produktionskosten des Warengeldes ab und nicht von anderen Dingen. Veränderungen in der Menge des Geldes würden dann von den Veränderungen der technischen Produktionsbedingungen und von der wechselnden Nachfrage nach Geld abhängen. Das ist ein Idealzustand, der viele der Anhänger eines automatischen Goldstandards begeistert.

In Wirklichkeit hat sich die Warenwährung sehr weit von diesem einfachen Muster, das keine Regierungseinmischung erfordert, entfernt. Historisch war eine Warenwährung – wie die Gold- oder Silberwährung – von der Entwicklung eines Kreditgeldes der einen oder anderen Art begleitet, das scheinbar zu festen Bedingungen in die Warenwährung umgewandelt werden konnte. Diese Entwicklung hatte guten Grund. Der fundamentale Fehler einer Warenwährung – vom Standpunkt der Gesellschaft als Ganzes – liegt darin, dass man natürliche Ressourcen haben muss, um den Geldbestand zu vermehren. Die Menschen in Südafrika müssen hart arbeiten, um Gold aus der Erde zu graben – das dann wieder in Fort Knox oder ähnlichen Stellen verschwindet. Die Notwendigkeit der Existenz natürlicher Ressourcen für die Anwendung einer Warenwährung ist für die Menschen ein starker Anreiz, Wege zu finden, das gleiche Ziel zu erreichen, ohne auf diese Ressourcen angewiesen zu sein. Wenn die Leute statt Geld auch Papier annehmen, auf dem gedruckt steht »Ich verspreche so und so viele Einheiten der Warenwährung zu zahlen«, dann können diese Papiere die gleiche Funktion ausüben wie Gold- oder Silberstücke. Und sie benötigen weitaus weniger Ressourcen zu ihrer Produktion. Dieser Punkt, den ich bereits an anderer Stelle ausführlicher besprochen habe,[2] scheint mir bei einer Warenwährung die grundlegende Schwierigkeit.

Könnte man eine automatische Warenwährung anwenden, wäre das eine ausgezeichnete Lösung für das Dilemma der Liberalen: ein stabiler monetärer Rahmen, worin es keine verantwortungslose Ausübung geldpolitischer Macht geben kann. Wenn zum Beispiel eine grundsolide Goldwährung, bei der 100 Prozent des Geldes in einem Land buchstäblich aus Gold bestünden, von der ganzen Bevölkerung gestützt würde, die wiederum von der Mythologie des Goldstandards durchdrungen wäre und in dem Glauben lebte, es wäre unmoralisch und unrecht von der Regierung, hier einzugreifen: So wäre das die absolute Garantie dafür, dass die Regierung die Währung nicht manipuliert oder eine unverantwortliche Geldpolitik betreibt. Bei einer solchen Währung wäre die monetäre Macht der Regierung äußerst gering. Indessen: Wie schon erwähnt, hat sich ein solches automatisches System in der Geschichte niemals als anwendbar erwiesen. Stets gab es die Tendenz in Richtung eines gemischten Systems, das kreditäre Elemente wie Banknoten und Depositen oder Staatspapiere als Ergänzung enthielt. Und wenn erst einmal kreditäre Elemente eingeführt sind, hat es sich als sehr schwierig erwiesen, eine Regierungskontrolle darüber zu vermeiden, selbst wenn diese Papiere anfänglich von Privatpersonen herausgegeben worden waren. Der

---

[2] In: *A Program for Monetary Stability*, New York: Fordham University Press, 1959, S. 4–8.

Grund dafür liegt in der Schwierigkeit, Fälschungen oder deren wirtschaftliche Auswirkungen zu verhindern. Kreditgeld bedeutet einen Vertrag darüber, dass Warengeld gezahlt wird. Es ist meist so, dass ein großer Zeitraum zwischen dem Abschluss eines solchen Vertrages und seiner Erfüllung liegt. Das erhöht die Schwierigkeit, den Vertrag geltend zu machen, und bringt daher auch die Versuchung mit sich, betrügerische Verträge abzuschließen. Sind erst einmal kreditäre Elemente eingeführt, ist für die Regierung die Versuchung fast unwiderstehlich, selbst Kreditgeld herauszugeben. So haben in der Praxis Warenwährungen stets die Neigung gehabt, zu gemischten Währungen zu werden, die ihrerseits eine starke Intervention des Staates nach sich gezogen haben.

Es muss erwähnt werden, dass trotz des vielen Geredes zugunsten der Goldwährung heute fast niemand tatsächlich einen soliden, vollständigen Goldstandard haben möchte. Die Leute, die behaupten, sie wünschten den Goldstandard, meinen damit fast immer die heutige Art von Währung oder die Währung, die in den Dreißigerjahren galt – also einen Goldstandard, der von einer Zentralbank oder einer anderen Regierungsstelle verwaltet wird, die eine kleine Menge Gold als »Deckung« – um diesen sehr irreführenden Ausdruck zu gebrauchen – für Kreditgeld bereithält. Einige gehen so weit, dass sie die Währung von 1920 meinen, als wirklich Gold oder Gold-Zertifikate als Währung von Hand zu Hand zirkulierten – doch selbst sie sind für ein Nebeneinander von Gold und staatlichem Kreditgeld plus Depositen, die von Banken herausgegeben werden, die ihrerseits wiederum Bruchteile von Reserven in Gold oder Notenwährung halten. Selbst in den so genannten großen Tagen der Goldwährung im 19. Jahrhundert, als – wie man glaubte – die Bank von England den Goldstandard souverän handhabte, war das Geldsystem weit von einem vollautomatischen Goldstandard entfernt. Auch damals war es schon ein stark manipulierter Standard. Die heutige Lage ist mit Sicherheit weitaus extremer. Dies ist das Ergebnis davon, dass sich ein Land nach dem anderen der Ansicht angeschlossen hat, seine Regierung sei für die »Vollbeschäftigung« verantwortlich.

Ich schließe daraus: Eine automatische Warenwährung ist weder eine anwendbare noch wünschenswerte Lösung für das Problem, monetäre Einrichtungen für eine freie Gesellschaft zu schaffen. Sie wäre auch nicht wünschenswert, denn sie würde hohe Kosten bei den Ressourcen verursachen, die man für die Produktion der Geld-Sachwerte benötigt. Eine Warenwährung ist auch nicht anwendbar, denn ihr Mythos und der Glaube, dass sie wirken würde, existieren nicht mehr.

Diese Schlussfolgerung wird nicht nur von den bereits erwähnten historischen Tatsachen untermauert, sondern auch durch die speziellen Erfahrungen, die in den Vereinigten Staaten gemacht wurden. Von 1879 an, als die Vereinigten Staaten nach dem Bürgerkrieg wieder Goldzahlungen aufnahmen, bis 1913 bestand dort die Goldwährung. Wenn sie auch einer vollautomatischen Goldwährung näher war als alles, was wir seit dem Ende des Ersten Weltkrieges gehabt haben, war sie doch von einer hundertprozentigen Goldwährung weit entfernt. Es existierte Papiergeld, das die Regierung herausgegeben hatte. Privatbanken gaben den größten Anteil der zirkulierenden Geldmittel in Form von Depositen heraus; sie alle wurden in ihrem Vorgehen von Regierungsstellen genau reguliert – die Nationalbanken vom Währungskontrolleur, die Staatsbanken von staatlichen Bank-Autoritäten. Ob in der Hand des Schatzamtes, der Banken oder einzelner Personen in Form von Münzen oder Goldzertifikaten: Das Gold machte nur zwischen zehn und zwanzig Prozent der Geldmenge aus. Der prozentuale Anteil änderte sich von Jahr zu Jahr. Die restlichen 80 bis 90 Prozent bestanden aus Silber, Kreditgeldern und Bankdepositen, die nicht durch Gold gedeckt waren.

Rückblickend mag es uns scheinen, als habe dieses System ziemlich gut funktioniert. Für die Amerikaner jener Zeit war das keineswegs so. Die Aufregung über das Silber in den Achtzigerjahren des 19. Jahrhunderts, die in der Cross of Gold-Rede Bryans ihren Höhepunkt erreichte, die den Ton für die Wahl von 1896 angab, war ein einziges Zeichen der Unzufriedenheit. Die Aufregung um das Gold wiederum war zum größten Teil für die Depression der frühen Neunzigerjahre verantwortlich. Sie führte zu der weit verbreiteten Angst, die Vereinigten Staaten könnten vom Goldstandard abgehen, und der Dollar würde damit im Vergleich mit fremden Währungen an Wert verlieren. Es kam zu einer Flucht aus dem Dollar und einem Kapitalabfluss, der dann tatsächlich eine Deflation herbeizwang.

Aufeinander folgende Finanzkrisen in den Jahren 1873, 1890 und 1893 führten seitens der Geschäftswelt und der Banken zu der weit verbreiteten Forderung nach einer Bankreform. Durch die Panik von 1907, bei der sich die Banken gemeinsam weigerten, Depositen auf Sicht in Geld umzuwandeln, wurde schließlich das Gefühl der Unzufriedenheit mit dem monetären System so stark, dass man ein Einschreiten der Regierung verlangte. Der Kongress setzte eine Nationale Geld-Kommission ein. Ihre Empfehlungen, die 1910 herauskamen, wurden in der Federal Reserve Act (1913) angenommen. Die Reformen im Sinn der Federal Reserve fanden die Unterstützung aller: von den arbeitenden Klassen bis zu den Bankleuten, ebenso beider politischen Parteien. Der Vorsitzende der Geldkommission war der Republikaner Nelson W. Aldrich. Der Senator, der für die Federal Reserve Act verantwortlich zeichnete, war Carter W. Glass, ein Demokrat.

Die Veränderungen in allen Geldangelegenheiten, die durch die Federal Reserve Act eingeführt wurden, erwiesen sich in der Praxis weit drastischer als von ihren Verfassern und Befürwortern beabsichtigt. Als das Gesetz angenommen wurde, herrschte in der ganzen Welt der Goldstandard – kein vollautomatischer Goldstandard, doch diesem Ideal näher als alles, was wir seither erlebt haben.

Man nahm als selbstverständlich an, dass es so weitergehen und dadurch die Macht des Federal Reserve Systems eng begrenzt sein würde. Kaum war das Gesetz angenommen, brach jedoch der Erste Weltkrieg aus. In weiten Teilen der Welt ging man vom Goldstandard ab. Am Ende des Krieges war das Reserve-System der USA nicht mehr ein kleines Anhängsel am Goldstandard, das der Konvertibilität einer Geldform in eine andere dienen und Banken lenken und überwachen sollte. Es war zu einer mächtigen unbeschränkten Autorität geworden, die die Geldmenge in den Vereinigten Staaten bestimmte und die internationalen Finanzbedingungen überall auf der Welt beeinflusste.

Eine unbeschränkte monetäre Autorität

Die Schaffung des Federal Reserve Systems war die bemerkenswerteste Veränderung der monetären Institutionen in den Vereinigten Staaten, zumindest seit dem Civil War National Banking Act.[3] Zum ersten Mal nach dem Erlöschen der Charta der Zweiten Bank der Vereinigten Staaten im Jahre 1836 setzte man eine amtliche Sonderkommission ein, mit genau vorgeschriebener Verantwortung für Refinanzierungsbedingungen, angeblich

---

[3] Der National Banking Act von 1863 beendete das Free-Banking-System, unter dem jede Geschäftsbank der USA das Recht zur Ausgabe von Geld besaß, und setzte an seine Stelle eine landeseinheitliche Währung. Das Gesetz zwang die Geschäftsbanken, Staatsanleihen zur Deckung ihres Bestands an Banknoten zu erwerben, und ermöglichte es dem Bundesstaat dadurch, den Bürgerkrieg ohne Rückgriff auf Steuererhöhungen zu finanzieren. (Anm. d. Red.)

ausgerüstet mit angemessener Machtvollkommenheit, monetäre Stabilität zu schaffen oder wenigstens starke Unsicherheiten zu vermeiden. Es ist daher sehr lehrreich, die Erfahrungen vor und nach dieser Einrichtung als Ganzes zu vergleichen, also von der Zeit nach dem Bürgerkrieg bis 1914 und von 1914 bis heute – um zwei Perioden von gleicher Länge zu nehmen.

Misst man die zweite Periode an den Fluktuationen der Geldmenge, an den Preisen oder an der Produktionshöhe, war sie, wirtschaftlich gesehen, zweifellos die weniger beständige. Zum Teil spiegelt die größere Unbeständigkeit die Wirkung der beiden Weltkriege während der zweiten Periode wider. Was auch immer unser monetäres System damals gewesen wäre, diese Kriege wären immer eine Quelle der Instabilität gewesen. Aber selbst wenn man die Kriegszeit und die unmittelbar darauf folgenden Jahre auslässt und nur die Friedensjahre, sagen wir von 1920 bis 1939 und von 1947 bis heute, bedenkt, gibt es das gleiche Resultat. Die Geldmenge, die Preise und die Produktion haben sich ohne Zweifel nach der Einführung des Federal Reserve Systems erheblich instabiler entwickelt als in der Zeit davor. Die dramatischste Periode der Unsicherheit war natürlich die Zeit zwischen den beiden Kriegen, die die ernsten Rückschläge von 1920/21, 1929/33 und 1937/38 einschließt. Keine andere Zwanzig-Jahres-Periode der amerikanischen Geschichte enthält drei so schwere Rezessionen.

Dieser grobe Vergleich beweist natürlich nicht, dass das Federal Reserve System nicht zur monetären Stabilität beigetragen hat. Möglicherweise waren die Probleme, mit denen das System zu tun hatte, ernster als jene, mit denen die frühere Geldstruktur fertig werden musste. Vielleicht hätten diese Probleme einen noch höheren Grad an Instabilität erzeugt, wären sie unter den früheren Verhältnissen aufgetreten. Doch der grobe Vergleich sollte dem Leser zumindest Zeit geben, nachzudenken, ehe er es für selbstverständlich betrachtet (wie es ja oft geschieht), ob eine seit langem bestehende Einrichtung, mächtig und einflussreich wie das Federal Reserve System, eine notwendige und wünschenswerte Funktion ausübt und zur Erreichung der Ziele beiträgt, für die sie geschaffen wurde.

Ich selbst bin aufgrund intensiver Studien der historischen Tatsachen überzeugt, dass der Unterschied in der wirtschaftlichen Stabilität, den der grobe Vergleich enthüllt hat, tatsächlich dem Unterschied in den monetären Einrichtungen zuzuschreiben ist. Das veranlasst mich zu der Annahme, dass zumindest ein Drittel des Preisanstiegs während und gleich nach dem Ersten Weltkrieg der Einführung des Federal Reserve Systems zuzuschreiben ist. Dieser Preisanstieg wäre nicht eingetreten, hätte man das frühere

Banksystem beibehalten. Die Härte jeder der größeren Rezessionen – 1920/21, 1929/33 und 1937/38 – muss unmittelbar den Anordnungen und Unterlassungen der Autoritäten des Reserve-Systems zugeschrieben werden. Unter früheren geld- und bankpolitischen Einrichtungen wäre es nicht so schlimm geworden. Es könnte zwar bei dieser oder jener Gelegenheit Rezessionen gegeben haben. Doch es ist höchst unwahrscheinlich, dass eine davon je größere Ausmaße angenommen hätte.

Ich kann diesen Beweis hier nicht ausführlich antreten.[4] Im Hinblick auf die wichtige Rolle, die die große Depression von 1929/33 bei der Bildung – oder besser gesagt: Missbildung – der allgemeinen Haltung gegenüber der Rolle der Regierung in wirtschaftlichen Dingen gespielt hat, mag es doch richtig sein, die Ereignisse in diesem Zeitraum ausführlicher zu interpretieren.

Infolge seines dramatischen Charakters wird der Börsenkrach vom Oktober 1929, der die unerhörte Hausse von 1928 und 1929 beendete, oft als Beginn und namhafter unmittelbarer Anlass für die große Depression gesehen. Doch beides stimmt nicht. Der Höhepunkt der Wirtschaft war Mitte 1929 erreicht – schon einige Monate vor dem Krach. Der Höhepunkt dürfte wohl so früh erreicht worden sein, weil das Geld ziemlich knapp war – das Federal Reserve System hatte den Versuch gemacht, die »Spekulation« zu beschneiden – und auf diesem indirekten Weg mag die Börse bei der Entstehung der Depression eine Rolle gespielt haben. Der Börsenkrach wiederum hatte zweifellos verschiedene indirekte Auswirkungen auf das Vertrauen in der Wirtschaft und auf die Bereitschaft der Menschen, Geld auszugeben, was wiederum den depressiven Einfluss auf den Geschäftsverlauf verstärkte.

Allein hätten diese Dinge jedoch keinen wirtschaftlichen Zusammenbruch herbeiführen können. Im äußersten Fall hätten sie die Depression etwas verlängert und im Vergleich zu den milden Rezessionen verschärft, die das amerikanische Wirtschaftswachstum während seiner gesamten Geschichte unterbrochen haben. Sie hätten es nicht zu der Katastrophe gemacht, zu der es tatsächlich gekommen ist.

Ungefähr ein Jahr lang zeigte die Rezession keines der spezifischen Merkmale, die ihren weiteren Verlauf beherrschen sollten. Der wirtschaftli-

---

[4] Siehe meine Arbeit *A Program for Monetary Stability* sowie Milton Friedman und Anna J. Schwartz, *A Monetary History of the United States 1867 – 1960* (National Bureau of Economic Research, Studies in Business Cycles 12), Princeton 1963.

che Abstieg war damals zwar steiler als während des ersten Jahres der meisten bisherigen Rezessionen. Möglicherweise war das eine Folge des Börsenkrachs und der ungewöhnlich angespannten Bedingungen auf dem Geldmarkt, die man seit Mitte 1928 erleben musste. Qualitativ zeigten sich jedoch keine abweichenden Merkmale, keine Anzeichen dafür, dass das Geschehen in eine größere Katastrophe münden würde. Außer für den, der naiv argumentiert – post hoc, ergo propter hoc –, findet sich in der wirtschaftlichen Lage vom September oder Oktober 1930 nichts, das den fortlaufenden und drastischen Abstieg der Wirtschaft der folgenden Jahre unvermeidlich oder gar höchstwahrscheinlich gemacht hätte. Rückblickend wird vielmehr klar: Das Federal Reserve System hätte schon damals ganz anders handeln müssen, als es tat; es hätte nicht zulassen dürfen, dass die Geldmenge von August 1929 bis Oktober 1930 um drei Prozent abnahm – eine stärkere Verminderung als während aller vorangegangenen Depressionen – mit Ausnahme der schwersten. Obgleich ein Fehler gemacht wurde: Er war sicherlich entschuldbar und keinesfalls schon kritisch.

Im November 1930 veränderte sich der Charakter der Rezession jedoch drastisch. Eine Serie von Bankzusammenbrüchen führte zum Run auf die Banken. Die Kunden wollten ihre Depositen in Geld umwandeln. Wie ein Fieber breitete sich diese Bewegung von einem Staat der Union zum anderen aus und erreichte ihren Höhepunkt mit dem Bankrott der Bank der Vereinigten Staaten am 11. Dezember 1930. Mit diesem Bankrott war die kritische Masse erreicht. Nicht nur, dass die Bank mit über 200 Millionen Dollar Einlagen eine der größten im Lande war. Ihr Name hatte viele Leute in den USA und noch mehr im Ausland zu der Annahme verführt, sie sei so etwas wie eine staatliche Bank. Dabei handelte es sich um eine ganz gewöhnliche Depositenbank.

Vor dem Oktober 1930 hatte sich weder eine Liquiditätskrise abgezeichnet, noch war ein Vertrauensschwund gegenüber den Banken bemerkt worden. Von jetzt an wurde die Wirtschaft jedoch von dauernden Liquiditätskrisen geschüttelt. Eine Welle von Bank-Bankrotten ebbte kurz ab und türmte sich alsbald wieder auf, wenn ein paar dramatische Zusammenbrüche oder andere Ereignisse einen neuen Vertrauensschwund gegenüber dem Bankensystem und damit einen neuen Run auf die Banken zur Folge hatten. Dies war sehr wichtig – nicht so sehr wegen der Bank-Bankrotte selbst, sondern wegen ihrer Auswirkung auf die umlaufende Geldmenge.

In einem Reservebank-System, wie dem der USA hält natürlich eine Bank nicht für jeden Dollar, der bei ihr deponiert wird, auch einen Dollar bar in der Kasse (oder ein Äquivalent). Daher ist »Depositen« ein so irreführender Ausdruck. Wenn Sie einen Dollar in einer Bank deponieren, fügt die Bank vielleicht 15 bis 20 Cents ihrer Kasse zu; das übrige Geld leiht sie anderweitig aus. Der Entleiher deponiert es vielleicht in dieser oder einer anderen Bank – und der Vorgang beginnt von neuem. Ergebnis: Für jeden Dollar, den die Banken in bar besitzen, schulden sie mehrere Dollar an Depositen. Die gesamte Geldmenge – Kasse plus Depositen – für einen gegebenen Bargeldbetrag ist also umso größer, je höher der Anteil des Geldes ist, den die Öffentlichkeit als Depositen zu halten bereit ist. Jeder größere Versuch von Seiten der Anleger, »wieder zu ihrem Geld zu kommen«, muss daher die Geldmenge vermindern, es sei denn, es gibt einen Weg, auf dem zusätzliches Bargeld geschaffen werden kann, und einen Weg für die Banken, es zu bekommen. Sonst wird eine Bank, die versucht, ihre Anleger zufrieden zu stellen, Druck auf andere Banken ausüben, indem sie Anleihen abruft oder Papiere verkauft oder ihre Einlagen zurückzieht. Diese anderen Banken werden dann ihrerseits wiederum weitere Banken unter Druck setzen. Wenn man ihn nicht stoppt, wächst der Teufelskreis aus sich selbst heraus in dem Maße, wie der Versuch der Banken, zu Geld zu kommen, die Kurse der Effekten drückt, Banken insolvent werden lässt, die sonst völlig gesund gewesen wären, das Vertrauen der Kunden erschüttert, und den Kreis von neuem beginnen lässt.

Dies war genau die Lage, die zu einer Bankpanik unter dem System vor der Federal Reserve Act geführt hatte und zu einer konzertierten Aufhebung der Konvertibilität von Depositen in Bargeld, wie im Jahre 1907. Eine solche Suspendierung war ein drastischer Schritt. Er machte die Sache eine Zeit lang noch schlimmer. Es war jedoch zugleich eine therapeutische Maßnahme. Man unterbrach den Teufelskreis, indem man eine Ausbreitung der Ansteckung verhinderte: Der Bankrott einiger Banken übte jetzt keinen Druck mehr auf andere Banken aus und führte nicht mehr zum Bankrott an sich gesunder Banken. Nach einigen Wochen oder Monaten, nachdem sich die Lage stabilisiert hatte, konnte das Verbot aufgehoben werden und die Gesundung ohne monetäre Kontraktion beginnen.

Wie wir gesehen haben, war der Wille, eine solche Situation wie 1907 zu vermeiden, einer der Hauptgründe für die Einrichtung des Federal Reserve Systems. Das System besaß jetzt die Macht, zusätzliches Bargeld zu schaffen, sobald eine weit verbreitete Nachfrage nach Bargeld für Depositen in der Öffentlichkeit entstehen sollte. Das System erhielt die Mittel, den Banken gegen Sicherheit Bargeld zu verschaffen. So hoffte man, jede drohende

Panik abwenden zu können, eine Suspendierung der Konvertibilität von Depositen in Bargeld zu vermeiden und die deprimierende Wirkung von Geldkrisen ganz auszuschalten.

Zum ersten Mal bedurfte man dieser Vollmachten – es war zugleich die erste Prüfung ihrer Wirksamkeit – im November und Dezember 1930 als Folge der Reihe der bereits beschriebenen Bankschließungen. Das Reserve-System versagte jedoch kläglich bei dieser Prüfung. Es tat wenig oder gar nichts für die Versorgung des Bankensystems mit Liquidität – offensichtlich meinte man, die Schließungen erforderten kein besonderes Eingreifen. Es muss jedoch betont werden, dass das Versagen des Systems ein Versagen des Wollens, nicht des Könnens war. Bei dieser Gelegenheit, wie den folgenden, hatte das System absolut die Möglichkeit, die Banken mit dem Bargeld zu versorgen, das ihre Kunden forderten. Hätte man das getan, wären die Bankschließungen unterbrochen und das Finanzdebakel vermieden worden.

Die erste Welle der Bankrotte der Banken ebbte ab, und Anfang 1931 mehrten sich die Anzeichen zurückkehrenden Vertrauens. Das Reserve-System nutzte die Gelegenheit, seine eigenen Kredit-Außenstände zu reduzieren, d.h., es steuerte gegen die natürlichen expansionistischen Kräfte und verhielt sich leicht deflatorisch. Dennoch gab es deutliche Anzeichen der Besserung sowohl auf dem Geldsektor als auch auf anderen Wirtschaftsgebieten. Die Zahlen der ersten vier oder fünf Monate 1931, prüft man sie ohne Rücksicht auf das, was dann folgen sollte, tragen alle Kennzeichen des tiefsten Punkts einer Talsohle und des Beginns der Wiederbelebung.

Die vorsichtige Wiederbelebung war jedoch von kurzer Dauer. Erneute Bank-Bankrotte verursachten neue Runs und setzten wiederum eine Abnahme der Geldmenge in Gang. Wieder stand das Reserve-System tatenlos daneben. Angesichts einer noch nie da gewesenen Anspannung der Liquidität des kommerziellen Bankensystems zeigen die Bücher der »Bank der Banken« eine Abnahme der Kredite, die sie den Mitgliedsbanken des Systems zur Verfügung stellte.

Im September 1931 ging Großbritannien vom Goldstandard ab. Vor und nach diesem Vorgang zog alle Welt Gold aus den Vereinigten Staaten ab. Obgleich in den vorangegangenen zwei Jahren Gold in die Vereinigten Staaten geflossen war und der US-Goldvorrat und die Goldreserve der Federal Reserve auf ihrem Höchststand waren, reagierte das Reserve-System stark und schnell auf diesen Abzug von außen, während es auf den vorausgegangenen Abzug von innen nicht reagiert hatte. Es ging in einer Art vor, die mit

Gewissheit die inneren finanziellen Schwierigkeiten verschärfen musste. Nach über zwei Jahren starker wirtschaftlicher Rezession erhöhte das System den Diskontsatz – den Zinssatz, zu dem es bereit war, den Mitgliedsbanken Geld zu leihen – stärker, als es das je zuvor oder nachher in einer so kurzen Zeitspanne während seines ganzen Bestehens getan hat. Diese Maßnahme brachte den Goldabfluss zum Stillstand. Eine Aufsehen erregende Zunahme von Bank-Bankrotten war die Folge, und erneut setzten Runs auf die Banken ein. In den sechs Monaten von August 1931 bis Januar 1932 stellte ungefähr jede zehnte Bank ihre Tätigkeit ein, und die Gesamteinlagen bei den kommerziellen Banken fielen um 15 Prozent.

1932 verlangsamte eine zeitweilige Abkehr von dieser Politik die Fallgeschwindigkeit: Es wurden für eine Milliarde Dollar Regierungs-Obligationen angekauft, was die Geldmenge vermehrte. Wäre man 1931 zu dieser Maßnahme geschritten, hätte sie höchstwahrscheinlich ausgereicht, das soeben beschriebene Debakel zu verhindern. 1932 war es jedoch zu spät – sie konnte nur noch lindernd wirken –, und als das System wieder in die Passivität zurückfiel, folgte der zeitweiligen Besserung ein erneuter Zusammenbruch, der schließlich mit den Banken-Feiertagen von 1933 endete – als jede Bank in den Vereinigten Staaten für über eine Woche offiziell die Schalter schloss. Ein System, das vornehmlich dazu geschaffen worden war, um die zeitweilige Suspendierung des Umtausches von Depositen in Bargeld zu verhindern – eine Maßnahme, die davor die Banken vor dem Bankrott gerettet hatte –, ließ jetzt erst einmal fast ein Drittel aller Banken des Landes eingehen und beschloss dann eine Suspendierung, die unvergleichlich weit durchgreifender und strenger war als alle früheren. Doch die Selbstgerechtigkeit war so gewaltig, dass der Federal Reserve Board in seinem Jahresbericht für 1933 schreiben konnte: »Die Fähigkeit der Federal Reserve Banken, enormen Anforderungen an Geld während der Krise gerecht zu werden, demonstriert die Wirksamkeit des Währungssystems des Landes unter der Federal Reserve Act. ... Es ist schwer zu sagen, welchen Verlauf die Depression genommen hätte, hätte das Federal Reserve System nicht eine Politik großzügiger Käufe auf dem offenen Markt verfolgt.«

Alles in allem: Von Juli 1929 bis März 1933 sank die Geldmenge in den Vereinigten Staaten um ein Drittel, über zwei Drittel dieser Abnahme erfolgte erst, nachdem England den Goldstandard verlassen hatte. Hätte man diese Verminderung der Geldmenge verhindert, wie es eindeutig möglich und richtig gewesen wäre, wäre die Rezession kürzer und leichter gewesen. Unter historischen Gesichtspunkten wäre sie vielleicht immer noch relativ schwer gewesen. Aber es ist buchstäblich undenkbar, dass innerhalb von vier Jahren die Geldeinkommen um über die Hälfte und die Preise um über ein Drittel gesunken wären, wenn nicht gleichzeitig die Geldmenge so abgenommen hätte. Ich kenne keine starke Depression in irgendeinem Land oder zu irgendeiner Zeit, die nicht von einer starken Abnahme der Geldmenge begleitet gewesen wäre, und ebenso kenne ich keine scharfe Abnahme der Geldmenge, die nicht von einer harten Depression begleitet gewesen wäre.

Weit davon entfernt, ein Zeichen für die dem System des freien Unternehmertums innewohnende Instabilität zu sein, ist die große Depression in den Vereinigten Staaten vielmehr ein Beweis dafür, wie viel Schaden durch die Fehler einiger weniger Männer angerichtet werden kann, wenn sie die ganze Macht über das Geldsystem eines Landes ausüben.

Vielleicht kann man diese Fehler entschuldigen, denkt man an die Kenntnisse, die den Menschen zu jener Zeit zur Verfügung standen – nur glaube ich nicht daran. Das ist aber auch nicht die Hauptsache. Jedes System, das so viel Macht und so viele Entscheidungen in die Hände weniger Männer legt, dass Fehler – entschuldbar oder nicht – solche weit reichenden Folgen haben können, ist ein schlechtes System. Für den, der an die Freiheit glaubt, ist es ein schlechtes System, gerade weil es einigen wenigen Männern solche Macht gibt ohne wirksame Kontrollmöglichkeit durch die Gesamtheit der Politik: Das ist das politische Schlüsselargument gegen eine »unabhängige« Zentralbank. Es ist jedoch auch ein schlechtes System für die Leute, bei denen die Sicherheit über die Freiheit geht. Fehler, entschuldbar oder nicht, können in einem System, das die Verantwortung generell verteilt, jedoch dann wenigen Männern große Macht gibt und dadurch wichtige politische Aktionen von personellen Zufälligkeiten abhängig macht, nicht vermieden werden. Das ist das technische Schlüsselargument gegen die »unabhängige« Zentralbank. Um frei mit Clemenceau zu sprechen: Geld ist eine zu ernste Angelegenheit, als dass man es den Herren von der Zentralbank anvertrauen könnte.

Gesetzliche Regeln anstelle von Autoritäten

Wenn wir unsere Ziele weder dadurch erreichen können, dass wir uns auf das Funktionieren eines vollautomatischen Goldstandards verlassen, noch indem wir unabhängigen Autoritäten weit gespannte Vollmachten geben, wie können wir dann ein Geldsystem schaffen, das stabil ist und gleichzeitig frei von unverantwortlicher Einmischung der Regierung, also ein System, das den notwendigen monetären Rahmen für eine Wirtschaft des freien Unternehmertums schafft, dabei jedoch nicht als Machtquelle zur Bedrohung der wirtschaftlichen und politischen Freiheit benutzt werden kann?

Der einzige Weg, der verheißungsvoll erscheint, ist eine Regelung durch Gesetze anstatt durch Menschen. Man muss Regeln für die Führung der Geldpolitik gesetzlich festlegen, die Öffentlichkeit in die Lage setzen, durch ihren politischen Sachverstand die Geldpolitik zu kontrollieren, und Regeln, die gleichzeitig verhindern, dass die Geldpolitik den täglichen Launen politischer Autoritäten unterworfen ist.

Das Ziel gesetzlicher Regelung der Geldpolitik hat viel gemeinsam mit einem Thema, das auf den ersten Blick ganz anders erscheint, nämlich dem Argument für den ersten Zusatz (First Amendment) zur amerikanischen Verfassung. Sobald jemand erwähnt, eine gesetzliche Regelung für die Kontrolle über das Geldwesen sei wünschenswert, lautet die stereotype Antwort: Es ist wenig sinnvoll, den monetären Autoritäten die Hände auf diese Weise zu binden, denn die monetären Autoritäten können aus eigenem Antrieb – wenn sie nur möchten – ohnehin stets das tun, was das Gesetz von ihnen verlangt. Sie haben darüber hinaus weitere Alternativen und können also – »ganz bestimmt«, wie es so schön heißt – besser vorgehen, als das Gesetz es vorschreibt. Eine andere Version des gleichen Arguments bezieht sich auf die Legislative. Ist die Legislative einmal gewillt, die gesetzliche Regelung zu verabschieden, wird sie natürlich auch stets gewillt sein, die »richtige« Politik in jedem speziellen Fall gesetzlich zu verankern. Wie also, fragt man, soll die Annahme einer Regelung irgendeinen Schutz gegen unverantwortliches politisches Handeln bieten?

Das gleiche Argument könnte nur wenig verändert auf den ersten Zusatz zur Verfassung angewendet werden und ebenso auf die Charta der Menschenrechte. Ist es nicht absurd, könnte man sagen, ein Standardverbot für die Einmischung in die Freiheit der Rede zu haben? Warum nicht jeden Fall einzeln aufgreifen und behandeln? Ist das nicht das Gegenstück zum gebräuchlichen Argument bei der Geldpolitik, es sei nicht wünschenswert, den monetären Autoritäten von vornherein die Hände zu binden? Sie müssten frei sein, jeden Fall für sich zu behandeln, sobald er auftaucht. Warum gilt nicht das Gleiche für die freie Rede? Der eine möchte sich an die Straßenecke stellen und für Geburtenkontrolle eintreten, der Zweite für den Kommunismus, ein Dritter für Vegetarismus und so weiter ad infinitum. Warum nicht ein Gesetz erlassen, das jedem das Recht, seine eigenen Ansichten zu verbreiten, zugesteht oder aberkennt? Oder warum die Entscheidung nicht in die Hand einer Regierungsstelle legen? Es wird sofort klar: Würde man jeden Fall einzeln behandeln, sobald er auftaucht, würde eine Mehrheit mit Sicherheit in den meisten Fällen die Freiheit der Rede ablehnen. Eine Abstimmung darüber, ob Herr X. für Geburtenkontrolle eintreten darf, ergäbe mit Sicherheit ein Nein der Mehrheit; ebenso eine Abstimmung über den Kommunismus. Der Vegetarier würde vielleicht noch davonkommen, obgleich auch das nicht ganz sicher ist.

Nehmen wir nun an, alle diese Fälle würden zusammengebündelt und die Bevölkerung wäre aufgefordert, darüber als Ganzes abzustimmen; also, ob die Freiheit der Rede in allen Fällen gleichermaßen gestattet oder abgelehnt werden solle. Es ist absolut denkbar, und ich würde sogar sagen: höchst wahrscheinlich, dass eine überragende Mehrheit für die Freiheit der Rede stimmen würde; dass bei der Behandlung des gebündelten Ganzen die Leute genau für das Gegenteil von dem eintreten würden, was sie in den einzelnen Fällen entschieden hätten. Warum? Der eine Grund liegt darin, dass jeder Einzelne sich durch das Verbot der Redefreiheit stärker getroffen fühlt, wenn er in der Minderheit ist. Jemand anderen der Redefreiheit zu berauben, wenn er zur Mehrheit gehört, trifft ihn nicht so stark. Wenn er also über das gebündelte Ganze abstimmt, wiegt für ihn das seltene Verbot freier Rede, wenn er einmal in der Minderheit sein sollte, weit schwerer als das häufige Verbot freier Rede für andere.

Ein weiterer Grund, der sich auch direkter auf die Geldpolitik bezieht, liegt darin, dass bei der Beurteilung des ganzen Bündels klar wird, dass eine einmal eingeschlagene Politik kumulative Wirkungen haben kann, die bei der Beurteilung der einzelnen Fälle nicht in Rechnung gestellt, ja nicht einmal erkannt werden konnten. Wenn darüber abgestimmt wird, ob Herr Meier an der Ecke reden darf, so hat das nicht die günstigen Auswirkungen wie die Ankündigung einer generellen Redefreiheit. Eine Gesellschaft, in der die Leute nicht an der nächsten Ecke ohne spezielle Erlaubnis sprechen können, ist natürlich eine Gesellschaft, in der die Entwicklung neuer Ideen,

Experimente, des Wandels und ähnlicher Dinge auf so vielerlei Arten behindert wird, dass alle das sofort einsehen. Denn wir haben hierin Erfahrung dank des glücklichen Umstandes, dass wir in einer Gesellschaft gelebt haben, die es sich versagt hat, irgendwelche Beschränkungen der freien Rede in Erwägung zu ziehen.

Genau das Gleiche gilt für das Gebiet des Geldwesens. Wenn jeder Fall für sich betrachtet wird, wird mit ziemlicher Sicherheit in einem großen Teil der Fälle die falsche Entscheidung getroffen, denn die Abstimmenden prüfen nur ein begrenztes Gebiet und berücksichtigen nicht die kumulativen Folgen ihrer Politik als Ganzes. Wenn auf der anderen Seite eine allgemeine Regelung für eine Gruppe von Fällen angenommen wird, hat das Vorhandensein dieser Regelung günstige Auswirkungen auf die Haltung, den Glauben und die Erwartungen der Menschen, die sich nicht einmal bei Anwendung der gleichen Politik auf eine Reihe von Einzelfällen ergeben würden.

Wenn nun eine Regelung erlassen werden soll, wie sollte sie lauten? Die Regelung, die am häufigsten von den Liberalen vorgeschlagen worden ist, ist eine Preisniveau-Regelung; das heißt, es wird eine gesetzliche Direktive an die monetären Autoritäten gegeben, ein stabiles Preisniveau zu sichern. Ich halte diese Regelung für falsch. Es ist eine Regelung, die die monetären Autoritäten gar nicht durch eigenes Vorgehen erreichen können, da sie nicht eine klar umrissene und direkte Macht in dieser Richtung besitzen. Daraus entstünde nur die Notwendigkeit, die Verantwortung aufzuteilen, was den Verantwortlichen zu viele Abdriftmöglichkeiten lassen würde. Fraglos besteht eine enge Verbindung zwischen geldpolitischen Aktionen und dem Preisniveau. Die Verbindung ist aber nicht so eng, so unveränderlich oder so direkt, dass die Erhaltung eines stabilen Preisniveaus ein geeigneter Führer für die tägliche Arbeit der Behörden wäre.

Die Frage der gesetzlichen Regelung habe ich ausführlich schon anderweitig behandelt.[5] Ich will mich daher hier auf meine Schlussfolgerungen beschränken. Beim Stand der heutigen Erkenntnisse wäre ich im Augenblick für eine gesetzliche Regelung, die die Finanzbehörden anweist, eine festgesetzte Wachstumsrate für die vorhandene Geldmenge zu erzielen. Zu diesem Zweck würde ich die Geldmenge so definieren: Bargeld außerhalb des Bankensektors plus alle Einlagen bei den Banken. Im Einzelnen wäre ich dafür, dass das Reserve-System dafür sorgt, dass die so definierte Geld-

---

[5] In: *A Program for Monetary Stability*, a.a.O., S. 77–99.

menge Monat für Monat zunimmt, ja sogar von Tag zu Tag, wenn möglich, und zwar mit einer Jahresrate von X Prozent, wobei X eine Zahl zwischen 3 und 5 ist. Eine präzise Definition von Geld und eine präzis festgesetzte Zuwachsrate sind weit weniger wichtig, als dass man überhaupt eine bestimmte Definition nimmt und sich dann an feste Zuwachsraten hält.

Bei der heutigen Lage würde diese Regelung die Beschlussgewalt der monetären Autoritäten drastisch beschneiden; dennoch bliebe noch unerwünscht viel Macht in den Händen des Federal Reserve Systems und des Schatzamtes in Bezug auf die Art, wie sie die Zuwachsrate jeweils erreichen, durch die Schuldenverwaltung, eine Bankenüberwachung usw. Weitere bank- und fiskalpolitische Reformen, wie ich sie anderweitig beschrieben habe, sind möglich und erwünscht. Sie würden die gegenwärtigen Interventionen der Regierung in das private Finanz- und Investitionsgeschäft eliminieren und die Finanzoperationen der Regierung, die bisher eine stete Quelle von Unsicherheit und Instabilität sind, in regelmäßige und voraussehbare Tätigkeiten verwandeln. Auch wenn sie wichtig sind, wären diese weiter gehenden Reformen doch weniger bedeutend als die Annahme einer Regelung, die die Machtbefugnis der monetären Autoritäten in Bezug auf die Geldmenge überhaupt einschränkt.

Ich möchte betonen, dass ich meinen Vorschlag nicht als das A und O aller Geldpolitik betrachte, als eine Regelung, die in Stein gehauen und für alle Zeiten in einem Heiligtum aufbewahrt wird. Mir erscheint sie nur als die Regelung, die am sichersten zu einer einigermaßen vernünftigen monetären Stabilität führen würde, soweit wir das heute sehen können. Ich möchte hoffen, dass wir bei der Anwendung und bei immer neuen Erfahrungen in monetären Dingen vielleicht noch bessere Ergebnisse hervorbringen. Eine solche Regelung erscheint mir heute der einzig anwendbare Plan, die Geldpolitik zu einer Säule der freien Gesellschaft zu machen und nicht zu einer Bedrohung ihrer Grundfesten.

4 Internationale Finanz- und Handelsabkommen

Das Problem für weltweite geldpolitische Regelungen liegt in der Beziehung der verschiedenen nationalen Währungen zueinander: in den Bedingungen, zu denen man US-Dollars in englische Pfund Sterling, kanadische Dollars in US-Dollars usw. umtauschen kann. Dieses Problem ist eng mit der Kontrolle über das Geldwesen verbunden, wie es im vorhergehenden Kapitel besprochen wurde. Es hängt ebenso mit der Politik der einzelnen Staaten in Bezug auf den internationalen Handel zusammen, da die Kontrolle des internationalen Handels die internationalen Zahlungsvorgänge berührt.

Die Bedeutung internationaler Währungsabkommen für die wirtschaftliche Freiheit

Trotz seines technischen Charakters und seiner Furcht erregenden Verzweigtheit ist das Thema internationaler Währungsbeziehungen so wichtig, dass ein Liberaler es sich nicht leisten kann, nichts darüber zu wissen. Es ist nicht zu viel gesagt, wenn man die ernsteste Bedrohung der Freiheit der Wirtschaft in den Vereinigten Staaten heute – natürlich abgesehen von dem Ausbruch eines dritten Weltkrieges – in der Möglichkeit sieht, dass wir weit reichende Wirtschaftskontrollen einführen, um die Probleme des Zahlungsbilanzgleichgewichts zu »lösen«. Einmischungen in den flexiblen Handel erscheinen zunächst harmlos; sie können die Unterstützung selbst der Leute finden, die sich sonst gegen jede Einmischung der Regierung in wirtschaftliche Angelegenheiten wehren; mancher Geschäftsmann betrachtet sie sogar als Teil des »American Way of Life«; dennoch gibt es kaum andere Einmischungsmöglichkeiten, die sich so schnell ausbreiten und sich schließlich für die freie Wirtschaft so zerstörend auswirken können. Es ist durch Erfahrung bewiesen: Der beste Weg, eine Marktwirtschaft in eine autoritäre Wirtschaft umzuwandeln, ist die Einführung direkter Kontrollen des Umtauschs fremder Währungen. Dieser Schritt führt unausweichlich zur Rationierung der Importe, zur Kontrolle einheimischer Produktion, die importierte Produkte benutzt oder Ersatzwaren für Importe herstellt, usw., alles in einer unendlichen Spirale. Aber selbst ein so standhafter Verfechter des freien Unternehmertums wie Senator Barry Goldwater hat zuweilen bei der Diskussion des so genannten »Goldflusses« vorgeschlagen, Restriktionen für Transaktionen in ausländischer Währung könnten als eine »Kur« notwendig werden. Diese »Kur« wäre unendlich viel schlimmer als die Krankheit selbst.

In der Wirtschaftspolitik gibt es selten etwas Neues unter der Sonne. Das so genannte Neue stellt sich gewöhnlich als etwas heraus, das schon im vorigen Jahrhundert abgeschafft wurde und jetzt im neuen fadenscheinigen Deckmäntelchen wieder erscheint. Falls ich mich nicht irre, bilden jedoch die Devisenbewirtschaftung und die so genannte »Nicht-Konvertierbarkeit der Währungen« eine Ausnahme, und ihre Entstehung enthüllt ihren zugleich autoritären Charakter. Soweit ich weiß, wurden sie von Hjalmar Schacht in den ersten Jahren der Naziherrschaft erfunden. In der Vergangenheit sind natürlich Währungen für nicht konvertierbar erklärt worden. Dann aber bedeutete dieses Wort, die jeweilige Regierung war unfähig oder nicht gewillt, Papiergeld in Gold oder Silber oder was immer an Geld es gab, zum gesetzlich festgesetzten Preis umzutauschen. Nur selten bedeutete es, dass ein Land seinen Bürgern oder Einwohnern verbot, ein Stück Papier, das einer bestimmten Summe in der Währung des Landes entsprach, gegen entsprechende Papierstücke in der Währung eines anderen Landes einzutauschen – oder eben auch gegen Hartgeld. Während des Bürgerkrieges in den Vereinigten Staaten und noch fünfzehn Jahre danach war die US-Währung nicht konvertibel. Der Besitzer eines »Greenback« zum Beispiel konnte diesen nicht beim Schatzamt einzahlen und eine bestimmte Menge Gold dafür bekommen. Trotzdem konnte er während dieser Zeit Gold zum Marktpreis kaufen oder britische Pfunde für US-Greenbacks zu einem beiden Parteien genehmen Preis. In den Vereinigten Staaten ist der Dollar im alten Sinn seit 1933 immer unkonvertierbar gewesen. Es war amerikanischen Bürgern gesetzlich nicht erlaubt, Gold zu besitzen, zu kaufen oder zu verkaufen. Im neuen Sinn ist der Dollar nicht unkonvertierbar gewesen. Leider scheinen wir aber Wege einzuschlagen, die uns höchstwahrscheinlich früher oder später in diese Richtung führen.

Die Rolle des Goldes im Währungssystem der USA

Wir hinken kulturell hinterher, wenn wir noch immer das Gold als zentrales Element unseres Währungssystems ansehen. Genauer beschreibt man die Rolle des Goldes in der US-Politik als die einer Ware, deren Preis subventioniert ist wie bei Weizen oder anderen Agrarprodukten. Unser Goldsubventionsprogramm unterscheidet sich in drei wichtigen Punkten von dem für Weizen: Erstens zahlen wir die Subventionen bei Weizen an ausländische wie an einheimische Produzenten. Zweitens verkaufen wir nur an ausländische Käufer zum Subventionspreis, nicht an einheimische. Drittens – und das ist das wichtige Überbleibsel der Rolle des Goldes – ist das Schatzamt autorisiert, Geld zu schaffen, um für Gold zu zahlen, das es kauft – also Papiergeld zu drucken –, sodass die Ausgaben für Goldkäufe nicht im Budget auftauchen und die erforderlichen Summen nicht eigens vom Kongress bewilligt werden müssen; verkauft das Schatzamt Gold, zeigen die Bücher nur eine Abnahme der Goldzertifikate und keinen Eingang, der ins Budget kommt.

Als 1934 der Goldpreis zum ersten Mal auf seinen heutigen Stand von 35 Dollar je Unze festgesetzt wurde, lag dieser Preis weit über dem des freien Marktes. Also floss Gold in die Vereinigten Staaten, unser Vorrat verdreifachte sich innerhalb von sechs Jahren, und wir besaßen gut über die Hälfte des Goldvorrates der Welt. Wir hatten einen »Überschuss« an Gold angehäuft, aus dem gleichen Grund, wie wir einen »Weizenüberschuss« hatten – weil die Regierung einen höheren Preis anbot als der Markt. In letzter Zeit hat sich die Lage geändert. Der gesetzlich festgesetzte Goldpreis ist auf 35 Dollar geblieben. Die Preise für andere Güter haben sich verdoppelt oder verdreifacht. Daher sind 35 Dollar heute weniger, als der Preis auf dem freien Markt sein würde.[1] Als Resultat stehen wir jetzt einer »Verknappung« anstelle eines »Überschusses« gegenüber, und zwar aus genau dem gleichen Grund, aus dem ein Mietpreisstopp unausweichlich eine Wohnungs- »Knappheit« erzeugt – nämlich weil die Regierung versucht, den Goldpreis unter dem Marktpreis zu halten.

Der gesetzliche Preis für Gold wäre längst heraufgesetzt worden – wie

---

[1] Die Warnung sei hier angebracht, dass dies eine subtile Frage ist, deren Antwort davon abhängt, was man bei der Festlegung des Preises auf dem freien Markt als konstant ansieht, insbesondere im Hinblick auf die monetäre Rolle des Goldes.

die Weizenpreise von Zeit zu Zeit erhöht worden sind –, wenn nicht zufällig die größten Goldproduzenten – und damit gleichzeitig die größten Nutznießer eines Preisanstiegs – Sowjet-Russland und Südafrika wären, also die beiden Länder, mit denen die USA politisch am wenigsten sympathisiert.

Eine Kontrolle des Staates über den Goldpreis ist, genauso wie jede andere Preiskontrolle, mit einer freien Wirtschaft unvereinbar. Ein solcher Pseudo-Goldstandard unterscheidet sich scharf von der Benutzung des Goldes als Geld bei einem echten Goldstandard, der mit einer freien Wirtschaft durchaus vereinbar, wenn vielleicht auch nicht mehr durchführbar ist. Mehr als die Preisfestsetzung selbst stellten die begleitenden Maßnahmen von 1933 und 1934 unter der Roosevelt-Regierung, als sie den Goldpreis erhöhte, eine totale Abkehr von liberalen Grundsätzen dar und schufen Präzedenzfälle, die jetzt die freie Welt plagen. Ich beziehe mich auf die Verstaatlichung des Goldvorrats, das Verbot des freien Besitzes von Gold für monetäre Zwecke und die Abschaffung von Goldklauseln in öffentlichen und privaten Verträgen.

1933 und Anfang 1934 wurden private Besitzer von Gold gesetzlich aufgefordert, ihr Gold der Bundesregierung zu übergeben. Als Ausgleich erhielten sie den ehemaligen gesetzlichen Preis, der damals ausgesprochen unter dem Marktpreis lag. Um der Aufforderung Nachdruck zu verleihen, wurde der Besitz von Gold in den USA für ungesetzlich erklärt, außer für Kunstzwecke. Man kann sich kaum eine Maßnahme vorstellen, die dem Grundsatz des Privateigentums, auf dem eine freie Gesellschaft beruht, mehr ins Gesicht geschlagen hätte. Grundsätzlich besteht kein Unterschied zwischen dieser Verstaatlichung des Goldes zu einem künstlich niedrigen Preis und den Verstaatlichungen von Land und Fabriken unter Fidel Castro zu den gleichen Bedingungen. Wie können die USA sich gegen das eine auflehnen, nachdem sie selbst das andere getan haben? Die Befürworter des freien Unternehmertums sind jedoch im Hinblick auf Gold so mit Blindheit geschlagen, dass Henry Alexander, der Vorsitzende der Morgan Trust Company, der Nachfolgerin von J. P. Morgan & Company, noch 1960 vorschlug, das Verbot des privaten Goldbesitzes für US-Bürger auch auf deren Goldbesitz im Ausland auszudehnen! Und dieser Vorschlag wurde von Präsident Eisenhower aufgenommen – kaum ein Protest kam von Seiten der Banken.

Obwohl man damit argumentierte, dass man das Gold jetzt für monetäre Zwecke »verwahren« würde, kam es nach dem Verbot des privaten Goldbesitzes keinesfalls zu einer Regelung, die das Gold für Währungszwecke reserviert hätte, ganz gleich, ob diese Maßnahme nun gut oder schlecht gewesen wäre. Die Verstaatlichung des Goldes wurde eingeführt, damit die Regierung den gesamten »Papier«-Gewinn aus dem Ansteigen des Goldpreises ernten konnte – oder vielleicht auch, um Privatpersonen diesen Gewinn vorzuenthalten.

Die Abschaffung der Goldklauseln verfolgte einen ähnlichen Zweck. Und auch diese Maßnahme zerstörte die Prinzipien des freien Unternehmertums. Verträge, die in gutem Glauben und mit vollem Wissen beider Parteien eingegangen worden waren, wurden jetzt zugunsten einer Partei für ungültig erklärt.

Devisentransaktionen und Kapitalflucht

Bei der Erörterung internationaler Geldbeziehungen auf einer allgemeineren Ebene muss man zwei recht verschiedene Probleme unterscheiden: Die Zahlungsbilanz und die Gefahr eines Ansturms auf das Gold. Der Unterschied zwischen den beiden Problemen lässt sich ganz einfach an einer gewöhnlichen Handelsbank demonstrieren. Die Bank muss ihre Angelegenheiten so arrangieren, dass sie an Zahlungen für Dienstleistungen, Zinsen auf Darlehen usw. eine Summe einnimmt, die groß genug ist, um damit ihre Ausgaben bezahlen zu können – Löhne und Gehälter, Zinsen für geborgte Gelder, Zahlungen an Aktienbesitzer usw. Sie muss ein gesundes Einkommen anstreben. Eine Bank, die auf der Einnahmenseite gut in Form ist, kann dennoch in ernste Schwierigkeiten geraten, wenn ihre Kunden aus irgendeinem Grund ihr Vertrauen in sie verlieren und plötzlich ihre Einlagen en masse zurückfordern. Manche gesunde Bank war gezwungen, ihre Schalter zu schließen, anlässlich des Runs während der im vorangegangenen Kapitel beschriebenen Liquiditätskrise.

Beide Probleme stehen natürlich im Zusammenhang. Ein wichtiger Grund für den möglichen Vertrauensverlust in die Bank kann darin liegen, dass die Bank auf der Einnahmenseite Verluste hat. Andererseits sind die beiden Probleme wiederum sehr verschieden. Erstens entstehen Probleme auf der Einnahmenseite im Allgemeinen sehr langsam, und man hat beträchtlich viel Zeit, sie zu lösen. Sie kommen selten als plötzliche Überraschungen. Ein Run aber kann plötzlich und unerwartet aus der Luft kommen.

Die Situation der USA ist genau parallel. Einwohner der Vereinigten Staaten und die amerikanische Regierung selbst versuchen, ausländisches Geld gegen Dollars zu kaufen, um in anderen Ländern Waren und Dienstleistungen zu bezahlen, um in ausländische Unternehmen zu investieren, um Zinsen für Schulden zu zahlen, Anleihen zurückzuzahlen oder um anderen Geschenke zu machen, privat oder geschäftlich. Gleichzeitig versuchen Ausländer, Dollars gegen ausländisches Geld zu erwerben, und zwar für die gleichen Zwecke. Wenn alles vorüber ist, ist die Zahl der Dollars, die für ausländisches Geld ausgegeben wurde, genau gleich der Anzahl Dollars, die mit fremder Währung erkauft wurden, gerade wie die Anzahl der verkauften Paar Schuhe genau der der gekauften Paar Schuhe entspricht. Arithmetik ist Arithmetik, und eines Menschen Kauf ist des anderen Menschen Verkauf. Aber es gibt keine Garantie dafür, *dass zu jedem Preis für ausländisches Geld, in Dollars ausgedrückt,* auch die Anzahl der Dollars, die einige Leute hergeben wollen, die gleiche ist, die andere kaufen möchten – genau, wie nicht garantiert werden kann, dass zu jedem Preis für Schuhe die Anzahl der Paar Schuhe, die einige kaufen wollen, genau der Zahl der Schuhe gleicht, die andere verkaufen wollen. Die Gleichheit ex post reflektiert einen Mechanismus, der die Verschiedenheit ex ante eliminiert. Die Aufgabe, für diesen Zweck einen geeigneten Mechanismus zu schaffen, ist das Gegenstück zu dem Problem der Bank auf der Einnahmenseite.

Hinzu kommt, dass die Vereinigten Staaten ein gleiches Problem wie die Bank haben: Sie müssen einen Run vermeiden. Die USA sind verpflichtet, Gold an ausländische Zentralbanken und Regierungen für 35 Dollar die Unze zu verkaufen. Ausländische Zentralbanken, Regierungen und Bürger besitzen große Guthaben in den Vereinigten Staaten in Form von Depositenkonten oder US-Papieren, die leicht gegen Dollars verkauft werden können. Jederzeit können die Besitzer dieser Konten einen Ansturm auf das Schatzamt unternehmen, indem sie versuchen, ihre Dollarkonten in Gold umzuwandeln. Genau das geschah im Herbst 1960 und wird sehr wahrscheinlich zu einem nicht vorauszusehenden Termin wieder geschehen. (Inzwischen wurde die Goldeinlösepflicht der USA beschränkt.)

Die beiden Probleme sind auf zweierlei Weise verwandt. Erstens sind – wie bei einer Bank – Schwierigkeiten auf der Einnahmenseite eine Quelle für schwindendes Vertrauen in die Fähigkeit der Vereinigten Staaten, ihr Versprechen zu halten, Gold zu 35 Dollar die Unze zu verkaufen. Die Tatsache, dass die Vereinigten Staaten tatsächlich im Ausland borgen mussten, um die laufenden Konten im Gleichgewicht zu halten, ist ein Hauptgrund dafür, warum Besitzer von Dollars daran interessiert sind, sie in Gold oder andere Währungen umzutauschen. Zweitens ist der feste Goldpreis das Mittel, zu dem wir gegriffen haben, um andere Preise festzulegen – den Preis für den Dollar in fremden Währungen –, und der Goldabfluss ist das Mittel, zu dem wir gegriffen haben, um Ex-ante-Abweichungen in der Zahlungsbilanz aufzulösen.

Weitere Mechanismen, um einen Ausgleich der Zahlungsbilanz zu erreichen

Auf die erwähnten Beziehungen fällt mehr Licht, wenn man darüber nachdenkt, welche anderen Mittel zur Verfügung stehen, um ein Gleichgewicht der internationalen Zahlungen herzustellen – das erste und auf vielerlei Weise das fundamentalere der beiden Probleme.

Angenommen, die internationale Zahlungsbilanz der USA ist im Großen und Ganzen in Ordnung. Dann kommt etwas daher, was die Situation verändert, zum Beispiel eine Reduzierung der Anzahl von Dollars, die das Ausland kaufen möchte, verglichen mit der Dollarmenge, die die US-Bürger verkaufen wollen. Oder andersherum: Die Menge an ausländischem Geld, die Dollar-Besitzer kaufen wollen, wächst im Vergleich zu der Menge, die Besitzer von ausländischem Geld gegen Dollars verkaufen wollen. Es droht die Entstehung eines »Defizits« der US-Zahlungsbilanz. Es könnte das Resultat zunehmender Tüchtigkeit der Produktion im Ausland oder abnehmender in den USA sein, oder vermehrter Ausgaben für Auslandshilfe seitens der USA oder reduzierter Hilfe seitens anderer Länder. Oder es kann an tausend und einer anderen Veränderung liegen, die laufend eintreten. Es gibt vier, wirklich nur vier Methoden, mit denen ein Land eine solche Störung reparieren kann. Eine Kombination dieser Methoden müsste wohl gefunden werden.

1) Die US-Reserven an fremder Währung können herabgesetzt oder die ausländischen Reserven an US-Währung aufgestockt werden. Praktisch bedeutet das: Die US-Regierung kann ihren Goldvorrat vermindern, da Gold für fremde Währungen eintauschbar ist, oder die Vereinigten Staaten können sich ausländisches Geld borgen und es für Dollars zum offiziellen Wechselkurs zur Verfügung stellen. Oder die ausländischen Regierungen

können Dollars anhäufen, indem sie amerikanischen Bürgern ausländische Gelder zum offiziellen Kurs verkaufen. Sich auf seine Reserve zu verlassen, ist offenbar bestenfalls nur zeitweilig eine Hilfe. Die USA haben sich dieses Mittels zu ausgiebig bedient, und genau das hat die großen Sorgen mit der Zahlungsbilanz hervorgebracht.

2) Die Preise in den USA können im Vergleich zu den ausländischen Preisen herabgesetzt werden. Das ist das Hauptmittel unter einem ausgewachsenen Goldstandard. Ein anfängliches Defizit würde einen Goldabfluss bewirken (siehe Methode 1); der Goldabfluss würde eine Abnahme der Geldmenge im Inland zur Folge haben; die Abnahme der Geldmenge würde im Inland ein Absinken der Preise und Einkommen bewirken. Gleichzeitig würden im Ausland die umgekehrten Wirkungen eintreten: Der Zustrom von Gold würde die Geldmenge erhöhen und dadurch Preise und Einkommen steigen lasse. Herabgesetzte amerikanische Preise und erhöhte Auslandspreise würden amerikanische Waren für Ausländer attraktiver gestalten und damit die Menge der Dollars, die sie kaufen wollen, erhöhen. Gleichzeitig würden die Preisänderungen ausländische Waren für amerikanische Bürger weniger attraktiv gestalten und damit die Dollarmenge, die sie verkaufen möchten, herabsetzen. Beide Auswirkungen würden das Defizit verringern und das Gleichgewicht wieder herstellen, ohne die Notwendigkeit eines weiteren Goldabflusses.

Unter dem heutigen manipulierten Standard setzen diese Wirkungen nicht automatisch ein. Beim ersten Schritt mögen noch Goldbewegungen auftreten, aber sie werden die Geldmenge in keinem der Länder berühren, weder in dem Land, das Gold verliert, noch in dem, das es gewinnt, es sei denn, die monetären Autoritäten in den einzelnen Ländern beschließen, es solle doch der Fall sein. Heute hat die Zentralbank oder das Schatzamt in jedem Land die Macht, den Einfluss von Goldbewegungen auszuschalten oder die vorhandene Geldmenge ohne Goldbewegungen zu verändern. Dieser Mechanismus wird daher nur angewendet werden, wenn die Behörden im Defizit-Land gewillt sind, eine Deflation zu erzeugen, dadurch Arbeitslosigkeit zu schaffen, um ihr Zahlungsbilanzproblem zu lösen – oder wenn die Behörden des Landes mit einem Überschuss gewillt sind, eine Inflation hervorzurufen.

3) Die gleichen Wirkungen wie bei einer Veränderung der einheimischen Preise kann man auch durch eine Änderung der Wechselkurse erzielen. Angenommen, unter Methode 2 fiel der Preis für ein bestimmtes Auto in den USA um zehn Prozent von 2800 Dollar auf 2520 Dollar. Ist der Pfundkurs

gleichmäßig 2,80 Dollar, so bedeutet das, dass der Preis in Großbritannien (wenn man von Fracht- und anderen Unkosten absieht) von 1000 Pfund auf 900 Pfund fallen würde. Die gleiche Minderung des britischen Preises tritt ein ohne jegliche Änderung des amerikanischen Preises, wenn der Preis für das Pfund von 2,80 auf 3,11 Dollar steigt. Im ersten Fall musste der Engländer 1000 Pfund ausgeben, um 2800 Dollar zu bekommen. Jetzt erhält er 2800 Dollar für nur 900 Pfund. Er würde den Unterschied zwischen dieser Preisherabsetzung und einer entsprechenden Herabsetzung, die durch ein Absinken des amerikanischen Preises ohne eine Veränderung des Wechselkurses entstanden ist, nicht erkennen.

Praktisch gibt es verschiedene Wege, auf denen die Veränderung der Wechselkurse eintreten kann. Bei den festgelegten Wechselkursen, die viele Länder heute haben, kann sie durch Abwertung oder Aufwertung herbeigeführt werden. Das bedeutet, eine Regierungserklärung ändert den Preis, auf den man die eigene Währung festlegen will. Andererseits braucht der Wechselkurs überhaupt nicht festgelegt zu werden. Es kann ein Marktkurs sein, der sich täglich ändert, wie es beim kanadischen Dollar von 1950 bis 1962 der Fall gewesen ist. Wenn schon ein Marktkurs, so kann es ein echter freier Marktkurs sein, der in erster Linie durch private Transaktionen bestimmt wird, wie es in Kanada von 1952 bis 1961 offensichtlich der Fall gewesen ist. Er kann aber auch durch Spekulationen der Regierung manipuliert werden wie in Großbritannien von 1931 bis 1939, in Kanada von 1950 bis 1952 und wieder 1961/62.

Von diesen verschiedenen Techniken ist nur der frei fließende Wechselkurs vollautomatisch und frei von Regierungskontrolle.

4) Die Anpassungsvorgänge, die durch die Methoden 2 und 3 bewirkt werden, bestehen aus einer Veränderung des Warenflusses und des Austauschs der Dienstleistungen, die von Veränderungen entweder der heimischen Preise oder der Wechselkurse hervorgerufen wurden. An ihre Stelle könnten Regierungskontrollen oder Interventionen beim Handel dazu benutzt werden, beabsichtigte amerikanische Ausgaben in Dollars einzudämmen und die amerikanischen Einnahmen zu erhöhen. Man könnte Zölle erheben, um Importe abzuwürgen, Subventionen geben, um den Export anzureizen, Importquoten könnten eingeführt werden für verschiedene Waren, Kapitalinvestitionen von amerikanischen Bürgern und Firmen könnten kontrolliert werden usw. bis zu den zahlreichen Formen der Devisenbewirtschaftung. In diese Kategorie gehört nicht nur die Kontrolle über private Aktivitäten, sondern auch Veränderungen in Regierungsprogram-

men zu Zahlungsbilanzzwecken. Die Empfänger von Auslandshilfe könnten aufgefordert werden, das Geld in Amerika auszugeben; das Militär könnte sich Waffen zu höheren Preisen in den Vereinigten Staaten beschaffen anstatt im Ausland, um »Dollars« zu sparen – wie es sich selbst widersprechend heißt –, und so weiter in verwirrender Fülle.

Wichtig bleibt, dass die eine oder andere dieser vier Methoden benutzt werden wird und muss. Die doppelte Buchführung hat zu stimmen. Die Ausgaben müssen den Einnahmen gleich sein. Die einzige Frage ist nur, wie.

Unsere verkündete nationale Politik war und ist, dass wir nichts derlei tun würden. In einer Rede vom Dezember 1961 vor der National Association of Manufacturers sagte Präsident Kennedy: »Diese Regierung hat daher, solange sie im Amt ist, und ich wiederhole das ganz eindeutig, nicht die Absicht, Devisenbewirtschaftung einzuführen, den Dollar abzuwerten, Handelsschranken aufzurichten oder unsere wirtschaftliche Erholung abzuwürgen.« Logisch zu Ende gedacht, ließ dies nur zwei Möglichkeiten offen, andere Länder dazu zu bringen, die notwendigen Maßnahmen zu treffen, deren wir jedoch kaum sicher sein konnten, oder die Reserven weiter zu senken, was der Präsident und andere Persönlichkeiten offiziell immer wieder als unerlaubt bezeichnet hatten. Doch das Magazin *Time* berichtete, dass das Versprechen des Präsidenten »einen Beifallssturm hervorrief« bei der versammelten Geschäftswelt. Soweit es unsere verkündete Politik betrifft, sind wir in der Situation eines Mannes, der über seine Verhältnisse lebt und der dabei bleibt, er könne nicht mehr verdienen oder weniger ausgeben, oder weniger borgen oder seine Mehrausgaben aus seinem Bestand finanzieren!

Weil wir nicht gewillt waren, eine zusammenhängende Politik zu betreiben, sind wir und unsere Handelspartner – die die gleichen Vogel-Strauß-Argumente vorbringen wie wir – dahin gebracht worden, zu allen vier Methoden unsere Zuflucht zu nehmen. In den ersten Nachkriegsjahren stiegen die Reserven der USA; in neuerer Zeit haben sie abgenommen. Wir begrüßen die Inflation bereitwilliger, als wir es normalerweise getan hätten, wenn die Reserven anstiegen, und wir sind seit 1958 mehr deflationsbewusst, als wir es sonst wegen des Goldabflusses gewesen wären. Obgleich wir unseren offiziellen Goldpreis nicht geändert haben, haben unsere Handelspartner den ihren geändert und damit zugleich die Wechselkurse zwischen ihrer Währung und dem Dollar, wobei der amerikanische Druck bei diesen Anpassungsvorgängen nicht unerheblich gewesen ist. Schließlich haben unsere Handelspartner weit gehende Devisenbewirtschaftung angewandt. Und da wir, nicht sie, die Defizite letztlich hatten, haben auch wir zu einer weiten Skala direkter Interventionen in die Zahlungsbilanz unsere Zuflucht genommen: von der Herabsetzung der Menge ausländischer Waren, die Touristen zollfrei mitbringen durften – ein winziger, aber äußerst symptomatischer Schritt –, über die Forderung, dass die Auslandshilfe in den USA ausgegeben werden muss, und der Anordnung, dass die Soldaten in Übersee ihre Familien nicht nachkommen lassen sollten, bis zu strengeren Importquoten für Öl. Wir haben sogar den entwürdigenden Schritt getan, ausländische Regierungen anzugehen, spezielle Maßnahmen zur Stärkung der amerikanischen Zahlungsbilanz zu treffen.

Von den vier Methoden ist die Anwendung der Devisenbewirtschaftung ganz eindeutig die schlimmste, von jedem Standpunkt aus gesehen, und mit Sicherheit auch die schädlichste für die freie Gesellschaft. Doch anstelle einer klaren Politik sind wir immer mehr dazu gebracht worden, uns auf solche Kontrollen in der einen oder anderen Form einzulassen. Öffentlich predigen wir die Vorzüge des freien Handels; doch wir sind durch den unerbittlichen Zwang der Zahlungsbilanz in die entgegengesetzte Richtung gelenkt worden, und die Gefahr, dass es so noch weiter geht, ist groß. Wir können alle nur erdenklichen Gesetze zur Herabsetzung der Zölle erlassen; die Verwaltung mag über jegliche Anzahl von Zollherabsetzungen verhandeln; wenn wir aber keine andere Methode für die Lösung des Defizitproblems unserer Zahlungsbilanz ausprobieren, werden wir gezwungen sein, ein Handelshindernis durch das nächste zu ersetzen – ein besseres durch ein schlechteres. Ein Zoll ist wie ein Marktpreis unpersönlich und bringt noch keine direkte Intervention der Regierung in das Geschäftsleben mit sich. Ein Kontingent bedeutet natürlich schon Zuteilungs- und Verwaltungsarbeiten und gibt nebenbei den Verwaltungsstellen viele Möglichkeiten an die Hand, die sie zu Privatzwecken ausnützen könnten. Schlechter noch als Zölle und Kontingente sind Abmachungen extra legem wie zum Beispiel die »freiwillige« Zustimmung Japans zur Einschränkung seiner Textil-Exporte.

Flexible Wechselkurse sind die marktwirtschaftliche Lösung

Nur zwei Mechanismen eignen sich für eine freie Marktwirtschaft und für den freien Handel. Der erste ist der vollautomatische Goldstandard. Dieser, das haben wir im vorangehenden Kapitel gesehen, ist weder anwendbar noch wünschenswert. Jedenfalls können wir ihn nicht allein übernehmen. Der zweite Mechanismus ist ein System von freien Wechselkursen, die auf dem Devisenmarkt durch private Transaktionen ohne Regierungsinterventionen bestimmt werden. Das ist das richtige Gegenstück in einer freien Marktwirtschaft zu den monetären Regelungen, die im vorigen Kapitel befürwortet wurden. Wenn wir nicht danach handeln, werden wir unausweichlich bei der Ausweitung des freien Handels versagen und früher oder später dazu kommen, ausgedehnte direkte Kontrollen über den Handel einzuführen. Auf diesem Gebiet – wie auf anderen – können sich die Bedingungen unerwartet wandeln, und sie tun es auch. Es mag sein, dass wir uns durch die Schwierigkeiten, denen wir jetzt (April 1962) gegenüberstehen, hindurchwursteln, und wir könnten uns tatsächlich in einer Überschussanstatt in einer Defizitlage wiederfinden, in der sich die Reserven eher anhäufen als verloren gehen. Wenn dem so sein sollte, würde das nur bedeuten, dass andere Länder sich gezwungen sehen, Kontrollen einzuführen. Als ich 1950 einen Artikel schrieb, in dem ich ein System flexibler Wechselkurse vorschlug, geschah das im Zusammenhang mit den europäischen Zahlungsschwierigkeiten, die die damals angebliche »Dollarknappheit« begleiteten. Eine solche Wendung ist immer möglich. Gerade die Schwierigkeit, vorauszusagen, wann und wie solche Veränderungen eintreten, ist das Grundargument für einen freien Markt. Unser Problem ist nicht die »Lösung« *eines* Zahlungsbilanz-Problems. Wir müssen *das* Zahlungsbilanz-Problem lösen, indem wir einen Mechanismus anwenden, der die Kräfte des freien Marktes befähigt, eine prompte, wirksame und automatische Antwort zu geben, wenn eine sich ändernde Lage den internationalen Markt in Mitleidenschaft zieht.

Obgleich flexible Wechselkurse so eindeutig als der geeignete Mechanismus für eine freie Marktwirtschaft erscheinen, werden sie nur von einer recht kleinen Zahl von Liberalen unterstützt, meist professionellen Wirtschaftswissenschaftlern, während sehr viele Liberale dagegen sind, die sonst auf den meisten anderen Gebieten eine Einmischung der Regierung und staatlich fixierte Preise ablehnen. Warum ist das so? Ein Grund liegt einfach in der Tyrannei des Status quo. Ein zweiter Grund: Man verwechselt den echten mit einem Pseudo-Goldstandard. Unter einem echten Goldstandard würden die Preise verschiedener nationaler Währungen im Verhältnis zueinander fast festliegen, da die verschiedenen Währungen nur verschiedene Namen für verschiedene Mengen Gold darstellten. Leicht verfällt man in den Fehler anzunehmen, die Substanz des wirklichen Goldstandards zu fassen, indem man einfach die Form einer nominellen Verbeugung vor dem Gold adoptiert – die Adoption eines Pseudo-Goldstandards, bei dem die Preise verschiedener nationaler Währungen untereinander feststehen, aber nur, weil sie Festpreise auf gelenkten Märkten sind. Ein dritter Grund liegt in der unvermeidlichen Tendenz, dass jeder für einen freien Markt für andere ist, während er die Ansicht vertritt, er selbst verdiene eine Sonderbehandlung. Dazu neigen hinsichtlich der Wechselkurse besonders die Bankleute. Sie lieben eben einen garantierten Preis. Dazu sind sie mit den Marktpraktiken nicht vertraut, die notwendig würden, um mit schwankenden Wechselkursen fertig zu werden. Firmen, die sich auf Spekulation und kursbildende Entscheidungen auf dem Markt bei freien Wechselkursen verstehen, existieren nicht. Schon das stärkt die Herrschaft des Status quo. In Kanada zum Beispiel waren einige Bankiers nach zehn Jahren freier Wechselkurse, die einen neuen Status quo geschaffen hatten, die Ersten, die für die Fortsetzung des freien Wechselkurses eintraten und gegen eine Fixierung opponierten sowie gegen eine Manipulation des Wechselkurses von Seiten der Regierung.

Wichtiger noch als jeder dieser Gründe ist meiner Meinung nach eine falsche Interpretation der Erfahrung mit flexiblen Kursen, die auf einem statistischen Trugschluss beruht, der an einem Standardbeispiel leicht zu erkennen ist: Arizona ist eindeutig der ungeeignetste Ort in den USA für einen Menschen mit Tuberkulose, um dorthin zu ziehen, denn die Todesrate für Tuberkulose ist in Arizona höher als in allen anderen Staaten. Der Trugschluss wird in diesem Fall ganz deutlich. Weniger deutlich tritt er im Falle der Wechselkurse zutage. Wenn Länder durch internes falsches Vorgehen in monetären Angelegenheiten oder aus einem anderen Grund in ernste Schwierigkeiten gerieten, mussten sie am Ende stets ihre Zuflucht bei freien Wechselkursen suchen. Weder massenhafte Wechselkurskontrollen noch direkte Handelsrestriktionen machten es ihnen möglich, einen Wechselkurs festzulegen, der weit außerhalb der wirtschaftlichen Realitäten lag. Folglich ist es fraglos wahr, dass freie Wechselkurse häufig mit finanzieller und wirtschaftlicher Labilität verbunden wurden – wie zum Beispiel bei Super-Inflationen, bei schweren, wenn auch nicht übermäßig großen Inflationen, wie es sie in vielen Ländern Südamerikas gegeben hat. Es ist also leicht zu folgern, wie viele es getan haben, dass flexible Wechselkurse erst eine solche Labilität erzeugen.

Für flexible Wechselkurse zu sein, bedeutet nicht, für schwankende Wechselkurse eintreten. Wenn wir bei uns ein System der freien Preise befürworten, bedeutet das nicht, wir seien für ein System, bei dem die Preise wild auf- und niedergehen. Was wir anstreben, ist ein System, bei dem die Preise frei beweglich sind, aber bei dem auch die Kräfte, die sie bestimmen, stabil genug sind, sodass sich die Preisbewegungen in gemäßigten Grenzen halten. Das gilt ebenso für freie Wechselkurse. Letztes Ziel ist eine Welt, in der die Wechselkurse sich zwar ändern können, aber in Wirklichkeit höchst stabil sind, weil die Wirtschaftspolitik der einzelnen Länder und die wirtschaftlichen Bedingungen stabil sind. Labilität der Wechselkurse ist ein Symptom für die Labilität der ihnen zugrunde liegenden Wirtschaftsstruktur. Eine Ausmerzung dieses Symptoms durch administratives Einfrieren der Wechselkurse heilt keine der grundlegenden Schwierigkeiten und macht ihre Beilegung nur noch mühsamer.

Notwendige Maßnahmen für einen freien Gold- und Devisenmarkt

Vielleicht hilft es, die Diskussion zu konkretisieren, wenn ich die Maßnahmen einzeln spezifiziere, die die USA meiner Meinung nach ergreifen müssten, um einen wirklich freien Gold- und Devisenmarkt zu fördern.
1. Die USA sollten verkünden, dass sie sich nicht länger verpflichten, Gold zu irgendeinem festgesetzten Preis zu kaufen oder zu verkaufen.
2. Die bestehenden Gesetze, die es für Einzelpersonen illegal machen, Gold zu besitzen, zu kaufen oder zu verkaufen, sollten widerrufen werden, sodass es keine Restriktionen für den Preis gibt, zu dem Gold gegen andere Waren oder Finanzmittel, einschließlich Devisen, ge- oder verkauft werden kann.
3. Das geltende Gesetz, das dem Reserve-System vorschreibt, Goldzertifikate im Wert von 25 Prozent seiner Verbindlichkeiten zu besitzen, muss widerrufen werden.

4. Ein größeres Problem bei der Abschaffung des Stützungsprogramms für den Goldpreis wie beim Stützungsprogramm für Weizen liegt in der Existenz der angesammelten Regierungsvorräte. In beiden Fällen sollte die Regierung meiner Meinung nach sofort einen freien Markt wieder einführen, indem sie Maßnahme 1 und 2 gleich ergreift, und sie sollte sich endgültig von allen ihren Vorräten trennen. Vielleicht aber wäre es für die Regierung wünschenswert, dies nur schrittweise zu tun. Für Weizen sind mir fünf Jahre immer als eine ausreichende Zeitspanne erschienen, und so war ich dafür, dass die Regierung sich verpflichtet, in fünf Jahren jeweils ein Fünftel ihrer Vorräte abzustoßen. Diese Zeitspanne erscheint auch für Gold vernünftig. Ich schlage daher vor, die Regierung verkauft innerhalb von fünf Jahren ihren Goldbestand auf dem freien Markt. Bei einem freien Goldmarkt werden die Leute Lager-Zertifikate für Gold vielleicht für nützlicher halten als wirkliches Gold. Wenn dem so sein sollte, können Privatunternehmen bestimmt den Service übernehmen, das Gold zu lagern und Zertifikate dafür auszugeben. Warum sollte die Vorratshaltung in Gold und die Angabe von Goldlager-Aktien eine verstaatlichte Industrie sein?
5. Die USA sollten ebenfalls verkünden, dass sie offiziell keine Wechselkurse mehr zwischen dem Dollar und anderen Währungen festlegen und dass sie sich nicht auf Spekulationen oder ähnliche Tätigkeiten einlassen, die die Wechselkurse beeinflussen. Diese würden dann auf freien Märkten bestimmt.
6. Diese Maßnahmen würden mit unserer formellen Verpflichtung – als Mitglied des Internationalen Währungsfonds – in Konflikt geraten, nach der wir eine offizielle Parität des Dollars spezifizieren müssen. Der Fonds aber hat es als mit seinen Statuten vereinbar angesehen, da Kanada keine Parität spezifizierte, und er hat einen flexiblen Wechselkurs für Kanada zugelassen. Es gibt keinen Grund, dass er das Gleiche nicht auch für die Vereinigten Staaten tun sollte.
7. Andere Nationen möchten vielleicht ihre Währungen am Dollar fixieren. Das ist ihre Angelegenheit, und für uns besteht kein Grund zum Widerspruch, solange wir uns nicht verpflichten, ihre Währung zu einem festen Preis zu kaufen oder zu verkaufen. Sie werden mit der Festlegung ihrer Währung auf unsere nur Erfolg haben, wenn sie eine oder mehrere der oben angeführten Maßnahmen ergreifen – ihre Reserven wie wir wachsen und abnehmen lassen, ihre Wirtschaftspolitik mit der amerika-

nischen koordinieren, die direkten Handelskontrollen fester anziehen oder lockern.

Aufhebung der amerikanischen Handelsbeschränkungen

Ein System wie das soeben umrissene würde das Problem des Ausgleichs der Zahlungsbilanz ein für alle Mal lösen. Ein Defizit könnte nicht entstehen, entsprechend würden dessen Folgen ausbleiben: Hohe amerikanische Beamte brauchten nicht im Ausland und bei anderen Zentralbanken um Hilfe zu betteln, kein amerikanischer Präsident müsste sich wie ein geplagter Bankier vom Lande benehmen, der versucht, das Vertrauen in seine Bank wieder herzustellen, keine Regierung, die den freien Handel predigt, müsste Importbeschränkungen einführen, man brauchte keine nationalen und persönlichen Interessen der trivialen Frage zu opfern, wie die Währung heißen soll, in der die Zahlungen geleistet werden. Die Zahlungen würden immer ausgeglichen sein, denn ein einziger Preis – der Wechselkurs – würde stets den freien Ausgleich schaffen. Niemand könnte Dollars verkaufen, wenn er nicht jemand findet, der sie kauft – und umgekehrt.

Ein System der freien Wechselkurse würde es uns also möglich machen, direkt und erfolgreich den vollständig freien Handel für Waren und Dienstleistungen anzustreben – abgesehen nur von wohl überlegten Eingriffen, die durch rein politische oder militärische Gründe gerechtfertigt sind: zum Beispiel ein Verkaufsverbot von strategischen Gütern an kommunistische Länder. Solange wir in der Zwangsjacke fester Wechselkurse stecken, können wir nicht endgültig zum Freihandel übergehen. Die Möglichkeit von Zöllen und Kontrollen muss als Sicherheitsventil für den Ernstfall beibehalten werden. Ein System der flexiblen Wechselkurse hat daneben den Vorteil, den offensichtlichen Trugschluss des beliebtesten Gegenarguments gegen den Freihandel deutlich zu machen: das Argument, dass »niedrige« Löhne im Ausland Zölle gewissermaßen zur Notwendigkeit werden lassen, um die »hohen« Löhne im Inland zu schützen. Sind 100 Yen die Stunde für einen japanischen Arbeiter hoch oder niedrig, verglichen mit vier Dollar Stundenlohn für einen amerikanischen Arbeiter? Das hängt alles vom Wechselkurs ab. Was bestimmt den Wechselkurs? Die Notwendigkeit, das Zahlungsgleichgewicht zu halten, also die Menge der Waren, die wir den Japanern verkaufen können, ungefähr der Menge anzugleichen, die sie uns verkaufen können.

Nehmen wir der Einfachheit halber an, Japan und die USA wären die einzigen zwei Länder, die Handelsbeziehungen miteinander hätten, und dass zu einem Wechselkurs, sagen wir 1000 Yen für einen Dollar, die Japaner jede Ware, die auf den Markt kommen könnte, billiger als die USA produzieren könnten. Zu einem solchen Wechselkurs könnten die Japaner uns viel verkaufen, wir ihnen jedoch nichts. Angenommen, wir bezahlen sie in Papier-Dollars. Was würden die japanischen Exporteure mit den Dollars anfangen? Sie können sie nicht essen, nicht anziehen oder in ihnen wohnen. Wenn sie bereit wären, sie einfach aufzuheben, dann wäre die Druckindustrie – die die Dollarnoten druckt – eine großartige Exportindustrie. Ihre Produktion ließe uns alle schönen Dinge des Lebens besitzen – fast umsonst von den Japanern geliefert.

Natürlich würden die japanischen Exporteure die Dollars nicht aufbewahren wollen. Sie würden versuchen, sie für Yen zu verkaufen. Angenommen, es gibt nichts, was sie für einen Dollar kaufen können, das sie nicht für weniger als die 1000 Yen haben können, für die – nach unserer Annahme – ein Dollar sich eintauschen lässt. Das gilt auch für die übrigen Japaner. Warum sollte ein Besitzer von Yen gerade 1000 Yen für einen Dollar geben, mit dem er weniger kaufen kann als mit seinen 1000 Yen? Niemand würde das tun. Wollte der japanische Exporteur seine Dollars in Yen umtauschen, müsste er weniger Yen dafür verlangen – der Preis des Dollar gegenüber dem Yen müsste unter 1000 liegen, oder der des Yen gegenüber dem Dollar über 1000. Aber bei 500 Yen je Dollar sind die japanischen Waren für den Amerikaner doppelt so teuer wie vorher; amerikanische Waren für den Japaner halb so teuer wie bisher. Die Japaner werden die amerikanischen Hersteller nicht länger mit allen Warenpreisen unterbieten können. Wo wird sich der Preis für den Yen gegenüber dem Dollar einpendeln? Auf dem Stand, der nötig ist, um sicherzustellen, dass alle Exporteure, die es wünschen, ihre Dollars, die sie für die Waren, die sie nach Amerika exportieren, bekommen, an Importeure verkaufen können, die diese Dollars dann zum Einkauf in Amerika benutzen. Um es einfach auszudrücken: auf dem Stand, der nötig ist, um sicherzustellen, dass der Wert der amerikanischen Exporte (in Dollar) dem Wert der amerikanischen Importeure (wiederum in Dollar) gleich ist. Jedenfalls ungefähr, weil eine genaue Festlegung Kapitaltransaktionen, Geschenke usw. miteinbeziehen müsste. Das aber ändert nichts an dem zentralen Prinzip.

Es muss zugegeben werden, dass diese Diskussion nicht auf den Lebensstandard des japanischen oder des amerikanischen Arbeiters eingegangen ist. Sie haben auch nichts mit der Sache zu tun. Wenn der japanische Arbeiter einen niedrigeren Lebensstandard hat als der amerikanische, so liegt das daran, dass er im Durchschnitt weniger produktiv ist als der amerikanische, bei der Ausbildung, die er hat, der Kapital- und Landmenge usw., mit der er arbeitet. Angenommen, der amerikanische Arbeiter ist im Durchschnitt viermal so produktiv wie der japanische, dann wäre es Verschwendung, ihn bei der Herstellung von Gütern einzusetzen, bei der er weniger als viermal so produktiv ist. Es ist besser, solche Waren herzustellen, bei denen er produktiv ist, und sie für Güter einzutauschen, bei denen er weniger produktiv ist. Zölle helfen dem japanischen Arbeiter nicht, seinen Lebensstandard zu erhöhen oder den hohen Standard des amerikanischen Arbeiters zu schützen. Im Gegenteil, sie setzen den japanischen Standard herunter und hindern den amerikanischen Standard, so hoch zu sein, wie er sein könnte.

Vorausgesetzt, wir bewegten uns auf den Freihandel zu, wie sollten wir vorgehen? Die Methode, der wir bisher zu folgen versucht haben, waren Verhandlungen über wechselseitige Zollsenkungen mit anderen Ländern. Das scheint mir die falsche Prozedur zu sein. Erstens ist sie langsam. Am schnellsten geht der, der allein geht. Zweitens nährt sie irrtümliche Ansichten über das Grundproblem. Sie erweckt den Anschein, als ob Zölle dem Land helfen, das sie einführt, jedoch andere Länder schädigt, so als ob wir bei einer Herabsetzung der Zölle etwas Gutes aufgeben und dafür etwas bekommen müssten: und zwar in Form einer Zollsenkung der anderen Länder. In Wirklichkeit ist die Situation ganz anders. Unsere Zölle schaden uns ebenso wie den anderen Ländern. Wir hätten mehr davon, wenn wir ohne Zölle arbeiteten, selbst wenn andere Länder das nicht täten.[2] Natürlich wären wir noch besser dran, wenn sie es auch täten, aber unser Vorteil verlangt nicht, dass sie den Zoll vermindern. Eigeninteressen fallen zusammen, sie widersprechen sich nicht.

Ich meine, es wäre weit besser für uns, wir bewegten uns allein auf den Freihandel zu wie Großbritannien im 19. Jahrhundert, als es die Korngesetze aufhob. Wir könnten – so wie Großbritannien damals – einen enormen Zuwachs an politischer und wirtschaftlicher Macht verbuchen. Wir sind eine große Nation, und es steht uns schlecht an, Zugeständnisse von Lu-

---

[2] Es gibt zu dieser Feststellung einleuchtende Ausnahmen – diese sind, so wie ich es sehe, jedoch nur theoretische Besonderheiten und keine relevanten praktischen Möglichkeiten.

xemburg zu fordern, ehe wir den Zoll auf luxemburgische Produkte herabsetzen, oder Tausende von chinesischen Flüchtlingen arbeitslos zu machen, indem wir Importkontingente für Textilien aus Hongkong einführen. Nehmen wir unsere Aufgabe in beide Hände, seien wir die Schrittmacher, nicht die zögernd Folgenden!

Ich habe der Einfachheit halber von Zöllen gesprochen, aber wie bereits erwähnt, könnten andere Beschränkungen für den Handel eine noch ernstere Bedrohung bedeuten. Wir sollten mit beidem Schluss machen. Ein promptes stufenweises Programm müsste gesetzlich festlegen, dass alle Importkontingente oder sonstigen quantitativen Beschränkungen, ob von uns auferlegt oder von anderen Ländern »freiwillig« akzeptiert, um 20 Prozent jährlich gelockert werden, bis sie einen Stand erreichen, wo sie wirkungslos sind, um dann fallen gelassen werden zu können. Alle Zölle sollten während der nächsten Jahre um je ein Zehntel ihrer heutigen Höhe gesenkt werden.

Es gibt nur wenige Maßnahmen, die die Sache der Freiheit im In- und Ausland besser fördern könnten. Anstatt ausländischen Regierungen unter dem Namen wirtschaftlicher Hilfe Almosen zu gewähren, wodurch wir nur den Sozialismus fördern – und zur gleichen Zeit für das, was sie gerade produzieren können, Restriktionen einzuführen, womit wir das freie Unternehmertum behindern –, könnten wir einen konsistenten und prinzipiellen Schritt tun. Wir könnten der übrigen Welt sagen: Wir glauben an die Freiheit, und wir möchten sie auch praktizieren. Niemand kann euch zwingen, frei zu sein. Das ist eure Sache. Aber wir können euch volle Kooperation anbieten, mit gleichen Bedingungen für alle. Unser Markt steht euch offen. Verkauft hier, was ihr könnt, und was ihr wollt. Nutzt die Gelegenheiten, zu kaufen, was ihr möchtet. So kann die Kooperation zwischen den einzelnen Menschen weltweit sein und frei.

5 Finanzpolitik

Seit dem New Deal ist das Hauptargument für die Ausweitung von Regierungseingriffen auf Bundesebene immer wieder die so genannte Notwendigkeit von Staatsausgaben zur Beseitigung von Arbeitslosigkeit gewesen. Das Argument hat verschiedene Stufen durchlaufen. Zuerst musste man mit den Regierungsgeldern »die Pumpe anwerfen«. Vorübergehende Ausgaben sollten die Wirtschaft in Gang bringen. Dann könnte sich die Regierung wieder zurückziehen.

Als die ersten Ausgaben die Arbeitslosigkeit nicht beseitigt hatten und die starke wirtschaftliche Rezession von 1937/38 gefolgt war, entwickelte man die Theorie von der »weltweiten Stagnation«, um den andauernd hohen Stand der Staatsausgaben zu rechtfertigen. Die Wirtschaft sei reif geworden, argumentierte man. Die Möglichkeiten für Investitionen seien daher weit gehend erschöpft, und neue Gelegenheiten würden sich kaum ergeben. Die einzelnen Menschen aber wollten immer mehr sparen. Daher sei es für die Regierung wichtig, Geld auszugeben und ein ständiges Haushaltsdefizit vorzutragen. Die Papiere, mit denen man das Defizit finanzierte, würden es den Leuten möglich machen, Ersparnisse zu sammeln, während die Ausgaben des Staates Arbeitsplätze schafften. Diese Analyse ist durch neue theoretische Erkenntnisse stark in Misskredit geraten und noch mehr durch die praktische Erfahrung, einschließlich der ganz neuen Wege für die privaten Investitionen, die sich die Vertreter der Theorie von der »weltweiten Stagnation« nicht hätten träumen lassen. Doch hat die Idee eine Erbschaft hinterlassen. Die Idee selbst mag heute von niemandem mehr akzeptiert werden, die Regierungsprogramme aber, die in ihrem Namen aufgenommen wurden, wie zum Beispiel das vom »Anwerfen der Pumpe«, geistern noch bei uns herum und sind tatsächlich der Grund für die ewig wachsenden Staatsausgaben.

In letzter Zeit spricht man von Staatsausgaben weniger als von einem Mittel zur Ankurbelung oder gegen das Gespenst der weltweiten Stagnation. Heute spricht man vom Steuerrad: Wenn die Privatausgaben aus irgendeinem Grund sinken, so sagt man, müssten die Staatsausgaben steigen, um die Gesamtausgaben stabil zu halten; umgekehrt: Wenn die Privatausgaben steigen, sollten die Staatsausgaben sinken. Unglücklicherweise ist das Steuerrad nicht ausgewuchtet. Jede Rezession, so gering sie auch sein mag, lässt die politisch schreckhaften Gesetzgeber und Regierungsbeamten in ihrer ewigen Angst erschauern, sie könnte vielleicht ein Vorbote eines neuen 1929/33 sein. So beeilt man sich, staatliche Ausgaben-Programme in der einen oder anderen Art auszuarbeiten. Viele dieser Programme treten dann tatsächlich erst in Kraft, nachdem die Rezession vorüber ist. Da sie die Gesamtausgaben sowieso nicht beeinflussen – warum nicht, dazu sage ich später noch mehr –, führen sie nur dazu, die folgende Expansion zu verstärken, anstatt die Rezession zu mildern. So schnell, wie zusätzliche Ausgaben gebilligt werden, werden sie natürlich niemals widerrufen oder gestrichen, wenn die Rezession vorüber ist und die Expansion schon wieder läuft. Im Gegenteil. Das Argument lautet dann: Eine »gesunde« Expansion darf nicht durch eine Beschneidung der Staatsausgaben »gefährdet« werden. Der Hauptschaden, der durch die Steuerrad-Theorie angerichtet worden ist, liegt also nicht darin, dass sie die Rezessionen nicht ausgleichen kann, und auch nicht darin, dass sie in die Regierungspolitik einen inflationären Neigungswinkel getragen hat, sondern darin, dass sie andauernd eine Ausweitung der Regierungseingriffe auf Bundesebene nährt und eine Verminderung der Belastung durch Bundessteuern verhindert.

Angesichts des Nachdrucks, den man auf die Verwendung des Bundesbudgets als Steuerungsmittel gelegt hat, scheint es wie blanker Hohn, dass die labilste Komponente des Sozialprodukts in der Nachkriegszeit eben die Bundesausgaben sind. Und ihre Labilität ging keinesfalls in eine Richtung, in der sie die Bewegungen anderer Ausgabenkomponenten ausgeglichen hätten. Weit davon entfernt, ein Steuerrad gewesen zu sein, mit dem andere Kräfte ausgeglichen wurden, die die konjunkturellen Schwankungen bewirkten, ist der Bundeshaushalt gerade die Quelle starker Störungen und Labilitäten gewesen.

Da ihre Ausgaben heute einen so großen Teil der Gesamtausgaben der Volkswirtschaft ausmachen, wirkt die Bundesregierung zwangsläufig sehr stark auf die Wirtschaft ein. Die erste Forderung müsste also sein, dass die Bundesregierung ihren eigenen Zaun ausbessert, dass sie Maßnahmen ergreift, die ihren Ausgabenfluss zu vernünftiger Stabilität führt. Damit würde sie einen wichtigen Beitrag leisten zur Verminderung der Maßnahmen, die die übrige Wirtschaft ergreifen muss. Ehe sie das nicht tut, bleibt es eine Farce, wenn Staatsbeamte den selbstgerechten Ton eines Schulmeisters annehmen, der ungezogene Schüler zur Ordnung ruft. Natürlich überrascht so etwas nicht. Den Schwarzen Peter weitergeben und andere wegen der eigenen Vergehen tadeln ist kein Fehler, auf den die Staatsbeamten ein Monopol hätten.

Selbst wenn man sich der Ansicht anschlösse, der Bundeshaushalt sollte und könnte als Steuerrad dienen – eine Ansicht, die ich noch im Einzelnen betrachten werde –, so ist es nicht notwendig, die Ausgabenseite des Budgets dazu zu benutzen. Die Einnahmenseite steht ja ebenso zur Verfügung. Eine Abnahme des Sozialprodukts reduziert automatisch die Steuereinkünfte der Bundesregierung in größerem Ausmaß und schiebt so das Budget in Richtung auf ein Defizit – umgekehrt ist es während eines Booms. Wenn man noch mehr tun will, kann man ja die Steuern während einer Rezession senken und während einer Expansion erhöhen. Natürlich könnten die politischen Umstände auch hier eine Asymmetrie erzwingen, die den Niedergang politisch schmackhafter macht als den Aufstieg.

Wenn die Steuerrad-Theorie in der Praxis bisher nur auf der Ausgabenseite angewendet worden ist, so darum, weil es Kräfte gibt, die für vermehrte Staatsausgaben plädieren; hierher gehört besonders der bei Intellektuellen weit verbreitete Glaube, die Regierung müsse in wirtschaftlichen und privaten Angelegenheiten eine immer größere Rolle spielen. Das ist der Triumph der Theorie vom Wohlfahrtsstaat. Diese Philosophie hat ihren nützlichsten Verbündeten in der Steuerrad-Theorie gefunden: Die Einmischung der Regierung konnte jetzt in schnellerem Tempo fortschreiten, als es sonst möglich gewesen wäre.

Wie anders könnten die Dinge heute stehen, hätte man die Steuerrad-Theorie auf der Einnahmen- anstatt auf der Ausgabenseite angewendet. Angenommen, jede Rezession hätte Steuersenkungen mit sich gebracht, und angenommen, die politische Aversion gegen Steuererhöhungen in der folgenden Expansion hätte zum Widerstand gegen neue Ausgaben-Programme der Regierung geführt und zur Beschneidung der bestehenden. Wir könnten heute in einer Lage sein, in der die Ausgaben des Bundes ein gut Teil weniger vom Volkseinkommen verschlingen würden, das zudem größer wäre, weil die entmutigenden und hinderlichen Steuern verringert worden wären.

Ich möchte gleich hinzufügen, dass dieser Traum nicht dazu dienen soll, die Steuerrad-Theorie zu stützen. Selbst wenn diese Theorie in der erwarteten Richtung verliefe, würden ihre Wirkungen langsam und kaum ausgedehnt sein. Um die Kräfte, die die Schwankungen verursachen, wirksam auszugleichen, müssten wir die Schwankungen lange Zeit vorher voraussagen können. In der Finanz- wie in der Geldpolitik – alle politischen Erwägungen einmal zur Seite gestellt – wissen wir einfach nicht genug, um gewollte, absichtliche, wohl überlegte Veränderungen in der Besteuerung oder den Ausgaben als wirksame Stabilisierungsmechanismen benutzen zu können. Wenn wir es dennoch versuchen, können wir fast sicher sein, die Dinge noch schlimmer zu machen. Wir würden sie nicht schlimmer machen, weil wir ständig das Falsche täten – das ließe sich leicht wieder gutmachen, indem wir einfach das Gegenteil von dem täten, was wir zuerst als richtig erkannt hatten. Wir machen alles schlimmer dadurch, dass wir aufs Geratewohl eine zusätzliche Störung einführen, die zu bereits vorhandenen Störungen noch dazukommt. Das scheinen wir tatsächlich in der Vergangenheit getan zu haben – natürlich zusätzlich zu noch gröberen Fehlern. Was ich anderswo in Bezug auf die Geldpolitik geschrieben habe, lässt sich gleichermaßen auf die Finanzpolitik anwenden: »Was wir brauchen, ist nicht ein geschickter Fahrer des ökonomischen Fahrzeugs, der dauernd am Lenkrad dreht, um sich unvorhergesehenen Unebenheiten des Weges anzupassen. Wir brauchen ein Mittel, das den Passagier, der als Ballast auf dem Rücksitz hockt, daran hindert, sich gelegentlich nach vorne zu beugen und dem Lenkrad einen Schubs zu geben, der den Wagen dann fast von der Straße abbringt.«[1]

Für die Finanzpolitik wäre das angemessene Gegenstück zur oben aufgestellten Regel für die Geldpolitik eine Planung von Ausgabenprogrammen, die sich ganz und gar nach dem ausrichtet, was die Allgemeinheit lieber mithilfe des Staates tun will als privat. Dabei dürfte keine Rücksicht auf die Probleme der von Jahr zu Jahr verschiedenen wirtschaftlichen Stabilität genommen werden. Die Steuerquoten müssten danach ausgerichtet werden, genügende Einnahmen für die geplanten Ausgaben zu haben, und zwar im Mehrjahresdurchschnitt, wiederum ohne Rücksicht auf die jährlichen Schwankungen in der wirtschaftlichen Stabilität. Vor allem müssten erratische Schwankungen bei Staatsausgaben oder den Steuern vermieden werden. Natürlich sind gewisse Schwankungen unvermeidlich. Ein plötzlicher Wechsel in der internationalen Lage könnte eine starke Erhöhung der militärischen Ausgaben bewirken oder willkommene Streichungen erlauben. Solche Veränderungen erklären einige erratische Schwankungen bei den Bundesausgaben in der Nachkriegszeit. Aber sie erklären keineswegs alles.

Bevor wir das Thema der Finanzpolitik verlassen, möchte ich die heute so weit verbreitete Ansicht diskutieren, dass eine Erhöhung der Staatsausgaben über die Steuereinnahmen hinaus notgedrungen expansionistisch wirke, und eine Verringerung das Gegenteil zur Folge habe. Diese Theorie, die dem

---

[1] Vgl. *A Program for Monetary Stability*, New York: Fordham University Press, 1959, S. 23.

Glauben zugrunde liegt, dass die Finanzpolitik als Steuerrad dienen kann, wird heute von Geschäftsleuten, professionellen Ökonomen und auch von Laien fast für selbstverständlich gehalten. Diese Theorie kann jedoch weder durch logische Betrachtung allein als richtig erweisen werden, noch ist sie jemals durch empirische Beweise erhärtet worden. Sie steht vielmehr in offenem Widerspruch zu dem empirischen Material, das mir bekannt ist.

Der Glaube entsteht bei einer groben keynesianischen Analyse. Angenommen, die Regierungsausgaben erhöhten sich um 100 Dollar und die Steuern blieben unverändert: Dann – so die simple Analyse – haben die Leute, die das Geld zuerst bekommen, 100 Dollar extra und zusätzlich zu ihrem Einkommen. Sie werden etwas davon sparen, sagen wir ein Drittel, und die verbleibenden zwei Drittel wieder ausgeben. Das bedeutet, dass auf der zweiten Stufe jemand anderes $66^2/3$ Dollar an Extra-Einkommen erhält. Er wird wiederum etwas davon sparen und etwas davon ausgeben, und so weiter in unendlicher Folge. Wenn auf jeder Stufe ein Drittel gespart und zwei Drittel ausgegeben werden, dann werden die 100 Dollar zusätzlicher Staatsausgaben – nach dieser Analyse – schließlich das Volkseinkommen um 300 Dollar vermehren. Dies ist die simple Keynes'sche Multiplikatorenanalyse mit dem Multiplikator Drei. Natürlich werden bei einer einmaligen Finanzspritze die Wirkungen abebben, da auf das anfängliche Ansteigen des Einkommens um 100 Dollar eine allmähliche Abnahme zurück bis auf den ursprünglichen Stand folgt. Werden jedoch die Staatsausgaben ständig um 100 Dollar pro Zeiteinheit erhöht, dann wird nach dieser Analyse das Volkseinkommen um 300 Dollar jährlich ansteigen.

Diese schlichte Analyse ist äußerst reizvoll. Aber ihr Reiz ist nicht echt und entsteht nur dadurch, dass andere wichtige Wirkungen der besagten Veränderung außer Acht gelassen wurden. Bezieht man diese in die Rechnung mit ein, ist das Endergebnis viel zweifelhafter: Es kann nämlich alles Mögliche herauskommen, von einem überhaupt nicht veränderten Volkseinkommen – in diesem Fall würden die Ausgaben der Privaten um die 100 Dollar abnehmen, um die die Ausgaben des Staates steigen – bis zu der angegebenen Zunahme. Und selbst wenn das Geldeinkommen steigt, können die Preise ebenso steigen, und dann wird sich das Realeinkommen weniger vermehren oder überhaupt nicht. Und so sehen einige der möglichen anderen Fälle unter der Lupe aus:

Erstens wird bei der einfachen Rechnung nichts darüber gesagt, wofür der Staat die 100 Dollar ausgibt. Nehmen wir an, für etwas, das sich die Leute ohnehin selbst besorgen wollten. Die Privaten zahlten zum Beispiel 100

Dollar Beiträge für einen Park, aus denen die Kosten für die Wärter gedeckt wurden, die ihn sauber hielten. Jetzt bezahlt die Regierung diese Kosten und erlaubt den Leuten den Zutritt »umsonst«. Die Wächter bekommen weiter das gleiche Gehalt, die Privaten jedoch, die bisher die Beiträge zahlten, haben jetzt 100 Dollar zusätzlich zur Verfügung. Die Ausgabe des Staates fügt – selbst auf der ersten Stufe – nicht 100 Dollar zu irgendjemandes Einkommen hinzu. Der Staat stellt vielmehr einigen Leuten 100 Dollar zur Verfügung, die diese für einen anderen Zweck als den Park verwenden können, wahrscheinlich für Zwecke, die sie nicht so hoch einschätzen. Man kann erwarten, dass sie daraufhin weniger von ihrem Gesamteinkommen für Konsumgüter ausgeben als zuvor, da sie für den Park ja nichts mehr bezahlen. Wie viel weniger, ist schwer zu sagen. Selbst wenn wir annehmen, dass sie ein Drittel ihres zusätzlich zur Verfügung stehenden Einkommens sparen, so folgt daraus nicht, dass sie – weil ein Teil der Konsumgüter »frei« erhältlich ist – zwei Drittel des frei gewordenen Geldes für andere Konsumgüter ausgeben werden. Eine extreme Möglichkeit wäre natürlich, dass sie weiterhin die gleiche Anzahl anderer Konsumgüter kaufen werden wie zuvor und die frei gewordenen 100 Dollar ihren Ersparnissen hinzufügen. In diesem Fall wird sogar in der einfachen Analyse von Keynes die Wirkung der Staatsausgaben komplett ausgeglichen: Die Staatsausgaben steigen um 100 Dollar, die privaten Ausgaben nehmen um 100 Dollar ab. Oder ein anderes Beispiel: Die 100 Dollar werden für den Bau einer Straße ausgegeben, die sonst ein Privatunternehmen gebaut hätte oder deren Existenz vielleicht Reparaturen an den Lastwagen der Gesellschaft überflüssig macht. Dann hat die Firma freie Gelder, wird diese aber wahrscheinlich nicht vollständig für weniger attraktive Investitionen ausgeben. In diesen Fällen lenken die Regierungsausgaben nur Privatausgaben um, und erst beim nächsten Exzess der Staatsausgaben kann der Multiplikator seine Wirkung beginnen. Von diesem Standpunkt aus betrachtet, ist es paradox, dass die Regierung das Geld nur für etwas absolut Unnützes ausgeben kann, wenn sie nicht sinnvolle private Ausgaben verhindern soll. Die These vom »Löcher graben und dann wieder zuschütten«, nur um Arbeit zu schaffen, erweist sich damit als intellektuell nicht bewältigt. Schon dies allein zeigt, dass bei der Analyse etwas nicht stimmt.

Zweitens wird in der einfachen Rechnung nichts darüber gesagt, woher die Regierung die 100 Dollar nimmt, die sie ausgibt. Nach der Analyse sind die Ergebnisse die gleichen, ob die Regierung nun das zusätzliche Geld drucken lässt oder ob sie es bei der Öffentlichkeit borgt. Es macht aber ganz bestimmt einen Unterschied aus. Um die Finanzpolitik von der Geldpolitik zu trennen, nehmen wir einmal an, die Regierung borgt sich die 100 Dollar, sodass die Geldmenge die Gleiche bleibt, wie wenn die Regierung nichts zusätzlich ausgeben würde. Das geht ohne weiteres, denn die Geldmenge kann ohne zusätzliche Staatsausgaben erhöht werden, wenn das gewünscht wird, und zwar einfach dadurch, dass man Geld druckt und umlaufende Staatspapiere dafür kauft. Wenden wir uns nun der Wirkung der staatlichen Verschuldung zu. Um dieses Problem zu analysieren, nehmen wir an, eine Gegenbewegung fände nicht statt – sodass auf der ersten Stufe für die 100 Dollar zusätzlicher Staatsausgaben keine Kompensation auftritt, indem die Privatausgaben um diesen Betrag sinken. Die Verschuldung des Staates verändert die Geldmenge in Privathand nicht. Die Regierung leiht sich also 100 Dollar mit der rechten Hand von einigen Leuten aus und gibt das Geld mit ihrer linken Hand an die Leute weiter, für die es gedacht ist. Das Geld ist jetzt in anderen Händen, doch die Geldmenge ist unverändert geblieben.

Die einfache Keynes-Analyse nimmt stillschweigend an, dass der Verschuldungsvorgang keine Auswirkungen auf die Ausgabenstruktur habe. Es gibt zwei extreme Fälle, in denen das so sein kann. Nehmen wir erst einmal an, dass es den Leuten absolut egal ist, ob sie Staatspapiere oder Bargeld in Händen haben, sodass also Staatspapiere zur Beschaffung der 100 Dollar verkauft werden könnten, ohne dass man dem Käufer eine höhere Rendite anbieten muss. (Natürlich sind 100 Dollar ein so kleiner Betrag, dass in der Praxis für die Zinsen fast kein Unterschied entsteht; aber es ist ja eine prinzipielle Frage. Die praktischen Auswirkungen lassen sich schnell erkennen, wenn anstelle von 100 Dollar 100 Millionen oder hundertmal zehn Millionen Dollar eingesetzt werden.)

Um im Keynes-Jargon zu sprechen: Es existiert hier also eine »Liquiditäts-Falle«, die Leute kaufen die Staatspapiere mit »untätigem Geld«. Ist dies nicht der Fall, und natürlich kann es nicht ewig so sein, dann kann die Regierung ihre Papiere nur verkaufen, indem sie eine höhere Rendite dafür anbietet. Eine höhere Rendite wird dann auch von anderen Schuldnern gezahlt werden müssen. Diese höhere Rendite wird im Allgemeinen die privaten Ausgaben der potenziellen Schuldner einschränken. Und hier ist der zweite Extremfall, in dem die Keynes-Analyse standhält: Wenn die potenziellen Schuldner so wild aufs Ausgeben sind, dass kein noch so steiles Ansteigen der Zinsen ihre Ausgaben beschneiden kann. Oder mit Keynes gesprochen: Wenn die marginale Effizienz der Investitionen völlig unelastisch ist in Bezug auf die Zinshöhe.

Ich kenne keinen bekannten Nationalökonomen – und sei er ein noch so starker Keynes-Anhänger –, der die Ansicht verträte, dass diese extremen Fälle immer gültig blieben, dass beliebiges Schuldenmachen bei jeder beliebigen Zinshöhe vorstellbar sei oder dass so etwas in der Vergangenheit vorgekommen wäre, es sei denn unter ganz besonderen Umständen. Doch glauben viele Ökonomen – ganz abgesehen von den Nicht-Wirtschaftswissenschaftlern –, ob sie sich nun als Anhänger von Keynes betrachten oder nicht, dass ein Ansteigen der Staatsausgaben über das Steueraufkommen hinaus – selbst wenn es durch solide Verschuldung finanziert würde – unumgänglich expansionistisch wirken müsse, obgleich, wie wir gesehen haben, diese Überzeugung voraussetzt, dass immer einer der beiden Extremfälle gilt.

Hält keine dieser Annahmen stand, dann wird der Anstieg der Staatsausgaben ausgeglichen durch eine Abnahme der privaten Ausgaben bei denen, die der Regierung das Geld leihen, oder bei denen, die es sich sonst geborgt hätten. Wie viel von den Staatsausgaben wird dabei kompensiert? Das hängt von den Besitzern des Leihkapitals ab. Ausgehend von der klassischen Quantitätstheorie des Geldes sagt der Extremfall, dass die Geldmenge, die die Leute zu halten wünschen, durchschnittlich nur von ihrem Einkommen abhängt und nicht von der Rendite, die sie bei ihren Obligationen und ähnlichen Papieren bekommen können. In diesem Fall – die gesamte Geldmenge ist vorher und nachher die gleiche – muss auch das gesamte Geldeinkommen das gleiche sein, um die Leute zufrieden zu stellen, indem sie wieder die gleiche Geldmenge in der Tasche haben. Das bedeutet, dass die Zinsen stark genug steigen müssen, um einen Teil der Privatausgaben abzuwürgen, der den gestiegenen öffentlichen Ausgaben genau gleich ist. In diesem extremen Fall sind die Staatsausgaben in keiner Weise von expandierender Wirkung. Nicht einmal das Geldeinkommen steigt, ganz zu schweigen von dem Realeinkommen. Alles, was passiert, ist: Die Staatsausgaben steigen, die Privatausgaben sinken.

Ich möchte den Leser jedoch warnen, da dies eine stark vereinfachte Analyse ist. Eine vollständige Analyse würde ein dickes Buch füllen. Aber selbst diese einfache Analyse genügt, um zu demonstrieren, dass jedes Resultat möglich ist zwischen einem Anstieg des Volkseinkommens um 300 Dollar und gar keinem Anstieg. Je hartnäckiger die Verbraucher in Bezug auf die Summe sind, die sie bei einem gegebenen Einkommen für Konsumgüter ausgeben wollen, und je hartnäckiger die Käufer von Kapitalgütern in Bezug auf die Summe sind, die sie ohne Rücksicht auf die Kosten für solche

Güter ausgeben möchten, umso näher wird das Resultat dem Keynes-Extrem eines Anstiegs um 300 Dollar sein. Je hartnäckiger die Geldbesitzer auf der anderen Seite an dem Verhältnis festhalten, das zwischen ihrem Barbestand und ihrem Einkommen besteht, umso näher wird das Resultat bei dem Extremfall der klassischen Quantitätstheorie liegen, also: keine Veränderung des Einkommens. Wie hartnäckig nun die Öffentlichkeit ist, bleibt eine empirische Frage, die nur von der praktischen Erfahrung beurteilt werden kann, nicht vom Verstand allein.

Vor der großen Depression der Dreißigerjahre hätte die Mehrheit der Wirtschaftswissenschaftler fraglos den Schluss gezogen, das Ergebnis läge näher bei einem Anstieg des Einkommens um Null als bei einem um 300 Dollar. Seither aber würde die Mehrzahl der Ökonomen ohne Zweifel zum entgegengesetzten Schluss kommen. In jüngerer Zeit hat wieder eine Bewegung in Richtung der früheren Einstellung eingesetzt. Man kann nur leider nicht behaupten, dass diese Schwankungen auf befriedigenden Beweisen beruhten. Sie beruhen vielmehr auf intuitiver Beurteilung grober Erfahrungswerte.

Mit einigen meiner Studenten habe ich eine ziemlich ausgedehnte empirische Arbeit gestartet, um für die USA und andere Länder zu befriedigenderen Beweisen zu kommen.[2] Die Ergebnisse sind erstaunlich. Sie deuten stark darauf hin, dass das tatsächliche Ergebnis dem Extrem der Quantitätstheorie näher liegt als dem von Keynes. Die Schlussfolgerung, die auf der Grundlage dieser Beweise gerechtfertigt erscheint, lautet: Bei einer Steigerung der Staatsausgaben um 100 Dollar wächst das Volkseinkommen durchschnittlich gerade ungefähr um 100 Dollar, manchmal um weniger, manchmal um mehr. Das bedeutet: Ein Anstieg der Staatsausgaben über die verfügbaren Staatseinnahmen hinaus ist in keinem erkennbaren Sinn expansionistisch. Das Geldeinkommen mag etwas anwachsen, doch dieser gesamte Zuwachs wird von den Staatsausgaben aufgezehrt. Die Privatausgaben bleiben unverändert. Dass die Preise im Verlauf des Vorgangs wahrscheinlich steigen oder weniger fallen, als sie es sonst getan hätten, hat zur Folge, dass die realen Privatausgaben kleiner werden. Die umgekehrten Folgerungen gelten bei einer Abnahme der Staatsausgaben.

Als endgültig kann man diese Schlussfolgerungen natürlich nicht betrachten. Sie basieren auf dem breitesten und umfassendsten Beweismate-

---

[2] Einige der Resultate sind enthalten in Milton Friedman und David Meiselman, *The Relative Stability of the Investment Multiplier and Monetary Velocity in the United States, 1896 – 1958.*

rial, das mir bekannt ist – aber auch hier bleibt noch viel zu wünschen übrig.

Eines jedoch ist klar. Ob nun die so weit gehend akzeptierten Ansichten über die Auswirkung der Finanzpolitik richtig sind oder falsch – ihnen widerspricht zumindest schon eine umfassende Sammlung von Beweismaterial. Ich kenne keine zusammenhängende oder organisierte Beweismaterialsammlung, die diese Ansichten rechtfertigt. Sie sind ein Teil der ökonomischen Mythologie und nicht die bewiesenen Schlussfolgerungen einer ökonomischen Analyse oder ausgedehnter Studien. Sie sind jedoch ungeheuer einflussreich geworden: Sie haben bewirkt, dass ein großer Teil der Öffentlichkeit die weit reichende Einmischung der Regierung in das Wirtschaftsleben unterstützt.

6 Die Rolle des Staates im Erziehungswesen

Unser Schulwesen wird heute vom Staat oder von nicht mit Gewinn arbeitenden Institutionen finanziert und fast ausschließlich verwaltet. Diese Situation hat sich erst allmählich entwickelt. Doch sie wird jetzt für so selbstverständlich gehalten, dass kaum noch ausdrückliche Aufmerksamkeit darauf verwendet wird, die Gründe dieser speziellen Behandlung des Schulwesens herauszufinden, auch nicht in Ländern, in denen das freie Unternehmertum in Wirtschaftsorganisation und -philosophie dominiert. Das Resultat ist eine Ausdehnung der staatlichen Verantwortung, die kritiklos hingenommen wurde.

Auf der Grundlage der Prinzipien, die wir in Kapitel 2 entwickelt haben, kann die staatliche Intervention auf dem Erziehungssektor zweifach begründet werden. Zunächst gibt es hier substanzielle »Nebenwirkungen«, also Umstände, unter denen die Aktion eines Individuums anderen Individuen bedeutende Kosten auferlegt, wofür es nicht sinnvoll wäre, eine Entschädigung zu zahlen. Oder wobei andere Individuen bedeutende Gewinne machen, die zu verteilen nicht sinnvoll wäre – alles Umstände, die einen freiwilligen Austausch unmöglich machen. Hinzu kommt zweitens die elterliche Sorgepflicht für die Kinder und andere unzurechnungsfähige Individuen. Die Nebeneffekte und die elterliche Sorgepflicht haben ganz verschiedene Auswirkungen auf (1) die allgemeine Erziehung zum Staatsbürger und (2) auf die spezielle berufliche Erziehung. Die Gründe für die staatliche Intervention in diesen beiden Bereichen sind genau voneinander zu trennen. Sie rechtfertigen sehr verschiedene Arten des Eingriffs.

Noch eine weitere Bemerkung vorweg: Es ist wichtig, zwischen »Schulausbildung« und »Erziehung« zu unterscheiden. Nicht alle Schulausbildung ist Erziehung, noch ist alle Erziehung Schulausbildung. Die staatlichen Aktivitäten sind meist auf die Schulausbildung beschränkt.

Die allgemeine Erziehung zum Staatsbürger

Eine stabile und demokratische Gesellschaft kann ohne ein Minimum an Bildung und Wissen bei der Mehrheit ihrer Bürger und ohne weit gehend akzeptierte allgemeine Werte nicht existieren. Die Erziehung kann zu beidem beitragen. Deshalb gewinnen bei der Erziehung eines Kindes nicht nur das Kind oder die Eltern des Kindes, sondern auch die Mitglieder der Gesellschaft. Die Erziehung meines Kindes trägt auch zu deinem Wohlstand bei, indem es für eine stabile und demokratische Gesellschaft sorgt. Es ist daher nicht sinnvoll, bestimmte Individuen (oder Familien), die von der Erziehung Vorteile hatten, herauszunehmen und sie für die Dienste, die sie in Anspruch genommen haben, zur Zahlung aufzufordern. Hier gibt es also einen ziemlich starken »Nebeneffekt«.

Welche Form des staatlichen Eingriffes ist nun durch diesen besonderen Nebeneffekt gerechtfertigt? Offenbar ist es richtig, zu verlangen, dass jedes Kind ein Minimum an besonderer Schulbildung erhalten muss. Diese Forderung könnte den Eltern ebenso ohne zusätzliche staatliche Eingriffe auferlegt werden, wie die Eigentümer von Häusern und häufig auch von Automobilen bestimmte Standards einhalten müssen, um die Sicherheit der anderen zu gewährleisten. Allerdings gibt es hier noch einen Unterschied: Individuen, die sich die Kosten nicht mehr leisten können, die entstehen, weil sie den staatlich gesetzten Standards Genüge leisten müssen, können sich dadurch davon befreien, dass sie ihr Eigentum verkaufen. Die staatlichen Standards können also ohne staatliche Unterstützungszahlungen auferlegt werden. Die Trennung eines Kindes von seinen Eltern, die nicht das Minimum für die Schulbildung aufbringen können, verträgt sich jedoch auf keinen Fall mit unserer Überzeugung von der Familie als der grundlegenden sozialen Einheit und mit unserem Glauben an die Freiheit des Individuums. Es würde vielmehr die Erziehung eines Individuums für seine Bürgerschaft in einer freien Gesellschaft verhindern.

Wenn die finanziellen Opfer, die für die grundlegende Schulbildung erbracht werden müssen, auch ohne weiteres von der Allgemeinheit der Familien in der Gesellschaft aufgebracht werden können, so wäre es dennoch sehr tunlich und wünschenswert, wenn die Eltern die Kosten jeweils direkt trügen. In vielen Gebieten der USA sind diese Erfordernisse bereits hinreichend erfüllt. In diesen Gebieten wäre es durchaus wünschenswert, die Kosten für die Erziehung den Eltern direkt aufzuerlegen. Dies würde die ganze Staatsmaschine zum Verschwinden bringen, die heute noch erforderlich ist, um die Steuern von allen Einwohnern während ihres ganzen Lebens einzutreiben und sie meist diesen Leuten nur zurückzugeben während der Zeit, in der ihre Kinder auf der Schule sind. Auch würde das vor allem die Wahrscheinlichkeit mindern, dass sich der Staat in die Verwaltung der Schule einmischt – ein Problem, das wir weiter unten diskutieren werden. Gleichzeitig würde die Wahrscheinlichkeit wachsen, dass der Bedarf an Subventionen für Schulausbildung in dem Maße zurückgeht, in dem der Bedarf für Subventionen sinkt, weil das allgemeine Einkommensniveau ansteigt. Wenn – wie jetzt – der Staat alles oder das meiste für die Schulbildung zahlt, führt ein Anstieg im Lebensstandard nur zu einer erweiterten Zirkulation von Mitteln durch den Steuer-Ausgaben-Mechanismus, und zu einer Ausdehnung der Rolle des Staates. Schließlich – und das ist nicht das schlechteste Argument – würde die Verteilung der Kosten auf die Eltern die sozialen und privaten Kosten der Kinderhaltung angleichen und von daher eine bessere Verteilung der Familien nach Familiengröße fördern.[1]

Unterschiede unter den Familien, bezogen auf ihre jeweiligen Mittel und die Anzahl ihrer Kinder, dazu noch die Notwendigkeit, einem bestimmten Ausbildungsstandard mit ziemlich umfangreichen Kosten gerecht zu werden, machen eine solche Politik in vielen Teilen der Vereinigten Staaten freilich kaum ausführbar. In diesen Gebieten – und auch in den Teilen des Landes, wo eine solche Politik durchführbar wäre – hat der Staat nun die finanziellen Kosten für das Schulwesen übernommen. Der Staat hat dabei nicht nur für das Minimum bezahlt, das als Schulbildung erforderlich wäre: Er kommt auch für zusätzliche Schulbildung auf höherem Niveau auf, die für Jugendliche zwar zugänglich ist, aber meist nicht benötigt wird. Ein Argument für dieses doppelte Engagement des Staates ist der »Nebeneffekt«, der oben zur Diskussion gestellt wurde. Die Kosten werden übernommen, weil es das einzig durchführbare Mittel ist, um das erforderliche Ausbildungs-Minimum zu erzwingen. Zusätzliche Schulbildung wird staatlicherseits bezahlt, weil andere Leute davon profitieren, dass die jungen Leute, die bessere Talente und größere Interessen haben, diese Schulen besuchen: Dies sei schließlich auch ein Weg, um bessere soziale und politische Führungskräfte heranzubilden. Der Nutzen, der durch diese Maßnahmen erzielt werden kann, ist den Kosten, die er verursacht, gegenüberzustellen. Es kann zu ehrlichen Differenzen kommen, inwieweit hier staatliche Subventionen ausgedehnt werden sollen. Die meisten von uns werden jedoch vermutlich zu dem Schluss kommen, dass der Nutzen genügend wichtig sein müsse, um die Gewährung staatlicher Unterstützung auch zu begründen.

[1] Es ist keineswegs so fantastisch, wie es zunächst scheint, dass so ein Schritt die Familiengröße beeinflussen würde. Zum Beispiel kann eine Erklärung für die niedrigere Geburtenrate in höher stehenden sozioökonomischen Gruppen durchaus darin liegen, dass die Kinder für sie teurer sind, was zum Großteil auf die höheren Schulstandards zurückzuführen ist, die sie sich – zu entsprechend höheren Kosten – eben leisten.

Diese Überlegungen führen zu dem Schluss, dass staatliche Subventionen eigentlich nur für bestimmte Schultypen gerechtfertigt ist. Um das gleich vorwegzunehmen: Sie rechtfertigen auf keinen Fall reine Berufsausbildung, die die wirtschaftliche Produktivität eines einzelnen Schülers steigert, ihn dabei aber weder für seine Rolle als Staatsbürger noch für eine soziale Führungsrolle qualifiziert. Allerdings ist es sehr schwierig, hier eine Trennungslinie zwischen den beiden Arten der Schulausbildung zu ziehen. Viel von der allgemeinen Schulbildung führt schon zu einer Steigerung des ökonomischen Wertes des Schülers – und in der Tat: Erst seit allerneuester Zeit hat in einigen Staaten die Tatsache, dass man des Lesens und Schreibens kundig ist, an Marktwert verloren, weil sie selbstverständlich geworden ist. Und viel Berufsausbildung erweitert den Horizont des Schülers und Studenten. Dennoch bleibt die Unterscheidung bedeutend. Die subventionierte Ausbildung von Tierärzten, Schönheitsoperateuren und Zahntechnikern sowie eines Heeres anderer Spezialisten – wie es in den von den Vereinigten Staaten unterstützten Ausbildungsinstitutionen weithin geschieht – kann nicht mit den gleichen Argumenten gerechtfertigt werden, mit denen man die Unterstützung von Elementarschulen begründet oder – auf höherem Niveau – allgemein bildender Schulen. Ob man eine Rechtfertigung noch anders begründen kann, wird weiter unten untersucht werden.

Das qualitative Argument mit den »Nebeneffekten« bestimmt natürlich noch nicht die spezifische Art der Schule, die unterstützt werden soll oder etwa den Umfang dieser Unterstützung. Der soziale Nutzen ist wahrscheinlich am größten beim niedrigsten Schulniveau, wo man auch am ehesten Einstimmigkeit über seinen Umfang erreichen kann, und nimmt dann stetig ab, je höher der Standard der Schulausbildung ansteigt. Indes: Auch diese Behauptung kann nicht so ohne weiteres akzeptiert werden. Viele Staaten haben ihre Universitäten subventioniert, lange bevor sie das Grundschulwesen unterstützt haben. Welche Formen der Erziehung den größten sozialen Nutzen bringen und wie viel von den beschränkten Mitteln der Gesellschaft auf sie verwendet werden soll, muss von der Gemeinschaft auf dem Wege über ihre politischen Willensbildungsprozesse gefunden werden. Der Zweck dieser Analyse hier liegt nicht in einer Entscheidung zugunsten der einen oder anderen Frage für die Gemeinschaft, sondern darin, die Probleme, um die es geht, etwas besser herauszuarbeiten und um damit festzustellen, dass es hier um die Entscheidung geht, ob man lieber auf privater oder gemeinschaftlicher Basis arbeitet.

Wie wir gesehen haben, kann beides, die Auferlegung eines bestimmten

Minimums an schulischer Ausbildung und die Finanzierung dieses Minimums durch den Staat begründet werden infolge der »Nebeneffekte«, die im Schulwesen liegen. Ein dritter Schritt, nämlich die tatsächliche Verwaltung der Ausbildungs-Institutionen durch den Staat, die »Sozialisierung« – wie wir sie nun einmal haben – weiter Teile der »Erziehungsindustrie« ist auf dieser oder irgendeiner anderen Grundlage nicht so ohne weiteres zu rechtfertigen – jedenfalls soweit ich das beurteilen kann. Ob eine solche Sozialisierung überhaupt gewünscht wird, ist bisher kaum offen infrage gestellt worden. Der Staat hat in der Hauptsache die Schulen finanziert, indem er die Kosten für die Erhaltung der Ausbildungseinrichtungen direkt übernommen hat. Diesen Schritt hielt man wegen der Forderung nach einer Subventionierung des Erziehungssystems für gerechtfertigt. Indessen kann man die beiden Schritte durchaus trennen. Der Staat könnte ebenso gut das unabdingbare schulische Minimum dadurch erreichen, dass er den Eltern Gutscheine gibt, die bis zu einer bestimmten Summe pro Kind und Jahr eingelöst werden können, um dafür »staatlich anerkannte« Ausbildungsleistungen einzukaufen. Die Eltern wären dann in ihrer Entscheidung frei, diese Summe und möglicherweise zusätzliche eigene Mittel für den Kauf von Erziehungsleistungen auszugeben, die sie in einer »staatlich anerkannten« Institution eigener Wahl bekommen. Die Erziehungsdienstleistung könnte dabei auf privater Basis von gewinnorientierten Unternehmen angeboten werden – oder auch von nicht-gewinnorientierten. Die Rolle des Staates würde sich darauf beschränken, dafür zu sorgen, dass alle Schulen einen bestimmten Minimum-Standard aufweisen. Der Staat könnte beispielsweise für einen Mindest-Katalog an angebotenem Lehrstoff sorgen, wie er heute Gastwirtschaften inspizieren lässt, um bestimmte Mindestbedingungen in sanitärer und hygienischer Hinsicht zu sichern. Ein ausgezeichnetes Beispiel für ein solches Programm war das Ausbildungssystem für die amerikanischen Kriegsveteranen nach dem Zweiten Weltkrieg. Jeder qualifizierte Veteran erhielt pro Jahr einen bestimmten Höchstbetrag, den er auf einer Ausbildungsstätte seiner Wahl ausgeben konnte, vorausgesetzt, dort waren die Mindesterfordernisse gegeben. Ein mehr begrenztes ähnliches Beispiel ist in England die Bestimmung, dass örtliche Verwaltungsbehörden für einige Studenten die Kosten übernehmen, damit sie auf nichtstaatliche Schulen gehen können. Ähnlich gibt es auch in Frankreich Vereinbarungen, wonach der Staat die Kosten für Studenten übernimmt, die nicht-staatliche Schulen besuchen.

Ausgehend von dem Nebeneffekt lautet ein Argument für die Sozialisierung des Schulwesens, dass es sonst unmöglich sei, den Mindestkatalog an sozialen Werten zu sichern, die man für eine gesellschaftliche Stabilität braucht. Dass man in privat geführten Schulen für Mindest-Standards sorgt, wie oben vorgeschlagen, muss nicht auch hinreichen, um diese soziale Variante abzusichern. Das Problem kann besonders gut anhand der Schulen dargelegt werden, die von verschiedenen religiösen Gruppen geführt werden. Solche Schulen, so wird man argumentieren, können bestimmte Werte vermitteln, die mit anderen Werten nicht übereinstimmen, vor allem nicht mit den in nicht-religiösen Schulen vermittelten. Daher würde das Erziehungswesen in eine trennende Einrichtung verwandelt – anstatt in eine einende Kraft. Zu Ende gedacht führt dieses Argument nicht nur zu einzig und allein vom Staat betriebenen Schulen, sondern auch zum zwangsweisen Besuch aller in nur diesem Schultyp. Die in den Vereinigten Staaten und den meisten anderen westlichen Staaten bestehenden Bestimmungen sind hier auf halbem Wege stehen geblieben. Staatlich geführte Schulen sind vorhanden, aber nicht obligatorisch. Indessen hat die enge Verbindung zwischen der finanziellen Subvention der Schulen und ihrer Verwaltung den anderen Schulen Nachteile gebracht: Diese erhalten nur wenig oder gar nichts aus dem staatlichen Topf, aus dem die Schulen unterstützt werden. Diese Situation hat viel politischen Ärger in Frankreich und in letzter Zeit auch in den Vereinigten Staaten hervorgerufen. Wollte man die Nachteile zum Verschwinden bringen – so wird befürchtet –, würde dies die religiösen Schulen ungemein stärken und das Problem, zu einem gemeinsamen sozialen Wertsystem zu gelangen, nur verstärken.

Jedoch: So überzeugend dieses Argument auch ist, so scheint doch auf keinen Fall schon sicher, dass es sehr wertvoll ist oder dass eine »Reprivatisierung« des Schulsystems gerade diese Effekte haben würde. Aus Gründen, die im Prinzipiellen liegen, stößt dieses Argument mit der Erhaltung der Freiheit selbst zusammen. Bestimmte soziale Werte zu sichern, die für eine stabile Gesellschaft unabdingbar sind, und eine Indoktrination, die Gedankenfreiheit und Glaubensfreiheit verhindert: Zwischen beiden die Grenze zu ziehen ist wieder eine der Grenzen, die leichter zu erwähnen als klar zu erkennen und zu definieren sind.

Um bei der Effizienz zu bleiben: Die »Reprivatisierung« des Schulwesens würde die Wahlmöglichkeit der Eltern erweitern. Wenn es so ist wie gegenwärtig, da die Eltern ihre Kinder auf öffentliche Schulen schicken können, ohne dafür gesondert bezahlen zu müssen, werden oder wollen nur ganz wenige ihre Kinder auf andere Schulen schicken – es sei denn, diese Schulen sind auch subventioniert. Die religiösen Schulen haben zwar den Nachteil, dass sie keine Mittel aus den öffentlichen Fonds bekommen, die für das Schulwesen vorhanden sind, dafür haben sie jedoch den Vorteil, von Institutionen unterhalten zu werden, die ihrerseits diese Schulen unterstützen wollen und auch die Mittel dafür bereitstellen können. Sonstige Unterstützungsmöglichkeiten für private Schulen gibt es kaum. Wenn die gegenwärtig gezahlten Subventionen des Staates statt für die Schulen auf einmal für die Eltern zur Verfügung stünden, und zwar ohne Rücksicht darauf, wohin sie ihre Kinder zur Schule schickten, würde schlagartig eine weite Vielfalt von Schulen entstehen, um die sich dann entwickelnde Nachfrage zu befriedigen. Die Eltern könnten ihre Meinung über die Schulen direkt ausdrücken, indem sie ihre Kinder aus der einen Schule nehmen und in eine andere Schule schicken, jedenfalls in einem ungleich größeren Umfang, als das heute möglich ist. Heute können sich Eltern dies nur in Verbindung mit sehr hohen Kosten leisten – indem sie ihre Kinder in eine private Schule schicken oder indem sie sich einen neuen Wohnsitz suchen. Im Übrigen können sie ihre Ansichten nur durch umständliche politische Kanäle zum Ausdruck bringen. Vielleicht könnte auch ein etwas größerer Grad an Freiheit bei der Auswahl der Schule in einem System der staatlich verwalteten Schulen eingeführt werden, aber diese Freiheit würde kaum weit reichen, da sie durch die Verpflichtung eingeengt wäre, jedem Kind auch einen Schulplatz zu garantieren. Auch hier – wie überall – könnte privates Unternehmertum wahrscheinlich viel effizienter die Wünsche der Konsumenten befriedigen als entweder verstaatlichte Unternehmen oder Unternehmen, die eigentlich anderen Zwecken dienen sollten. Das Resultat wäre vermutlich überdies, dass religiöse Schulen in ihrer Bedeutung eher ab- als zunähmen.

Hiermit hängt noch ein Weiteres zusammen: Eltern, die ihre Kinder auf religiöse Schulen schicken, werden sich verständlicherweise weigern, mehr Steuern zu zahlen, um damit die Ausgaben für das höhere Schulsystem aufzubringen. Die Gebiete, in denen religiöse Schulen eine größere Rolle spielen, haben daher große Schwierigkeiten, Mittel für öffentliche Schulen aufzubringen. Und da Qualität mit den dafür ausgegebenen Mitteln zusammenhängt, werden die öffentlichen Schulen in diesen Gebieten wahrscheinlich eine geringere Qualität aufweisen, weshalb die religiösen Schulen auch attraktiver sein dürften.

Ein weiteres Unterargument zu der Aussage, dass die staatlich geführten Schulen wichtig sind für die Erziehung, liegt in der Behauptung, dass sie ein vereinheitlichender Faktor sind, während private Schulen die Tendenz haben, die Klassengegensätze zu verschärfen. Sobald sie die Freiheit hätten, ihre Kinder dorthin zu senden, wohin sie wollten, würden sich ähnlich denkende Eltern zusammentun und dadurch eine gesunde Mischung von Kindern aus verschiedenen Schichten verhindern. Ganz unabhängig davon, ob dieses Argument Wert hat oder nicht: Es ist keineswegs klar, dass es überhaupt dahin kommen würde. So wie es jetzt ist, verhindert die verschiedene Schichtung der einzelnen Wohngebiete eine Mischung von Kindern aus verschiedenen sozialen Schichten. Außerdem gibt es schon jetzt kein Hindernis für Eltern, ihre Kinder auf private Schulen zu schicken. Nur eine sehr kleine Klasse könnte daher eine weitere Abkapselung und Schichtung bewirken – nimmt man die religiösen Schulen einmal aus.

Dieses Argument scheint mir jedoch in die ganz entgegengesetzte Richtung zu zeigen – hin zu einer »Reprivatisierung« der Schulen. In welcher Beziehung ist denn der Bewohner eines Stadtteils mit allgemein niedrigem Einkommen – ganz zu schweigen von einem Schwarzengetto in einer größeren Stadt – am meisten benachteiligt? Wenn er besonderen Wert, sagen wir, auf ein Auto legt, kann er sich nach entsprechendem Sparverhalten genau das gleiche Auto kaufen wie der Einwohner eines wohlhabenden Stadtteils. Um das zu erreichen, muss er nicht umziehen. Im Gegenteil: Er bekommt das Geld für das Auto sogar leichter, weil er an seiner Wohnung spart. Und genauso ist es mit Kleidung, Möbeln, Büchern oder was es auch immer sei. Aber man lasse nur einmal eine arme Familie in einem Slum ein begabtes Kind haben und diese Familie die Erziehung des Kindes so hoch einschätzen, dass sie freiwillig knausert und sich für diesen Zweck einschränkt. Wenn die Familie nicht eine besondere Unterstützung erhält oder ein Stipendium für das Kind in einer der wenigen privaten Schulen, ist die Familie in einer sehr schwierigen Situation. Die »guten« öffentlichen Schulen liegen alle in den Vierteln mit hohem Einkommen. Die Familie möchte vielleicht auch etwas mehr ausgeben zu dem, was sie an Steuern zahlt, um für ihr Kind eine bessere Erziehung zu erhalten. Aber auf keinen Fall kann sie sich gleichzeitig leisten, in ein anderes Viertel zu ziehen, wo alles teurer ist.

Unsere Anschauung in diesem Punkt ist noch immer von der kleinen Stadt geprägt, in der es nur eine Schule für die Armen und die Reichen gibt. Unter diesen Umständen können öffentliche Schulen möglicherweise für eine gewisse Chancengleichheit sorgen. Mit dem Anwachsen der Städte und vor allem der Vorstädte hat sich die Situation jedoch drastisch geändert.

Weit davon entfernt, für eine Chancengleichheit zu sorgen, erreicht unser gegenwärtiges Schulsystem das genaue Gegenteil. Es macht es für die wenigen Ausnahmen immer schwieriger, sich über die Armut ihres ursprünglichen Sozialstatus zu erheben – und gerade auf ihnen ruhen doch die Hoffnungen der Zukunft.

Ein weiteres Argument für die Sozialisierung der Schulen ist ihr »technisches Monopol«. In kleinen Gemeinden und ländlichen Bezirken sei die Anzahl von Kindern eben zu klein, um mehr als eine Schule von vernünftiger Größe zuzulassen, sodass man sich nicht auf die Konkurrenz verlassen kann, um die Interessen von Eltern und Kindern zu schützen. Wie auch in anderen Bereichen, in denen ein technisches Monopol besteht, gibt es als Alternativen nur das unbeschränkte private Monopol, das staatlich kontrollierte private Monopol und die öffentliche Unternehmung – eine Auswahl unter Übeln. Obwohl es natürlich nach wie vor gilt, hat doch das Argument in den letzten Jahrzehnten sehr an Bedeutung verloren, weil es Verbesserungen im Transportsystem gegeben hat und eine zunehmende Konzentration der Bevölkerung in städtischen Gemeinden.

Die Lösung, die all diesen Überlegungen wohl am nächsten kommt, ist eine Kombination von privaten und öffentlichen Schulen – zumindest für die Volks- und Mittelschulen. Eltern, die sich dazu entschließen, ihre Kinder auf private Schulen zu schicken, erhalten dann eine Summe, die etwa den Kosten entspricht, die ein Ausbildungsplatz in einer staatlichen Schule verursacht, unter der Voraussetzung, dass zumindest diese Summe für die Erziehung an einer anerkannten Schule ausgegeben wird. Diese Lösung würde auch dem durchaus richtigen Argument vom »technischen Monopol« entsprechen. Es würde die gerechten Klagen der Eltern berücksichtigen, die ihre Kinder auf private Schulen schicken wollen, die nicht subventioniert sind, und die dann zweimal für die Erziehung bezahlen müssten – einmal in Form von Steuern und zum zweiten Mal direkt. Es würde auch dazu beitragen, dass sich eine Konkurrenz ergäbe. Dadurch würde sich eine Weiterentwicklung und eine Verbesserung aller Schulen ergeben. Die Einführung von Wettbewerb würde auch eine gesunde Vielfalt im Schulsystem herbeiführen. Das trüge auch sehr dazu bei, dass eine größere Flexibilität in das Schulsystem kommt. Und nicht zuletzt würden die Gehälter der Schullehrer die Marktkräfte widerspiegeln. Die staatliche Verwaltung hätte damit zugleich einen unabhängigen Maßstab, an dem sie die Höhe ihrer Gehälter messen könnte, und schließlich würde eine schnellere Abstimmung von Nachfrage und Angebot erfolgen.

Oft hört man Vorhaltungen, dass die große Not im Schulwesen darin liege: mehr Geld für den Bau neuer Räume zur Verfügung zu stellen und höhere Löhne für die Lehrer zu zahlen, damit bessere Lehrer kommen. Diese Diagnose scheint jedoch falsch zu sein. Der Geldbetrag, der ins Schulsystem fließt, ist außerordentlich stark angestiegen, viel stärker als unsere gesamten Einkommen. Die Gehälter der Lehrer sind auch viel stärker gestiegen als die Einkünfte in anderen vergleichbaren Berufen. Das Problem ist nicht so sehr, dass wir zu wenig Geld ausgeben – obwohl das durchaus der Fall sein kann –, sondern dass wir so wenig für unser Geld bekommen. Vielleicht sind die Ausgaben für großartige Gebäude und luxuriöse Interieurs in manchen Schulen durchaus zu Recht als Ausgaben für das Schulwesen klassifiziert. Es ist indessen schwer, sie auch als Ausgaben für das Erziehungswesen zu akzeptieren. Und das gilt ebenso für die Schulstunden, die für Korbflechten, Tanzunterricht und die vielen anderen Fächer gegeben werden, die für den Scharfsinn vieler Erzieher so bezeichnend sind. Natürlich möchte ich gleich hinzufügen, dass es keinen triftigen Einwand geben kann, wenn Eltern ihr eigenes Geld für solche Mätzchen ausgeben wollen, so sie es möchten. Das ist ihr Problem. Man muss sich nur dagegen wenden, wenn Geld, das auf dem Wege über allgemeine Steuern aufgebracht wird, und zwar Steuern, die von Eltern und Nicht-Eltern gleichermaßen bezahlt werden müssen, für solche Zwecke ausgegeben wird. Worin liegen wohl die »Nebeneffekte«, die einen solchen Gebrauch von Steuergeldern rechtfertigen?

Eine Hauptursache für diesen Gebrauch öffentlicher Mittel liegt darin, dass die Finanzierung der Schule mit ihrer Verwaltung zusammenfällt. Die Eltern, die es lieber sähen, wenn das Geld für bessere Lehrer und Bücher und nicht für Sport-Trainer und Korridore ausgegeben würde, haben keine andere Möglichkeit, ihre Präferenzen auszudrücken, als die Mehrheit davon zu überzeugen, dass die Mischung für alle geändert werden muss. Hier haben wir es wieder mit dem einen speziellen Fall der allgemeinen Regel zu tun, dass der Markt es jedem erlaubt, seine eigenen Wünsche zu befriedigen – also eine effektive proportionale Repräsentation darstellt, während der politische Willensbildungsprozess eine bestimmte Konformität auferlegt. Auch sind die Eltern, die noch etwas zusätzliches Geld für die Erziehung ihrer Kinder ausgeben wollen, stark behindert. Sie können nicht einfach hingehen und mehr Geld für die Erziehung ihrer Kinder ausgeben und ihr Kind etwa in eine etwas teurere Schule schicken. Wenn sie ihr Kind auf die andere Schule schicken wollen, müssen sie nicht nur den Differenzbetrag zwischen den Kosten für die eine und die andere Schule bezahlen, sondern die gesamten höheren Schulgebühren. Jetzt können die Eltern bestenfalls zusätzliches Geld für Aktivitäten ihrer Kinder außerhalb des Stundenplans ausgeben – etwa Tanzstunden, Musikstunden etc. Da die Möglichkeiten der Privatleute, mehr Geld für die Erziehung auszugeben, so blockiert sind, entsteht dauernd Druck, mehr für die Erziehung auf dem Wege über öffentliche Ausgaben auszugeben, und das alles in immer neuen und zusätzlichen Bereichen, die mit dem Bereich, der ursprünglich ein staatliches Eingreifen in die Erziehung rechtfertigte, nichts mehr zu tun haben.

Wird es zu der vorgeschlagenen Lösung kommen, bedeutet dies weniger staatliche Ausgaben für die Erziehung bei insgesamt höheren Ausgaben. Eltern wären dann in der Lage, das zu kaufen, was sie wirklich wollen, und außerdem effizienter, und das würde dazu führen, dass die Eltern mehr ausgeben, als sie jetzt direkt und indirekt, durch Steuern, tun. Diese Lösung würde verhindern, dass Eltern frustriert werden, indem sie immer mehr Geld für die Schulen ausgeben, weil es eben zurzeit so üblich ist. Niemand brauchte sich auch Gedanken zu machen über die verständliche Abneigung anderer Leute, die gerade keine Kinder auf der Schule haben, und vor allem der Leute, die auch in Zukunft keine Kinder in der Schule haben werden und sich dennoch höhere Steuern gefallen lassen müssen für Zwecke, die weit von dem entfernt sind, was sie unter Erziehung gemeinhin verstehen.[2]

Was die Lehrergehälter angeht, so ist das Hauptproblem nicht, dass sie im Durchschnitt zu niedrig liegen – es ist durchaus möglich, dass sie im Durchschnitt sogar zu hoch liegen –, sondern vielmehr, dass sie zu gleichförmig und zu wenig flexibel sind. Mäßige Lehrer sind stark überbezahlt und gute Lehrer ebenso stark unterbezahlt. Das Gehaltsschema ist meist einförmig und wird in viel stärkerem Maße von Faktoren wie Dienstalter, akademischen Graden und Zeugnissen als von der tatsächlichen Leistung bestimmt. Dies ist ebenfalls zum großen Teil die Folge des gegenwärtigen Systems der Schulverwaltung durch den Staat, und das Problem wächst in dem Maße an, in dem die der staatlichen Kontrolle unterliegenden Einhei-

---

[2] Ein interessantes Beispiel für denselben Effekt ist der britische Gesundheitsdienst. In einer sorgfältigen und gründlichen Studie kommt D. S. Lee zu dem Schluss: »Die Ausgaben für den Nationalen Gesundheitsdienst sind keineswegs zu hoch. Sie sind sogar geringer als das, was die Konsumenten wahrscheinlich auf einem freien Markt ausgeben würden. Besonders die Ergebnisse des Baus von Krankenhäusern sind unter den gegenwärtigen Umständen beklagenswert.« (Health Through Choice, Hobart Paper 14, London: Institute of Economic Affairs, 1961, S. 58)

ten größer werden. Just diese Tatsache ist außerdem ein Hauptgrund für die Befürwortung einer Erweiterung des Einflusses von professionellen Organisationen des Erziehungswesens – vom örtlichen Schulbezirk zum Bundesstaat, vom Staat zur Bundesregierung. In jeder bürokratischen Organisation, die in der Hauptsache aus Angehörigen des Staatsdienstes besteht, sind genormte Gehaltsschemata so gut wie unausweichlich; es ist so gut wie ausgeschlossen, freien Konkurrenzkampf zu imitieren, bei dem große Gehaltsunterschiede nach Leistung entstehen. Die Erzieher – also die Lehrer selber – üben meist die Kontrolle über sich selbst aus. Die Elternschaft oder die örtliche Gemeinde übt wenig Kontrolle aus. Auf allen Gebieten – sei es die Schreinerei, die Klempnerei oder das Erziehungswesen – befürwortet die Mehrzahl der Beschäftigten genormte Gehaltsschemata und ist gegen Unterschiede auf Leistungsbasis; dies hat seinen einfachen Grund darin, dass es immer nur wenige besonders talentierte Personen in einem Berufszweig gibt. Es handelt sich hier um einen Sonderfall der allgemein zu beobachtenden Tendenz, durch Übereinkunft zu Preisfixierungen zu gelangen – sei es durch Gewerkschaften oder durch industrielle Monopolformierungen. Geheime Übereinkünfte werden jedoch im Allgemeinen durch Konkurrenz aufgelöst, es sei denn, die Regierung fördert sie oder gewährt ihnen doch zumindest beträchtliche Unterstützung.

Wenn man die Absicht hätte, ein System der Einstellung und Entlohnung von Lehrern mit dem Ziel einzuführen, schöpferische, unternehmungslustige und selbstbewusste Persönlichkeiten abzustoßen und die langweiligen, mittelmäßigen und initiativ- und ideenlosen Leute anzulocken, so brauchte man nur das System zu übernehmen, bei dem Zeugnisse vorgelegt werden müssen und in dem eine genormte Gehaltsstruktur besteht, ganz wie es sich in den großen Städten und auch in vielen Bundesstaaten entwickelt hat. Es überrascht vielleicht, dass sich in den Grund- und Oberschulen unter diesen Umständen überhaupt ein so hohes Qualitätsniveau entwickelt hat, wie es momentan besteht. Das Alternativsystem würde für diese Probleme Abhilfe schaffen und Wettbewerb ermöglichen, der sich auf eine leistungsgerechte Entlohnung auswirken und den Lehrberuf wieder attraktiver machen würde.

Wie kam es, dass sich in den Vereinigten Staaten die Einflussnahme des Staates auf das Schulwesen derartig entwickelte? Ich verfüge nicht über die detaillierte Kenntnis der Geschichte des Erziehungswesens, die zu einer definitiven Beantwortung dieser Frage erforderlich wäre. Einige Hinweise könnten dennoch nützlich sein in Bezug auf die Überlegungen, die zur Änderung der sozialen Politik führen. Ich bin keinesfalls davon überzeugt, dass die Lösungen, die ich hier vorschlage, tatsächlich vor hundert Jahren schon wünschenswert gewesen wären. Vor dem außerordentlichen Anwachsen der Transportmöglichkeiten war das Argument des »technischen Monopols« weitaus schwerwiegender. Ebenso bedeutsam ist, dass in den Vereinigten Staaten im 19. und zu Beginn des 20. Jahrhunderts das Hauptproblem darin lag, nicht die Vielfalt zu unterstützen, sondern vielmehr einen Kern von allgemein gültigen Werten zu schaffen, der für eine stabile Gesellschaft unerlässlich ist. Große Mengen von Einwanderern kamen aus allen Teilen der Welt in die Vereinigten Staaten, die verschiedene Sprachen und unterschiedliche Gebräuche hatten. Der »Schmelztiegel« musste ein gewisses Maß an Konformität und Loyalität gegenüber den allgemein gültigen Werten schaffen. Dem öffentlichen Schulwesen kam bei der Verwirklichung dieser Aufgabe eine wichtige Funktion zu, nicht zuletzt durch die Einführung des Englischen als der gemeinsamen Sprache. Unter unserem alternativen System mit den Gutscheinen könnte der Mindeststandard für die Qualifikation von Schulen die Anwendung der englischen Sprache eingeschlossen haben. Es wäre jedoch wahrscheinlich schwieriger gewesen, die Erfüllung dieser Voraussetzung in einem System privater Schulen sicherzustellen. Ich möchte nicht so weit gehen, zu sagen, das System der öffentlichen Schulen wäre der Alternativlösung in jeder Hinsicht vorzuziehen gewesen, sondern meine vielmehr nur, dass seine Vorteile damals viel deutlicher waren als heute. Unser Problem ist heute nicht mehr die Durchsetzung der Konformität. Wir müssen vielmehr die Differenzierung fördern, und die Alternativlösung bietet hierzu weitaus geeignetere Möglichkeiten als das sozialisierte Schulwesen.

Ein weiterer Faktor, der vor hundert Jahren von Bedeutung war, lag in der Verbindung der allgemeinen Missachtung von Bargeldzuwendungen an Einzelpersonen (»Handgeld«) mit dem Nicht-Vorhandensein einer wirksamen Verwaltungsmaschinerie zur Verteilung der Gutscheine und zur Überwachung ihrer Verwendung. Ein derartiger Apparat ist eine Erscheinung der Gegenwart, die mit der enormen Ausweitung des Steuerwesens und des Sozialwesens zu voller Blüte kam. In Ermangelung einer derartigen Maschinerie mag die staatliche Schulverwaltung als einzige Möglichkeit zur Sicherstellung der Finanzierung des Erziehungswesens angesehen worden sein.

Wie schon in einigen weiter oben zitierten Beispielen aufgezeigt (England und Frankreich), kommen bereits einige Aspekte der vorgeschlagenen

Einrichtungen in gegenwärtig bestehenden Erziehungssystemen zur Anwendung. Und ich glaube, es besteht starker und zunehmender Druck zur Einführung derartiger Systeme in den meisten westlichen Ländern. Dies lässt sich vielleicht teilweise aus der Entwicklung der modernen Regierungsverwaltungsmaschinerien erklären, die derartige Einrichtungen erleichtern.

Obschon es bei der Umstellung des gegenwärtigen auf das vorgeschlagene System und bei der Verwaltung desselben mannigfache verwaltungstechnische Probleme geben würde, erscheinen diese jedoch weder unlösbar noch außerordentlich komplex. Wie bei der Reprivatisierung anderer Bereiche würden die bestehenden Einrichtungen an private Unternehmer verkauft werden, die sich auf diesem Gebiet betätigen möchten. Daher gäbe es keine Kapitalverschwendung bei der Umstellung. Da zumindest in einigen Gebieten Regierungsstellen auch weiterhin die Schulverwaltung in der Hand behielten, würde die Umstellung allmählich und ohne große Schwierigkeiten vor sich gehen. Die örtliche Verwaltungsstruktur des Schulwesens in den Vereinigten Staaten und einigen anderen Ländern würde gleichermaßen die Umstellung durch den Anstoß zu Experimenten auf unterer Ebene erleichtern. Aus der Festsetzung des Anspruchs auf Unterstützungszuwendungen von Seiten einer bestimmten Regierungsstelle werden sich zweifelsohne Schwierigkeiten ergeben; diese sind jedoch identisch mit dem gegenwärtigen Problem der Festlegung, welche öffentliche Hand verpflichtet ist, für welches bestimmte Kind Unterrichtsmöglichkeiten zu erstellen. Unterschiede in der Höhe der Zuwendungen würden ein Gebiet attraktiver als ein anderes machen, so wie Unterschiede in der Schulqualität heute die gleiche Wirkung haben. Das einzige zusätzliche Problem läge in der möglichen Gelegenheit des Missbrauchs durch die erhöhte Freiheit bei der Entscheidung, wo ein Kind erzogen werden soll. Die angenommene Erschwernis auf dem Gebiet der Verwaltung ist ein Standardargument zur Verteidigung des Status quo gegen vorgeschlagene Änderungen; in diesem besonderen Fall ist dies freilich ein noch schwächeres Argument als gewöhnlich, da im gegenwärtigen Zustand nicht nur die Hauptprobleme der vorgeschlagenen Lösungen, sondern ebenso die zusätzlichen Probleme gemeistert werden müssen, die durch die Verwaltung von Schulen durch den Staat aufgeworfen werden.

Das Erziehungswesen auf College- und Universitätsebene

Die vorangegangene Betrachtung beschäftigte sich in der Hauptsache mit der Erziehung in den Grund- und Mittelschulen. Das Argument für eine Sozialisierung aufgrund der Nebenwirkungen oder des technischen Monopols ist für das höhere Schulwesen noch viel schwächer. Bei der Erziehung auf der untersten Ebene besteht weit gehende Übereinstimmung, die fast schon einmütig genannt werden kann, über den ungefähren Gehalt des Erziehungsprogramms für die Bürger eines demokratischen Staatswesens. Diese Übereinstimmung wird jedoch immer geringer, diskutiert man die höhere Erziehung. Sicherlich besteht schon ein gutes Stück unterhalb der College-Ebene in Amerika zu wenig Übereinstimmung, als dass damit die Durchsetzung der Meinung der Mehrheit gerechtfertigt wäre, von der einer Pluralität ganz zu schweigen. Der Mangel an Übereinstimmung mag tatsächlich so weit gehen, dass man an der Berechtigung von Subventionen für das Erziehungswesen auf dieser Ebene zweifeln kann; ganz bestimmt geht der Zweifel weit genug, um jedwede Forderung nach Sozialisierung aufgrund eines Konsensus über allgemeine Wertbegriffe zu untergraben. Es kann auch kaum das Argument des »technischen Monopols« der Entfernungen angeführt werden, die Einzelpersonen zurücklegen können und tatsächlich zurücklegen, um höhere Lehranstalten besuchen zu können.

In den Vereinigten Staaten spielen staatliche Institutionen im höheren Unterrichtswesen eine geringere Rolle als auf der Ebene der Grund- und Mittelschulen. Dennoch wuchs ihre Bedeutung ständig an, insbesondere bis in die Zwanzigerjahre, und heute ist mehr als die Hälfte aller College- und Universitätsstudenten auf staatlichen Institutionen eingeschrieben.[3] Einer der Hauptgründe für ihre zunehmende Bedeutung war ihre relative Preisgünstigkeit; die meisten Colleges und Universitäten der Staaten und Städte erheben weitaus niedrigere Gebühren, als sie von privaten Universitäten erhoben werden müssen. Die privaten Universitäten hatten als Folge davon ernsthafte finanzielle Probleme und sie haben sich völlig zu Recht über die »unfaire« Konkurrenz beschwert. Sie waren bestrebt, ihre Unabhängigkeit vom Staat aufrechtzuerhalten, wurden jedoch zur gleichen Zeit

---

[3] Siehe George J. Stigler, *Employment and Compensation in Education*, Occasional Paper No. 33, New York: National Bureau of Economic Research, 1950, S. 33.

aus finanzieller Not dazu gezwungen, sich um staatliche Subventionen zu bemühen.

Diese Analyse zeigt, in welcher Richtung eine befriedigende Lösung gesucht werden muss. Öffentliche Ausgaben für das Hochschulwesen lassen sich durch die Absicht rechtfertigen, junge Menschen als Staatsbürger und als Führungskräfte in der Allgemeinheit auszubilden – ich muss jedoch sofort hinzufügen, dass damit ein großer Teil der gegenwärtigen Ausgaben für ausschließliche Zwecke der Berufsausbildung nicht gerechtfertigt werden kann und auch nicht auf andere Weise, wie wir noch sehen werden. Die Subventionen für das Grundschulwesen auf staatliche Institutionen zu beschränken ist mit keiner Begründung zu rechtfertigen. Jegliche Zuwendungen sollten an Einzelpersonen erteilt werden mit der Möglichkeit, sie für Lehrformen ihrer eigenen Wahl auszugeben, und der einzigen Auflage, dass der Unterricht förderungswürdiger Natur ist. Alle vom Staat unterhaltenen Einrichtungen sollten die Lehrkosten voll über ihre Gebühren verlangen und so auf gleicher Ebene mit den nicht mit öffentlichen Mitteln unterstützten Anstalten in Wettbewerb treten.[4] Das hieraus sich ergebende System würde im Großen und Ganzen den nach Ende des Zweiten Weltkrieges in den Vereinigten Staaten getroffenen Vorkehrungen zur Finanzierung des Unterrichts von ehemaligen Soldaten entsprechen, mit der Ausnahme, dass die Mittel bei unserem Modell wahrscheinlich von den einzelnen Bundesstaaten und nicht von der Bundesregierung kommen würden. Die Verwirklichung derartiger Pläne würde zu einem wirkungsvolleren Wettbewerb zwischen den unterschiedlichen Arten von Lehranstalten und zur wirkungsvolleren Verwendung ihrer Mittel führen. Sie würde den Zwang für private Colleges und Universitäten, direkte Unterstützung seitens der Regierung zu erlangen, aufheben und damit ihre volle Unabhängigkeit und Vielfalt bewahren und ihnen gleichzeitig ein den staatlichen Anstalten entsprechendes Wachstum ermöglichen. Überdies würde sich hieraus der zusätzliche Vorteil der Überwachungsmöglichkeit der Zwecke, für die Zuwendungen erfolgen, ergeben. Die Subventionierung der Ausbildungsanstalten anstelle der Einzelpersonen hat zu wahlloser Unterstützung aller Aktivitäten geführt, die derartige Institutionen entfaltet haben, anstatt zu einer Subventionierung derjenigen Aktivitäten, die von Staats wegen Unterstützung verdienen. Selbst eine oberflächliche Betrachtung zeigt, dass sich die beiden

---

4 Ich lasse hier Ausgaben für die Grundlagenforschung aus. Ich habe den Begriff des Lehrwesens eng abgegrenzt, um unerwünscht weit gespannte Überlegungen auszuschließen.

Arten von Aktivitäten zwar überschneiden, dabei aber doch weit entfernt davon sind, miteinander identisch zu sein.

Das Argument gleicher Bedingungen bei der Alternativlösung wird besonders bei Colleges und Universitäten deutlich, da dort eine große Zahl und Vielfalt privater Lehrinstitutionen besteht. Beispielsweise sagt der Staat Ohio zu seinen Bürgern: »Wenn Sie ein Kind haben, das auf ein College gehen möchte, so geben wir ihm automatisch ein beachtliches Stipendium über einen Zeitraum von vier Jahren, vorausgesetzt, es erfüllt die ziemlich minimalen Voraussetzungen, die wir für diese Ausbildung stellen, und weiter vorausgesetzt, es ist intelligent genug, auf die University of Ohio gehen zu wollen. Falls es jedoch gern auf das Oberlin College, die Western Reserve University oder gar nach Harvard, Yale, Northwestern, Beloit oder auf die University of Chicago gehen möchte oder wenn Sie dies möchten, werden wir keinen Pfennig geben.« Wie lässt sich ein derartiges Unterstützungsprogramm rechtfertigen? Wäre es nicht der Gleichheit weitaus dienlicher und würde nicht ein höheres Niveau bei den Stipendiaten erreicht werden, wenn derartige Beträge, wie sie der Staat Ohio für Hochschulbildung ausgeben will, für Stipendien verwendet würden, die an jedem College oder an jeder Universität gültig sind, und wenn die University of Ohio dazu veranlasst würde, auf gleicher Basis mit anderen Colleges und Universitäten in Wettbewerb zu treten?[5]

Berufstraining und berufliche Fortbildung

Die berufliche Fortbildung kennt keine Beeinflussung durch Nebeneffekte, wie sie für die Erziehung im Allgemeinen geltend gemacht werden. Sie ist eine Form der Investition in menschliches Kapital, die der Investition in

---

[5] Ich beziehe mich hier auf Ohio und nicht auf Illinois, da seit dem Zeitpunkt der Niederschrift dieses Kapitels, von dem dieser Abschnitt eine Neufassung ist (1953), Illinois ein Programm eingeführt hat, das zum Teil in die von mir empfohlene Richtung geht; darin werden Stipendien für alle privaten Colleges und Universitäten in Illinois für gültig erklärt. Kalifornien hat das gleiche Schema verwirklicht. Aus einem völlig anderen Grund hat Virginia auf der Grundschul-Ebene ein ähnliches Programm verabschiedet, und zwar zur Vermeidung der Integration der Rassen. Der Fall des Staates Virginia wird im Kapitel 7 nähere Aufmerksamkeit finden.

Maschinen, Gebäude und andere Formen nichtmenschlichen Kapitals genau entspricht. Ihr Zweck ist die Erhöhung der wirtschaftlichen Produktivität des Menschen. Wenn dieses Ziel erreicht ist, wird der Einzelne in einer Gesellschaft des freien Wettbewerbs durch höhere Einkommen für seine Dienstleistungen belohnt, als er sie sonst erzielt hätte.[6] Dieser Unterschied in den Einkommen ist die wirtschaftliche Triebfeder zur Kapitalinvestition in Form von Menschen oder Maschinen. In beiden Fällen müssen die zusätzlichen Gewinne gegen die Kosten der Investitionen abgewogen werden. Die hauptsächlichen bei der Berufsausbildung entstehenden Kosten sind das während der Ausbildungszeit ausfallende Einkommen, das durch die Verzögerung des Beginns der Verdienstperiode verlorene Kapital sowie Sonderausgaben zur Durchführung der Ausbildung wie Lehrgebühren und Ausgaben für Bücher und Lehrmittel. Bei der Investition in physisches Kapital bestehen die Hauptkosten aus dem Ausbau der Anlagen und im Verlust während der Konstruktionsperiode. In beiden Fällen wird ein Mensch die Investition wohl als wünschenswert ansehen, wenn die zusätzlichen Einnahmen, wie er sie sieht, die zusätzlichen Kosten, wie er sie einschätzt, übertreffen.[7] In beiden Fällen trägt der Einzelne (oder seine Eltern, sein Förderer, sein Wohltäter) alle Sonderkosten und erhält alle zusätzlichen Einnahmen, solange der Staat die Investition nicht subventioniert und die Gewinne daraus nicht besteuert: Es bestehen offensichtlich keine Kosten, die nicht getragen werden könnten, oder etwa nicht zu bewertende Vorteile, die dazu beitragen, private Unternehmungen systematisch von solchen des allgemeinen Wohls zu trennen.

Wenn Kapital zur Investition in Menschen so leicht erhältlich wäre wie zur Investition in physische Mittel – sei es über den Markt oder durch Direktinvestition von Seiten der betroffenen Einzelpersonen oder ihrer Eltern oder Gönner –, wäre die Kapitalverzinsung auf beiden Gebieten ungefähr gleich hoch. Wenn sie für nichtmenschliche Kapitalanlage höher läge, bestünde für Eltern ein Anreiz, für ihre Kinder lieber derartiges Kapital zu er-

---

[6] Die erhöhten Einkünfte brauchen nur teilweise in finanzieller Form zu erfolgen; sie können auch in nicht-finanziellen Vorteilen bestehen, die zu der Beschäftigung dazugehören, für die der Einzelne durch seine Berufsausbildung vorbereitet wurde. In ähnlicher Weise kann die Beschäftigung auch nicht-finanzielle Nachteile haben, die zu den Investitionskosten gezählt werden müßten.

[7] Eine genauere und eingehendere Betrachtung der Beweggründe zur Ergreifung eines Berufes wird gegeben in Milton Friedman und Simon Kuznets, *Income from Independent Professional Practice*, New York: National Bureau of Economic Research, 1945, S. 81–95 und S. 118–137.

werben, anstatt eine entsprechende Geldmenge für Berufsausbildung aufzuwenden, und umgekehrt. Es besteht in der Tat beträchtlicher empirischer Anschein, dass die Kapitalverzinsung der Ausbildung wesentlich höher liegt als die Kapitalverzinsung von Investitionen im physischen Kapital. Dieser Unterschied lässt vermuten, dass bisher zu wenig Investitionen in menschliches Kapital vorgenommen wurden.[8]

Diese Erscheinung der Unterinvestition in menschliches Kapital spiegelt eine Unvollkommenheit des Kapitalmarktes wider. Die Investition in Menschen lässt sich nicht unter den gleichen Bedingungen und mit der gleichen Leichtigkeit wie die Investition in Sachanlagen finanzieren. Es lässt sich leicht einsehen, warum das so ist. Bei der Hergabe eines festen Geldbetrages zur Finanzierung von Investitionen in Sachanlagen ist es dem Verleiher möglich, eine gewisse Sicherheit für den aufgewendeten Betrag in Form von Hypotheken oder Restansprüchen auf die Sachanlagen zu erlangen, und er kann darauf vertrauen, im Falle einer Fehlinvestition zumindest einen Teil seiner Einlagen durch Veräußerung der Sachanlagen zurückzubekommen. Bei Zuteilung eines gleich hohen Kredits zur Erhöhung der Verdienstmöglichkeiten eines Menschen kann er ganz sicher keine vergleichbare Rücksicherung erlangen. In einem Staat, in dem die Sklaverei abgeschafft ist, kann der Mensch, auf den sich die Investition bezieht, weder gekauft noch verkauft werden. Selbst wenn dies möglich wäre, bestünde keine vergleichbare Sicherheit. Die Produktivität der Sachanlagen hängt im Allgemeinen nicht vom Willen zur Zusammenarbeit des Ausleihenden ab. Die Produktivität des menschlichen Kapitals tut dies jedoch ganz offensichtlich. Ein Kredit zur Finanzierung der Ausbildung eines Menschen, der keine andere Sicherheit bieten kann als sein zukünftiges Einkommen, ist daher weitaus weniger attraktiv als ein Kredit zur Errichtung eines Gebäudes: Es gibt hierbei weniger Sicherheit, und die Kosten und der Aufwand zur Erlangung der Zinsen und zur Rückgewinnung des Kapitals sind weitaus höher.

Eine zusätzliche Komplikation rührt daher, dass Barkredite zur Finanzierung von Ausbildungsinvestitionen nur ungern gegeben werden. Notwendigerweise beinhaltet eine derartige Investition ein großes Risiko. Der durchschnittlich erwartete Gewinn mag hoch liegen, doch gibt es, bezogen auf den Durchschnitt, große Differenzen. Tod oder Invalidität sind offensichtli-

---

[8] Siehe G.S. Becker, »Underinvestment in College Education?«, in: *American Economic Review*, Proceedings L (1960), S. 356–364; T. W. Schultz, »Investment in Human Capital«, in *American Economic Review*, LXI (1961), S. 1–17.

che Gründe für Unterschiede – sie sind aber möglicherweise viel weniger bedeutend als Unterschiede in Fähigkeiten, Energie und Glück. Daraus folgt, dass bei Erteilung fixierter Barkredite unter der einzigen Sicherheit zukünftig zu erwartender Einnahmen ein guter Teil niemals zurückgezahlt werden würde. Um derartige Kredite für Geldgeber attraktiv zu gestalten, müsste der nominelle Zinssatz auf alle Kredite genügend hoch sein, um die Kapitalverluste der nicht zurückgezahlten Kredite kompensieren zu können. Derartig hohe nominelle Zinssätze würden, sowohl mit der Wuchergesetzgebung als auch mit der Attraktivität für potenzielle Ausleiher in Widerspruch geraten.[9] Der Anspruch auf das Investitionskapital und beschränkte Haftung seitens der Anteilseigner wurden als Gegenmaßnahmen gegen entsprechend risikoreiche Investitionen anderer Art eingeführt. Das Gegenstück im Ausbildungswesen wäre, einen Anteil an den Verdienstaussichten einer Einzelperson zu »kaufen«; dies hieße, ihm die Mittel zur Finanzierung seiner Ausbildung zur Verfügung zu stellen unter der Bedingung seiner Bereitschaft, dem Kreditgeber einen festgelegten Anteil an seinen zukünftigen Einnahmen zu überlassen. Auf diese Art und Weise erlangte ein Kreditgeber bei relativ erfolgreichen Personen mehr als seine ursprüngliche Investition zurück, was einen Ausgleich dafür schaffen würde, dass er seine Erst-Investition bei erfolglosen Kreditnehmern nicht zurückbekäme.

Es scheinen keine gesetzlichen Hindernisse für den Abschluss privater Verträge dieser Art zu bestehen, obschon sie wirtschaftlich gesehen dem Erwerb eines Anteils an der Erwerbskraft eines Individuums entsprechen und somit teilweiser Sklaverei gleichkommen. Ein Grund dafür, dass derartige

---

[9] Trotz dieser Hindernisse in Bezug auf Barkredite höre ich, dass diese ein weit verbreitetes Mittel zur Finanzierung der Ausbildung in Schweden darstellen, wo sie offenbar zu bescheidenen Zinssätzen erhältlich sind. Eine mögliche Erklärung liegt vielleicht in der Tatsache, dass dort weniger Unterschiede im finanziellen Status der Universitätsabgänger bestehen als in den Vereinigten Staaten. Dies ist jedoch keine erschöpfende Erklärung und braucht nicht der Hauptgrund für die unterschiedliche Handhabung zu sein. Weiter gehende Untersuchungen des schwedischen Beispiels und ähnlicher Erfahrungen sind von großer Bedeutung, um zu erkennen, ob die angeführten Gründe das Fehlen eines hoch entwickelten Marktes für Kredite zur Finanzierung der Fachausbildung in den Vereinigten Staaten und in anderen Ländern ausreichend erklären oder ob es vielleicht noch andere Hindernisse gibt, die sich vielleicht leichter ausräumen lassen.
In jüngerer Vergangenheit war in den Vereinigten Staaten eine ermutigende Entwicklungstendenz in Richtung auf Privatkredite an College-Studenten zu beobachten. Dieser Trend wurde maßgeblich angeregt durch die United Student Aid Funds, eine nicht Gewinn bringende Institution, die als Partner der einzelnen Banken bei der Gewährung von Krediten auftritt.

Verträge nicht allgemein eingeführt sind, ungeachtet ihres potenziellen Nutzens für Kreditgeber und Kreditnehmer, liegt vermutlich in den beachtlichen verwaltungstechnischen Schwierigkeiten unter Berücksichtigung der Freiheit des Einzelnen, seinen Wohnsitz frei zu wählen, in der Notwendigkeit zur Erlangung exakter Einkommenserklärungen und in der Länge der Laufzeit derartiger Verträge. Diese Schwierigkeiten wären wahrscheinlich für kleinere Investitionen in einem großen geografischen Gebiet, auf das sich die unterstützten Einzelpersonen verteilen, besonders groß. Diese Nachteile können gut der Hauptgrund dafür sein, dass sich diese Form von Investition unter privater Schirmherrschaft niemals entwickelt hat.

Es erscheint jedoch als sehr wahrscheinlich, dass gewisse Imponderabilien eine Hauptrolle gespielt haben: der Gesamteffekt der Neuheit des Gedankens, Widerstand gegen die Einschätzung von Menschen als unmittelbar mit Sachwerten vergleichbare Existenz und die daraus resultierende Wahrscheinlichkeit irrationaler Ablehnung derartiger Verträge seitens der Öffentlichkeit – selbst angesichts deren Freiwilligkeitscharakters – sowie gesetzliche und konventionelle Einschränkungen der Investitionsarten, die von Finanzvermittlungsparteien getätigt werden können, die sich am besten für ein Engagement in derartigen Investitionsformen eignen, namentlich die Lebensversicherungsgesellschaften. Die potenziellen Gewinnmöglichkeiten, insbesondere für die Ersten auf diesem Gebiet, sind derart groß, dass sie es wert wären, große verwaltungstechnische Schwierigkeiten in Kauf zu nehmen[10].

Was auch immer der Grund sein mag, die Unvollkommenheit des Marktes führte zu einer zu geringen Investitionstätigkeit in Bezug auf menschliches Kapital. Das Eingreifen der Regierung ließe sich daher sowohl aufgrund des »technischen Monopols« begründen – insoweit, als der Hinderungsgrund für die Entstehung derartiger Investitionsformen in den

---

[10] Es ist amüsant, über die Möglichkeiten eines derartigen Wirtschaftszweiges und über einige damit verbundene Möglichkeiten zu Nebengewinnen zu spekulieren. Die ersten Unternehmen auf diesem Gebiet wären in der Lage, durch die Auferlegung sehr hoher Qualitätsanforderungen an die Personen, die zu unterstützen sie bereit sind, die besten Investitionsmöglichkeiten auszuwählen. Indem sie dies täten, würden sie den Gewinn aus ihren Investitionen durch die Erlangung öffentlicher Anerkennung der überragenden Qualität der von ihnen unterstützten Personen erhöhen: der Zusatz »Ausbildung finanziert durch die XYZ-Versicherungs-Gesellschaft« könnte zu einem Qualitätssymbol werden (wie »Von der Zeitschrift *Good Housekeeping* empfohlen«), wodurch das Kundeninteresse geweckt wird. Jegliche Form von sonstigen Diensten könnte von der XYZ-Gesellschaft »ihren« Ärzten, Rechtsanwälten, Zahnärzten usw. geliefert werden.

verwaltungstechnischen Schwierigkeiten lag – als auch aufgrund des Bestrebens, die Funktionsweise des Marktes zu verbessern – insofern, als der Hinderungsgrund einfach in Marktschwierigkeiten und Unzulänglichkeiten bestand.

Falls die Regierung eingriffe, würde sich die Frage nach dem Wie erheben. Die offensichtlichste Form der Intervention und bis jetzt die einzige, die tatsächlich erfolgte, ist die direkte Regierungsunterstützung der Berufsausbildung mittels Stipendien, die aus öffentlichen Mitteln herrühren. Diese Form scheint offensichtlich ungeeignet zu sein. Investitionstätigkeit sollte bis zu dem Punkt betrieben werden, an dem der Gewinn die Investitionskosten plus des darauf liegenden, vom Markt bestimmten Zinssatzes einbringt. Wenn die Investition in Bezug auf einen Menschen erfolgt, so steht der Gewinn in der höheren Entlohnung der Dienste dieses Menschen in Relation zu dem, was er sonst bekommen könnte. In einer Wirtschaft mit freiem Markt bekäme der Einzelne diesen Gewinn in Form seines persönlichen Einkommens ausgezahlt. Wenn die Investition subventioniert wäre, hätte er die Kosten hierfür nicht zu tragen. Daraus ergibt sich, dass bei Gewährung von Beihilfen an alle Ausbildungswilligen, die dabei auch das Minimum an Qualitätsanforderung erfüllt haben, eine Tendenz zur Überinvestition in Menschen bestünde, da alle einen Anreiz zur Durchführung der Ausbildung hätten, solange sie zusätzliche Gewinne über die persönlichen Belastungen hinaus erbrächte, auch wenn der Gewinn nicht zur Rückzahlung des investierten Kapitals ausreichte, geschweige denn, dass er noch einen Zinsgewinn erbrächte. Zur Vermeidung derartiger Überinvestitionen müsste die Regierung die Zuwendungen auf bestimmte Personen beschränken. Abgesehen von der Schwierigkeit bei der Bestimmung der »richtigen« Höhe der Investitionen, würde dies zur Folge haben müssen, dass die begrenzte Höhe der Investitionen auf teilwiese grundlegend willkürliche Art und Weise unter mehr Anspruch Erhebenden aufgeteilt werden müsste, als finanziert werden könnten. Diejenigen, die genug Glück haben, um eine Unterstützung in ihrer Ausbildung zu bekommen, würden sämtliche Vorteile aus der Investition ziehen, während die Belastungen von der Gesamtheit der Steuerzahler getragen werden müssten – eine völlig willkürliche und fast sicher pervertierte Einkommensumschichtung.

Das Ziel ist nicht die Einkommensneuverteilung, sondern die Dispositionsmöglichkeit von Kapital zu vergleichbaren Bedingungen für Investitionen in Menschen und Sachwerte. Der Einzelne sollte selbst die Kosten der Investition in ihn selbst tragen und die Vorzüge selbst genießen können. Er sollte nicht durch Unvollkommenheiten des Marktes davon abgehalten werden, die Investition zu tätigen, wenn er bereit ist, die Kosten zu tragen. Eine Möglichkeit zur Verwirklichung dieses Ziels wäre von Seiten des Staates die Einführung einer festverzinslichen Investitionsmethode für Menschen. Eine Regierungsbehörde könnte eingerichtet werden, die anbietet, die Ausbildung jeder Person, die einen bestimmten Mindestqualitätsstandard erfüllt, zu finanzieren oder zu der Finanzierung beizutragen. Sie würde jedes Jahr eine bestimmte Summe zur Verfügung stellen und dies über einen bestimmten Zeitraum unter der Voraussetzung, dass die Beträge für die Sicherstellung der Ausbildung an einer anerkannten Ausbildungsstätte verwendet würden. Der Empfänger würde seinerseits zustimmen, einen festgelegten Prozentsatz seiner Einnahmen über eine festgelegte Höhe hinaus für sämtliche zukünftige Jahre an die Regierung zu bezahlen, und zwar für jede 1000 Dollar, die er von der Regierung bekam. Diese Zahlung ließe sich leicht mit der Entrichtung der Einkommenssteuer koppeln und auf diese Weise wäre nur ein minimaler Aufwand an zusätzlichen verwaltungstechnischen Maßnahmen erforderlich. Die Höhe des Grundbetrages sollte auf die Höhe der geschätzten Durchschnittseinkünfte ohne die Spezialausbildung festgesetzt werden. Der Anteil, der aus den Einkünften zurückzahlbar wäre, sollte so berechnet werden, dass sich das gesamte Projekt selbst tragen kann. Auf diese Weise würden diejenigen, die eine Ausbildung erhielten, in der Tat die gesamten Kosten tragen. Der zu investierende Betrag könnte dann nach individuellem Wunsch festgelegt werden. Unter der Voraussetzung, dass dies die einzige Möglichkeit zur Finanzierung der Berufsausbildung durch die Regierung wäre und dass die errechneten Einnahmen der Gesamtheit der infrage kommenden Gewinne und Aufwendungen entsprächen, würde die Wahl der Einzelpersonen dahin gehen, die optimale Investitionsmenge zu erreichen.

Die zweite Voraussetzung wird leider kaum ganz erfüllt werden können, da es unmöglich ist, die nichtpekuniären oben erwähnten Vorteile ebenfalls einzuschließen. In der Praxis wären die Investitionen nach diesem Plan daher immer noch etwas zu niedrig und würden nicht in optimaler Form zuteilbar sein.[11]

---

[11] Ich schulde Harry G. Johnson und Parl W. Cook, Jr. Dank für den Rat, diesen Punkt zu erwähnen. In Bezug auf eine eingehendere Betrachtung der Rolle der nichtpekuniären Vorteile und Nachteile bei der Festlegung der Gewinne auf verschiedenen Gebieten, siehe Friedman und Kuznets, *Income from Independent Professional Practice*, a.a.O.

Aus einer Anzahl von Gründen wäre es vorzuziehen, wenn private Finanzierungsinstitute und nicht Gewinn bringende Institutionen wie Stiftungen und Universitäten diesen Plan aufstellen würden. Wegen der Schwierigkeiten bei der Schätzung des Grundverdienstes und des an die Regierung zu zahlenden Anteils an den Einkünften, die über dem Grundverdienst liegen, besteht die starke Gefahr, dass sich das Schema zu einem Spielball politischer Interessen entwickelt. Informationen über gegenwärtige Einkünfte in verschiedenen Berufszweigen wären nur oberflächliche Leitmarken für die erforderlichen Werte, um das Projekt sich selbst tragen zu lassen. Außerdem sollten die Höhe des Grundverdienstes und der Prozentanteil für verschiedene Personen unterschiedlich angesetzt werden, in Übereinstimmung mit eventuellen Unterschieden in der zu erwartenden Verdienstkapazität, die im Voraus zu bestimmen wären, so wie die Prämien für Lebensversicherungen für Gruppen mit unterschiedlichen Lebenserwartungen unterschiedlich hoch angesetzt sind.

Insoweit die Höhe der verwaltungstechnischen Aufwendungen ein Hindernis für die Entwicklung eines derartigen Plans auf privater Ebene darstellt, ist die angemessene Ebene der öffentlichen Hand zur Bereitstellung von Mitteln eher die der Bundesregierung als der Bundesstaaten oder der Kommunen. Jeder Staat hätte die gleichen Aufwendungen wie eine Versicherungsgesellschaft, zum Beispiel bei der Erfassung der Leute, deren Ausbildung durch das Programm finanziert würde. Diese Aufwendungen ließen sich, wenn auch nicht völlig ausschalten, so doch auf ein Minimum senken, wenn die Bundesregierung hierbei federführend wäre. Beispielsweise wäre jemand, der in ein anderes Land auswandert, rechtlich oder moralisch immer noch verpflichtet, den verabredeten Teil seiner Einkünfte zurückzuzahlen – bei der Erzwingung dieses Anspruchs könnten jedoch beachtliche Schwierigkeiten auftreten. Sehr erfolgreiche Personen könnten daher einen Hang zum Auswandern entwickeln. Ähnliche Probleme ergeben sich selbstverständlich – und in weitaus größerem Maße – aus dem System der Einkommensteuer. Dieses und andere verwaltungstechnische Probleme der Durchführung des Schemas auf Bundesebene erscheinen trotz Schwierigkeiten in Details nicht sehr ernst zu sein. Das ernste Problem ist das bereits erwähnte politische: wie verhindert werden kann, dass aus dem Schema ein Spielball politischer Interessen wird und dass in der Folge hiervon aus einem sich selbst tragenden Projekt ein Mittel zur Subventionierung beruflicher Ausbildung wird.

Doch wenn auch die Gefahren groß sind, sind es die Möglichkeiten ebenfalls. Bestehende Unvollkommenheiten am Kapitalmarkt bewirken, dass die kostspieligere Berufsausbildung auf Personen beschränkt bleibt, deren Eltern oder Gönner die erforderliche Ausbildung finanzieren können. Sie machen aus diesen Personen eine Gruppe »außerhalb des Wettbewerbs«, die vor der Konkurrenz durch den Mangel an erforderlichem Kapital für viele begabte Menschen geschützt ist. Als Folge davon werden Ungleichheiten an Wohlstand und sozialer Position verewigt. Die Entwicklung von Möglichkeiten, wie den oben ausgeführten, würde dazu führen, dass Geldmittel für breitere Schichten zugänglich würden und damit gleichzeitig viel dazu beitragen, die Gleichheit der Möglichkeiten zu verwirklichen, Ungleichheiten in Einkommen und Wohlstand verschwinden zu lassen und die volle Nutzung unserer Arbeitskräfte zu erreichen. Dies würde nicht erreicht werden durch eine Einschränkung des Wettbewerbs, durch Zerstörung der Initiativfreudigkeit oder eine Behandlung von Symptomen, wie es bei der offenen Einkommensumschichtung der Fall wäre, sondern vielmehr allein durch die Stärkung der Wettbewerbsfreudigkeit, die Weckung von Initiativen und die Ausschaltung von Ursachen der Ungleichheit.

7 Kapitalismus und Diskriminierung

Es ist eine auffallende historische Tatsache, dass die Entwicklung des Kapitalismus begleitet war von einer beträchtlichen Abnahme des Ausmaßes, in dem bestimmte religiöse, rassische oder soziale Gruppen unter besonderen Behinderungen in Bezug auf ihre wirtschaftliche Entfaltung leben mussten, mit anderen Worten: diskriminiert wurden. Der Wandel von Status-Übereinkünften zu Vertrags-Übereinkünften war der erste Schritt zur Befreiung der Sklaven im Mittelalter. Die Juden konnten das Mittelalter nur überstehen, da es einen Marktbereich gab, innerhalb dessen sie tätig sein und sich am Leben erhalten konnten, obschon sie offiziell verfolgt wurden. Die Quäker und Puritaner konnten in die Neue Welt auswandern, weil es ihnen möglich war, sich die dazu erforderlichen Mittel zu beschaffen, obgleich ihnen auf anderen Gebieten des Lebens Beschränkungen auferlegt waren. Nach dem Bürgerkrieg ergriffen die Südstaaten mannigfache Maßnahmen zur Einführung von gesetzlichen Beschränkungen für Schwarze. Eine Maßnahme, die nie in nennenswerter Weise ergriffen wurde, war die Errichtung von Hindernissen gegen den Erwerb von Grund- oder Privatbesitz. Das Fehlen derartiger Maßnahmen war sicherlich keine besondere Absicht, Behinderungen für Schwarze zu vermeiden. Es bedeutete vielmehr eine grundsätzliche Befürwortung des Eigentumsgedankens, der stark genug war, um die Absicht zur Diskriminierung der Schwarzen zu übertreffen. Die Aufrechterhaltung der allgemeinen Regeln für das Privateigentum und für den Kapitalismus war eine wesentliche Quelle von Möglichkeiten für die Schwarzen; sie ermöglichte es ihnen, größere Fortschritte zu erzielen, als ihnen das anderenfalls möglich gewesen wäre. Um es allgemeiner zu sagen: Die Gebiete, die ihrer Art nach am stärksten monopolistisch orientiert sind, sind in jeder Gesellschaft die Hochburgen der Diskriminierung, während die Diskriminierung gegen Gruppen bestimmter Hautfarbe oder Religion in den Gebieten am geringsten ist, in denen die stärkste Wettbewerbsfreiheit besteht.

Wie schon in Kapitel 1 erwähnt, ist es eine paradoxe Erfahrungstatsache, dass ungeachtet dieser historischen Evidenz gerade die Minderheiten die meisten und entschiedensten Anhänger grundlegender Veränderungen der kapitalistischen Gesellschaft hervorgebracht haben. Sie neigen dazu, die bestehenden Beschränkungen, unter denen sie leben müssen, dem Kapitalismus zuzuschreiben, statt anzuerkennen, dass erst der freie Markt der

Hauptfaktor ist, diese Beschränkungen nicht größer werden zu lassen, als sie sind.

Wir sahen bereits, wie auf einem freien Markt der wirtschaftliche Nutzen von nicht damit zusammenhängenden Charakteristiken getrennt wird. Wie in Kapitel 1 angeführt, weiß der Brotkäufer nicht, ob der Weizen hierzu von einem Weißen oder einem Schwarzen, einem Christen oder einem Juden angebaut wurde. Daraus folgt, dass der Weizenverwerter imstande ist, die vorhandenen Arbeitskräfte so auszunutzen, wie es für ihn am wirkungsvollsten und gewinnbringendsten ist, ungeachtet der Haltung der Allgemeinheit gegenüber der Hautfarbe, Glaubensgemeinschaft oder anderen Eigenschaften der von ihm beschäftigten Menschen. Außerdem, und dies ist wahrscheinlich von noch größerer Bedeutung, gibt es in einem freien Markt wirtschaftliche Beweggründe zur Trennung zwischen wirtschaftlichem Nutzen und anderen Eigenschaften des Einzelnen. Ein Geschäftsmann oder Unternehmer, der bei seinen Unternehmungen Präferenzen zum Ausdruck bringt, die mit Wirtschaftlichkeit nichts zu tun haben, ist im Vergleich zu anderen, die dies nicht tun, benachteiligt. Jemand, der dies tut, legt sich in Wirklichkeit größere Schwierigkeiten auf als andere, die keine derartigen Präferenzen kennen. Daher wird in einem freien Markt eine Tendenz bestehen, ihn auszuschalten.

Dieses Phänomen ist noch von viel weiterer Bedeutung. Oft wird als selbstverständlich akzeptiert, dass jemand, der andere aufgrund ihrer Rasse, Religion, Hautfarbe oder weswegen auch immer diskriminiert, dadurch selbst keine Nachteile erfährt, sondern einfach nur anderen Nachteile auferlegt. Diese Ansicht liegt auf der gleichen Ebene wie die sehr ähnliche Fehlmeinung, dass ein Land sich selbst durch Auferlegung von Zöllen auf die Produkte anderer Länder keine Nachteile auferlege.[1]

Beide Meinungen sind gleichermaßen falsch. Beispielsweise beschränkt der Mann, der sich weigert, von einem Schwarzen etwas zu erwerben oder Seite an Seite mit ihm zu arbeiten, durch diese Handlungsweise seine eigene Auswahlmöglichkeit. Im Allgemeinen wird er dadurch gezwungen sein, für die von ihm erworbene Ware einen höheren Preis zu zahlen oder aus seiner Arbeit geringeren Gewinn zu ziehen. Um es anders auszudrücken:

---

[1] Gary Becker beweist in einer brillanten und durchgreifenden Analyse einiger der wirtschaftlichen Probleme, die im Zusammenhang mit dem Problem der Diskriminierung auftreten, dass die Frage der Diskriminierung in ihrer logischen Struktur mit der von Außenhandel und Zöllen fast identisch ist. Siehe G. S. Becker, *The Economics of Discrimination*, Chicago: University of Chicago Press, 1957.

Diejenigen unter uns, die Hautfarbe oder Religionszugehörigkeit als nebensächlich ansehen, können als Folge dieser Haltung einige Dinge zu niedrigeren Preisen erwerben.

Wie vielleicht aus diesen Betrachtungen ersichtlich ist, bestehen bei der Definierung und Interpretation der Diskriminierung echte Schwierigkeiten. Jemand, der sich diskriminierend verhält, zahlt für diese Handlungsweise einen Preis. Er »kauft« sozusagen etwas, das er als »Ware« ansieht. Es ist schwer, einzusehen, dass Diskriminierung noch eine andere Bedeutung hat außer der, dass es sich um den »Geschmack« von anderen handelt, den man nicht teilt. Es erscheint uns nicht als »Diskriminierung« – zumindest nicht in dem gleichen gehässigen Sinn des Wortes –, wenn jemand bereit ist, für den Besuch des Konzertes eines Sängers mehr zu bezahlen als für den Besuch des Konzertes eines anderen. Wir denken an das Gegenteil, wenn jemand bereit ist, für die Dienste einer Person bestimmter Hautfarbe mehr zu bezahlen als für die von jemandem mit anderer Hautfarbe. Der Unterschied zwischen beiden Fällen liegt darin, dass wir im ersten Fall den Geschmack verstehen können und im zweiten nicht. Besteht im Prinzip irgendein Unterschied zwischen dem Geschmack eines Hausherrn, der einen attraktiven Diener einem hässlichen vorzieht, und dem Geschmack eines anderen, der einen Schwarzen einem Weißen oder einen Weißen einem Schwarzen vorzieht, ausgenommen in der Tatsache, dass wir mit dem einen Geschmack sympathisieren und übereinstimmen und mit dem anderen vielleicht nicht? Hiermit will ich nicht sagen, dass alle Geschmäcker gleich gut wären. Im Gegenteil: Ich bin davon überzeugt, dass eines Menschen Hautfarbe oder die Religionszugehörigkeit seiner Eltern an sich keinen Grund darstellen, ihn anders zu behandeln; dass ein Mensch nach dem beurteilt werden sollte, was er ist und was er tut und nicht aufgrund derart äußerlicher Charakteristika. Ich bedaure das, was mir als die Engstirnigkeit und das Vorurteil in den Ansichten derer erscheint, deren Geschmack in dieser Hinsicht anders als der meinige ist, und ich halte aus diesem Grunde weniger von ihnen. In einer Gesellschaft, die auf dem Grundsatz der freien Meinungsäußerung beruht, ist es für mich jedoch nur angebracht zu versuchen, sie davon zu überzeugen, dass ihr Geschmack schlecht ist und dass sie ihre Ansichten und ihr Benehmen ändern sollten, statt äußere Gewalt anzuwenden, um meine Einstellung und meinen Geschmack anderen aufzuzwingen.

Die Gesetzgebung für die Chancengleichheit auf dem Arbeitsmarkt

In einer Anzahl von Staaten wurden Kommissionen zur Überwachung der Chancengleichheit für alle auf dem Arbeitsmarkt eingerichtet, deren Aufgabe die Verhinderung von »Diskriminierung« auf dem Arbeitsmarkt aufgrund von rassischer Zugehörigkeit, Hautfarbe oder Religion ist. Eine derartige Gesetzgebung beinhaltet ganz offensichtlich eine Einmischung in die Freiheit der Einzelnen, mit anderen freiwillige Beziehungen aufzunehmen. Jeder einschlägige Vertrag wird dadurch von der Zustimmung oder Ablehnung durch den Staat abhängig. Es handelt sich also um eine direkte Einschränkung der Freiheit, gegen die wir in fast allen anderen Fällen dieser Art Einspruch erheben würden. Außerdem besteht, wie bei den meisten anderen Einmischungen in die Freiheit, die Möglichkeit, dass diejenigen, auf die sich die Gesetzgebung bezieht, nicht diejenigen sind, deren Handlungen die Befürworter des Gesetzes überwacht wissen wollen.

Man stelle sich beispielsweise eine Situation vor, in der es Gemüseläden in einem Viertel gibt, dessen Bewohner eine starke Aversion dagegen haben, von Schwarzen bedient zu werden. Angenommen, einer der Gemüseläden hat eine Stelle für einen Verkäufer frei und als erster Bewerber, der auch in jeder Hinsicht qualifiziert ist, kommt ein Schwarzer. Fernerhin sei angenommen, der Laden würde aufgrund der Gesetzgebung gezwungen, ihn einzustellen. Die Folge hiervon wäre die Verminderung des Umsatzes des Ladens und das Entstehen von Nachteilen für den Besitzer. Wenn die Abneigung der Einwohner stark genug ist, könnte der Laden sogar dazu gezwungen sein, zu schließen. Wenn der Ladenbesitzer, ohne gesetzlich verpflichtet zu sein, weiße Verkäufer lieber einstellt als schwarze, braucht er nicht eine eigene Bevorzugung oder ein eigenes Vorurteil damit auszudrücken. Er könnte dabei einfach nur der Ansicht seiner Kunden Rechnung tragen. Er würde sozusagen den Verbrauchern die Leistungen liefern, für die die Verbraucher zu bezahlen bereit sind. Dennoch erfährt er Nachteile – und er ist vielleicht der Einzige, der beachtliche Nachteile erfährt – durch ein Gesetz, das ihn daran hindert, sich auf diese Weise zu betätigen, d.h. ihm verbietet, dem Geschmack seiner Kundschaft und ihrer Präferenz für weiße anstelle von farbigen Verkäufern Rechnung zu tragen. Die Verbraucher, deren Präferenz das Gesetz zu überrennen versucht, werden nur insofern benachteiligt, als die Anzahl von Geschäften begrenzt ist und sie daher höhere Preise bezahlen müssen, weil ein Laden zugemacht hat. Diese Analyse lässt sich auch allgemein ausdrücken: Sehr häufig richten sich Arbeitgeber nach der Meinung ihrer Kunden oder ihrer übrigen Beschäftigten, wenn sie Einstellungsgrundsätze praktizieren, die unabhängig von der praktischen und physischen Produktivität des Betreffenden gelten. In Wirklichkeit gibt es seitens der Arbeitgeber sogar typischerweise die Absicht, Möglichkeiten zur Umgehung der Präferenzen ihrer Kunden oder ihrer Arbeiter zu finden – wie schon zuvor ausgeführt – wenn ihnen derartige Präferenzen höhere Aufwendungen abverlangen.

Die Befürworter der Kommissionen zur Durchsetzung der Chancengleichheit auf dem Arbeitsmarkt argumentieren, dass die Einmischung in die Freiheit der Menschen zum Eingehen von Vertragsvereinbarungen miteinander bei Beschäftigungsverhältnissen berechtigt sei, da derjenige, der sich weigert, einen Schwarzen anstelle eines Weißen zu beschäftigen, wenn beide in Bezug auf ihre physische Produktionskapazität gleichermaßen qualifiziert sind, anderen einen Nachteil zufüge, und zwar bestimmten Gruppen von Religionszugehörigkeit oder Hautfarbe, deren Einstellungschancen beschränkt werden. Dieses Argument stellt eine ernste Verwechslung zweier sehr unterschiedlicher Arten von Benachteiligungen dar. Die eine Art ist die positive Zufügung von Leid, die ein Mensch einem anderen durch die Anwendung physischer Gewalt oder durch die Erzwingung der Eingehung eines Vertrages ohne dessen Zustimmung antut. Ein einleuchtendes Beispiel hierfür ist der Mann, der einem anderen mit einem Schlagring auf den Kopf haut. Ein etwas weniger deutliches Beispiel ist die in Kapitel 2 behandelte Verunreinigung eines Flusses. Die zweite Art ist die negative Zufügung von Leid, die auftritt, wenn zwei Personen außerstande sind, für beide gleichermaßen akzeptierbare Vertragsbedingungen zu finden, also wenn ich zum Beispiel nicht bereit bin, etwas zu kaufen, das mir jemand verkaufen will, und ich ihn damit in einer schlechteren Lage lasse, als er wäre, wenn ich die Ware gekauft hätte. Wenn die Allgemeinheit insgesamt Blues-Sänger Opern-Sängern vorzieht, erhöht sie zweifelsohne den wirtschaftlichen Wohlstand der Ersteren in Relation zu dem der Letzteren. Wenn ein potenzieller Blues-Sänger eine Anstellung finden kann und ein potenzieller Opern-Sänger nicht, bedeutet dies einfach nur, dass der Blues-Sänger Dienste anbietet, für die die Allgemeinheit zu bezahlen bereit ist, während der potenzielle Opern-Sänger dies nicht tut. Der potenzielle Opern-Sänger ist »benachteiligt« durch den Geschmack der Allgemeinheit. Er wäre besser gestellt und der Blues-Sänger wäre benachteiligt, wenn der Geschmack genau umgekehrt wäre. Offensichtlich umschließt diese Art der Benachteiligung keinen erzwungenen Austausch oder die Auferlegung von Nachteilen oder Vorteilen durch dritte Parteien. Es gibt starke Argumente für die Verwendung der Staatsgewalt zur Verhinderung der Anwendung positiven Leides durch Menschen, d.h. zur Verhinderung der Ausübung von Zwang. Es gibt allerdings absolut keine Gründe für die Verwendung der Staatsgewalt zur Vermeidung der negativen Form von »Leid«. Im Gegenteil, derartige Interventionen seitens der Staatsgewalt verringern die Freiheit und beschränken die freiwillige Zusammenarbeit.

Die Gesetzgebung zur Durchsetzung der Chancengleichheit auf dem Arbeitsmarkt beinhaltet ein Prinzip, welches seine Befürworter in fast jeder anderen Form seiner Anwendung abstoßend finden würden. Wenn es für den Staat angebracht ist, festzusetzen, dass bei der Arbeitseinstellung von Personen keine Diskriminierung aufgrund von Hautfarbe, Rassen- oder Religionszugehörigkeit ausgeübt werden darf, so ist es für den Staat ebenso angebracht, festzusetzen, dass bei der Arbeitseinstellung von Personen aufgrund von Hautfarbe, Rassen- oder Religionszugehörigkeit diskriminiert werden muss – vorausgesetzt, dass eine Mehrheit dazu gebracht werden kann, in dieser Richtung zu wählen. Die Nürnberger Rassen-Gesetze Adolf Hitlers und die Gesetze in den Südstaaten, durch die den Schwarzen besondere Benachteiligungen auferlegt wurden, sind beides Beispiele für Gesetze, die im Prinzip der Gesetzgebung zur Sicherstellung der Chancengleichheit auf dem Arbeitsmarkt ähneln. Gegner derartiger Gesetze, die aber zugleich für die Gesetzgebung zur Sicherstellung der Chancengleichheit auf dem Arbeitsmarkt sind, können so argumentieren, dass mit den erwähnten Gesetzen irgendetwas im Prinzip falsch sei oder dass sie eine Form der staatlichen Einmischung darstellen, die nicht gestattet werden solle. Sie können höchstens dahingehend argumentieren, dass die angewandten Kriterien irrelevant seien. Sie können allenfalls versuchen, andere dazu zu überreden, andere Kriterien anstelle dieser zu benutzen.

Bei einer breiten Übersicht über die geschichtlichen Entwicklungen und bei Betrachtung dessen, wovon die Mehrheit überzeugt sein wird, wenn jeder Einzelfall lieber aufgrund seiner besonderen Bedeutung als aufgrund allgemeiner Prinzipien entschieden wird, kann es wenig Zweifel daran geben, dass die Auswirkungen einer weit verbreiteten Akzeptierung staatlicher Maßnahmen auf diesem Gebiet außerordentlich unangenehm sein würden, selbst aus dem Blickwinkel derjenigen, die gegenwärtig die Gesetzgebung zur Sicherstellung der Chancengleichheit auf dem Arbeitsmarkt befürworten. Wenn die Befürworter der Gesetzgebung zur Sicherstellung der Chancengleichheit auf dem Arbeitsmarkt gegenwärtig dazu imstande sind, ihre Ansichten durchzusetzen, dann nur, weil eine gesetzgeberische Situation im Bund besteht, die es nur einer Mehrheit in einem bestimmten Teil des Landes ermöglicht, einer Mehrheit in einem anderen Teil des Landes ihre Ansicht aufzuzwingen.

Allgemein kann gesagt werden, dass jede Minderheit, die sich auf eine bestimmte Handlungsweise seitens der Mehrheit zur Verteidigung ihrer Interessen verlässt, extrem kurzsichtig ist. Die Annahme der Regel von einer allgemeinen Selbstverneinung, die sich auf eine bestimmte Gruppe von Angelegenheiten bezieht, mag bestimmte Mehrheiten davon abhalten, bestimmte Minderheiten auszubeuten. In Abwesenheit derartiger Regeln zur Selbstverleugnung kann man von Mehrheiten mit Sicherheit erwarten, dass sie ihre Macht dazu verwenden werden, ihre Vorstellungen oder auch Vorurteile durchzudrücken, und nicht dazu, Minderheiten vor den Vorurteilen der Mehrheiten zu schützen.

Um die Angelegenheit auf andere und vielleicht überraschender Weise darzulegen, stelle man sich jemanden vor, der den gegenwärtigen Geschmack für nicht wünschenswert hält und der findet, dass Schwarze weniger Möglichkeiten haben, als er gerne sehen würde. Angenommen, er setzt seine Meinungen in die Praxis um und sucht immer den Schwarzen für eine Arbeit heraus, wenn eine Reihe von ungefähr gleich qualifizierten Anwärtern bei ihm vorsprechen. Müsste er nicht unter den gegenwärtigen Umständen davon abgehalten werden, dies zu tun? Offensichtlich ist diese Frage nach der Logik der Gesetzgebung zur Sicherstellung gleicher Chancen auf dem Arbeitsmarkt nur mit Ja zu beantworten.

Das Gegenstück zur Chancengleichheit auf dem Arbeitsmarkt liegt auf dem Gebiet, auf dem diese Prinzipien vielleicht mehr als auf jedem anderen angewendet worden sind, nämlich auf dem Gebiet der Gedankenäußerung: Es ist die »Redegleichheit« mehr noch als die Redefreiheit. In diesem Zusammenhang erscheint die Haltung der »Amerikanischen Gesellschaft zur Erhaltung der bürgerlichen Freiheiten« als außerordentlich widersprüchlich. Sie befürwortet sowohl Redefreiheit als auch die Gesetzgebung zur Gleichheit auf dem Arbeitsmarkt. Eine Möglichkeit zur Feststellung der Berechtigung der Redefreiheit ist die Tatsache, dass wir der Ansicht sind, dass es nicht wünschenswert sei, wenn augenblickliche Mehrheiten darüber entscheiden, was zu einem gegebenen Zeitpunkt als die angebrachte Redeform anzusehen ist. Wir brauchen einen freien Markt für Ideen, damit jede Vorstellung die Möglichkeit hat, die Mehrheit für sich zu gewinnen oder beinahe einstimmig akzeptiert zu werden, auch wenn sie zu Anfang nur von wenigen geteilt wurde. Genau die gleichen Erwägungen gelten für den Arbeitsmarkt oder mehr allgemein für den Markt für Waren und Dienstleistungen. Ist es in irgendeiner Weise wünschenswerter, wenn gegenwärtige Mehrheitsverhältnisse darüber entscheiden, welche Methoden bei der Arbeitseinstellung angebracht sind, als welche Art des gesprochenen Wortes angebracht sei? Kann ein freier Markt für Ideen in der Tat lange aufrechterhalten werden, wenn der freie Markt an Waren und Dienstleistungen zerstört wurde? Die Amerikanische Gesellschaft zur Verteidigung der Bürgerfreiheiten wird bis zum Letzten kämpfen, um die Rechte des Rassisten zu schützen, an der Straßenecke die Doktrin der Rassentrennung zu verkünden. Sie wird ihn jedoch mit Zustimmung ins Gefängnis gehen sehen, wenn er seinen Prinzipien entsprechend handelt und sich weigert, für eine bestimmte Tätigkeit einen Neger einzustellen.

Wie schon betont ist es für diejenigen unter uns, die der Meinung sind, dass ein bestimmtes Kriterium, wie die Hautfarbe, irrelevant sei, angebracht, unsere Mitmenschen zu überzeugen, der gleichen Ansicht zu sein. Nicht angebracht ist jedoch die Anwendung von Zwang durch die Staatsgewalt, um sie dazu zu zwingen, in Übereinstimmung mit unseren Prinzipien zu handeln. Von allen Gruppen sollte die Amerikanische Gesellschaft zur Verteidigung der bürgerlichen Freiheiten die erste sein, dies sowohl anzuerkennen als auch offen zu vertreten.

Gesetzgebung zum Recht auf Arbeit

Einige Bundesstaaten haben so genannte »Gesetze zur Arbeitsberechtigung« verabschiedet. Sie erklären es für gesetzwidrig, die Mitgliedschaft in einer Gewerkschaft zur Vorbedingung einer Einstellung zu machen.

Die in der Gesetzgebung zum Recht auf Arbeit enthaltenen Prinzipien sind die nämlichen, die bei der Gesetzgebung zur Sicherstellung der Chancengleichheit auf dem Arbeitsmarkt eine Rolle spielen. Beide beeinträchtigen die freie Gestaltung des Einstellungsvertrages: im ersten Fall durch die Festsetzung, dass eine bestimmte Hautfarbe oder Religion nicht zur Einstellungsvorbedingung gemacht werden darf; im anderen Fall durch die Bestimmung, dass die Mitgliedschaft in einer Gewerkschaft nicht dazu gemacht werden kann. Ungeachtet der Prinzipienidentität besteht eine beinahe 100-prozentige Differenz bei den Meinungen über die beiden Gesetze. Beinahe alle, die für die Gesetzgebung zur Sicherstellung der Chancengleichheit auf dem Arbeitsmarkt sind, sind gegen die Gesetzgebung zum Recht auf Arbeit und umgekehrt. Als Liberaler bin ich gegen beide Gesetzgebungen, da ich gleichfalls gegen die Gesetze bin, welche den so genannten »Gelben Hund«-Vertrag für ungesetzlich erklären (einen Vertrag, der die Nichtmitgliedschaft in einer Gewerkschaft zu einer Vorbedingung für die Arbeitseinstellung erklärt).

Bei freiem Wettbewerb zwischen Arbeitgebern und Arbeitnehmern sehe ich keinen Grund, weshalb die Arbeitgeber nicht die Möglichkeit haben sollten, ihren Arbeitern alle Bedingungen anbieten zu können, die sie für wünschenswert erachten. Manchmal erfahren Arbeitgeber, dass die Arbeitnehmer es vorziehen, einen Teil ihrer Entlohnung in Form von Annehmlichkeiten wie Baseball-Plätzen oder Sport-Einrichtungen oder besseren Erholungsmöglichkeiten zu erhalten als in Form von Bargeld. Die Arbeitgeber finden es sodann profitabler, derartige Einrichtungen als Teil ihres Einstellungsvertrages statt höherer Löhne anzubieten. In ähnlicher Weise können Arbeitgeber Pensionsschemata offerieren oder die Teilnahme an Pensionsplänen verlangen oder Ähnliches. Nichts von dem umschließt irgendeine Einmischung in die persönliche Freiheit zur Wahl des Arbeitsplatzes. Es bedeutet nichts anderes als einen Versuch des Arbeitgebers, die Eigenschaften der Arbeit für die Arbeitnehmer annehmbar und anziehend zu gestalten. Solange es viele Arbeitgeber gibt, wird es sämtlichen Arbeitnehmern, die besondere Ansprüche haben, möglich sein, diese zufrieden zu stellen, indem sie eine Anstellung bei einem entsprechenden Arbeitgeber finden. Unter Bedingungen des freien Wettbewerbs gälte das Gleiche in Bezug auf Betriebe, die nur Gewerkschaftsmitglieder einstellen. Wenn tatsächlich einige Arbeitnehmer lieber in Firmen arbeiten möchten, die nur Gewerkschaftsmitglieder beschäftigen, und andere in Firmen, die keine Gewerkschaftsmitglieder aufnehmen, würden sich unterschiedliche Formen von Einstellungsverträgen entwickeln, einige mit der einen und andere mit der anderen Vorbedingung.

In der Praxis bestehen selbstverständlich einige wichtige Unterschiede zwischen der Gesetzgebung zur Sicherstellung der Chancengleichheit auf dem Arbeitsmarkt und der Gesetzgebung zum Recht auf Arbeit. Diese Unterschiede liegen in der Existenz eines Monopols in Form von Gewerkschaftsorganisationen auf Seiten der Arbeitnehmer und im Bestehen der Bundesgesetzgebung in Bezug auf die Gewerkschaften. Es erscheint zweifelhaft, ob es tatsächlich bei Bestehen eines freien Arbeitsmarktes für Arbeitgeber jemals vorteilhaft wäre, die Mitgliedschaft in einer Gewerkschaft als Vorbedingung im Einstellungsvertrag anzubieten. Wenngleich auch oft seitens der Arbeitnehmer eine starke Monopolstellung der Gewerkschaften vermisst wird, besteht sie doch fast immer in einem Betrieb, in dem nur Gewerkschaftsmitglieder beschäftigt sind. Er ist fast immer ein Symbol der Monopolmacht.

Das Zusammentreffen von Monopolmacht und Betrieben, die nur Gewerkschaftsmitglieder beschäftigen, stellt kein Argument für die Gesetzgebung zum Recht auf Arbeit dar. Es ist dies vielmehr ein Argument für Aktionen zur Ausschaltung von Monopolmacht ungeachtet der jeweiligen Formen, in denen sich diese ausdrückt. Es ist ein Argument für wirksamere und weitergehende Maßnahmen gegen die Bildung von Trusts auf der Ebene der Gewerkschaften.

Was ebenfalls in der Praxis Bedeutung hat, ist der Konflikt zwischen Bundesgesetzgebung und Gesetzgebung der Staaten sowie die Existenz eines Bundesgesetzes zu diesem Zeitpunkt, das für alle Bundesstaaten gilt und für die einzelnen Staaten nur durch die Möglichkeit der Verabschiedung eines Gesetzes zum Recht auf Arbeit ein Schlupfloch offen lässt. Die beste Lösung wäre eine Neufassung des Bundesgesetzes. Die Schwierigkeit dabei liegt in der Tatsache, dass kein einzelner Staat in der Lage ist, dies durchzusetzen, obgleich die Leute in einem bestimmten Bundesstaat eine Änderung der Gesetzgebung bezüglich der Gewerkschaftsorganisation innerhalb ihres Staates durchaus wünschen. Die Gesetzgebung zum Recht auf Arbeit könnte die einzige wirkungsvolle Möglichkeit zur Durchsetzung dieses Zieles und daher das kleinere Übel sein. Ich akzeptiere diese Argumentation für die Gesetzgebung zum Recht auf Arbeit jedoch nicht, zum Teil, wie ich glaube, weil ich nicht der Ansicht bin, dass die Gesetzgebung zum Recht auf Arbeit an sich eine spürbare oder beträchtliche Auswirkung auf die Monopolmacht der Gewerkschaften haben wird. Die praktischen Argumente erscheinen mir als viel zu schwach, um die grundsätzlichen Einwände aufwiegen zu können.

Rassentrennung in den Schulen

Die Rassentrennung in den Schulen lässt ein besonderes Problem aufkommen, das in unseren bisherigen Betrachtungen einzig und allein aus einem Grund nicht behandelt wurde. Dieser Grund ist die Tatsache, dass unter den gegenwärtigen Umständen das Schulwesen in allererster Linie vom Staat unterhalten und verwaltet wird. Dies heißt, dass die Regierung eine klare Entscheidung treffen muss. Sie muss entweder die Rassentrennung oder die Rassenintegration durchsetzen. Beide Lösungen erscheinen mir als schlecht. Diejenigen unter uns, die die Hautfarbe für ein nicht ausschlaggebendes Charakteristikum halten und die es für uns alle für wünschenswert halten, dies einzusehen, dabei aber auch an die Freiheit des Einzelnen glauben, sehen sich daher in einem Dilemma. Wenn man sich gezwungen sieht, zwischen den Übeln der erzwungenen Rassentrennung und der erzwungenen Rassenintegration zu wählen, finde ich es unmöglich, nicht die Integration zu wählen.

Das vorige Kapitel, das ursprünglich ohne irgendeinen Gedanken an die Problematik der Rassentrennung oder -integration geschrieben wurde, zeigt die angebrachte Lösung für die Umgehung beider Übel auf – eine gelungene Demonstration dafür, wie Arrangements zur Durchsetzung und Verwirklichung der Freiheit im Allgemeinen sich auch auf die Realisierung der Freiheit im Einzelfall anwenden lassen. Die angebrachte Lösung ist die Abschaffung der staatlichen Subventionierung der Schulen und die Erlaubnis für die Eltern, die Art von Schule, auf die sie ihre Kinder gern schicken möchten, selbst auszuwählen. Zusätzlich sollten selbstverständlich wir alle, soweit es uns irgend möglich ist, versuchen, in Wort und Tat zum Aufkommen von Einstellungen und Ansichten beizutragen, die dazu führen, dass integrierte Schulen die Regel und nach Rassen getrennte Schulen die seltene Ausnahme werden.

Bei Annahme eines Vorschlages wie des im vorigen Kapitel zum Ausdruck gebrachten wäre die Möglichkeit zur Entwicklung einer Vielfalt von Schulen gegeben – einige mit ausschließlich weißen Schülern und Lehrern, einige mit ausschließlich Schwarzen und einige mit gemischten Schülern und Lehrern. Es wäre die Möglichkeit zum Übergang von einer Art Schule zur anderen auf allmähliche Weise gegeben in Übereinstimmung mit der Änderung der Ansichten der Allgemeinheit – hoffentlich in Richtung auf integrierte Schulen. Die harten politischen Auseinandersetzungen, die so sehr zur Erhöhung der sozialen Spannungen und zur Beunruhigung der Allgemeinheit beigetragen haben, wären auf diese Weise vermeidbar. Auf diesem besonderen Gebiet wäre Zusammenarbeit ohne Gleichförmigkeit denkbar, wie sie der freie Markt im Allgemeinen ermöglicht.[2]

Der Staat Virginia hat einen Plan verabschiedet, der in vielem mit dem im vorangehenden Kapitel vorgeschlagenen übereinstimmt.[3] Obgleich er verabschiedet wurde, um die zwangsweise Rassenintegration zu vermeiden, möchte ich die Voraussage wagen, dass die Endauswirkungen dieses Gesetzes ganz anders sein werden – schließlich und endlich ist der Unterschied zwischen Absicht und Resultat einer der Hauptgründe für das Bestehen einer freien Gesellschaft; es ist wünschenswert, Menschen ihren eigenen Interessen nachgehen zu lassen, weil man keine Möglichkeit zur Voraussage hat, wohin sie wohl letztlich dabei gelangen werden. Sogar zu Beginn gab es bereits Überraschungen. Man hat mir erzählt, einer der ersten Anträge für eine Zuwendung zur Finanzierung eines Schulwechsels sei von einem Vater gekommen, der sein Kind von einer segregierten auf eine integrierte Schule ummelden lassen wollte. Der Grund dafür war lediglich, dass die rassisch integrierte Schule lehrmäßig die bessere Schule war. Wenn man weiter in die Zukunft vorausschaut, kann man sagen, dass Virginia bei Beibehaltung des Systems der Berechtigungsscheine ein Testfall für die von mir im vorangehenden Kapitel gezogenen Schlüsse werden wird. Falls diese Schlüsse richtig sind, werden wir eine Blüte der schulischen Auswahl in Virginia erleben und damit Hand in Hand gehend eine Zunahme der Qualität der führenden Schulen, die beachtlich, wenn nicht außerordentlich sein

---

[2] Um keinen Anlass zu Missverständnissen zu geben, möchte ich ausdrücklich feststellen, dass ich bei Erwähnung der Vorschläge vom vorigen Kapitel als selbstverständlich voraussetze, dass bei den Mindestforderungen für Schulen, um beim System der Berechtigungsscheine anerkannt zu werden, die Frage der Rassentrennung oder -integration nicht relevant ist.

[3] Nachdem der Oberste Gerichtshof der Vereinigten Staaten 1954 in einer wegweisenden Entscheidung die Rassentrennung an öffentlichen Schulen als Verstoß gegen den Gleichheitsgrundsatz der US-Verfassung gebrandmarkt hatte, verabschiedete das Parlament von Virginia am 11. November 1955 den so genannten Gray Plan. Er sprach den lokalen Schulbehörden das Recht zu, über die Verteilung der Schüler auf einzelne Schulen zu entscheiden. Zudem sah der Plan eine Unterstützungszahlung für Eltern vor, die ihr Kind auf einer (kostenpflichtigen) privaten, segregierten Schule anmeldeten. Der Gray Plan wurde am 27. August 1956 durch den so genannten Stanley Plan ergänzt, ein Katalog aus 13 Einzelgesetzen mit dem Ziel, die Rassenintegration an Schulen zu verhindern. Der Oberste Gerichtshof erklärte diese Maßnahmen in mehreren Entscheidungen aus den Jahren 1964, 1965 und 1971 für verfassungswidrig. (Anm. d. Red.)

wird, und schließlich später einen Qualitätsanstieg in den übrigen Schulen unter dem Einfluss der führenden Schulen.

Andererseits sollten wir nicht so naiv sein, anzunehmen, dass tief verwurzelte Wert- und Glaubensbegriffe kurzfristig durch gesetzliche Maßnahmen radikal geändert werden können. Ich wohne in Chicago. Hier gibt es kein Gesetz, das die Rassentrennung vorschreibt. Vielmehr ist die rassische Integration hier gesetzlich verankert. In Wirklichkeit sind jedoch die öffentlichen Schulen in Chicago vermutlich so stark nach Rassen getrennt wie in den meisten Städten der Südstaaten. Es kann kaum Zweifel daran bestehen, dass bei Einführung des in Virginia verabschiedeten Systems in Chicago als Folge eine merkliche Abnahme der Rassentrennung in den Schulen und eine beachtliche Zunahme der Möglichkeiten für die fähigsten und strebsamsten jungen Farbigen zu erwarten wären.

8 Das Monopol und die soziale Verantwortung von Arbeitgebern und Gewerkschaften

Der Begriff Wettbewerb hat zwei grundsätzlich verschiedene Bedeutungen. Gewöhnlich bedeutet Wettbewerb persönliche Rivalität, bei der eine Einzelperson den ihr bekannten Konkurrenten zu übertreffen versucht. Im Bereich des Wirtschaftslebens bedeutet Wettbewerb fast genau das Gegenteil. Es gibt auf dem freien Markt keine persönlichen Rivalitäten. Persönliches Gerangel ist ihm fremd. Der Bauer, der auf dem freien Markt seinen Weizen anbietet, empfindet sich nicht als persönlicher Rivale seines Nachbarn, und er fühlt sich auch nicht durch ihn bedroht, obgleich sein Nachbar ja in der Tat sein Konkurrent ist. Die Unpersönlichkeit der Beziehungen ist eine Grundessenz des freien Marktes. Kein Wettbewerber kann die Bedingungen festsetzen, zu denen andere Zugang zu Waren oder Arbeitsplätzen haben. Preise werden allgemein als vom Markt bestimmte Größe akzeptiert, und kein Individuum ist imstande, mehr als einen äußerst geringen Einfluss auf das Preisniveau auszuüben, obgleich die Gesamtheit der Wettbewerber auf dem freien Markt aufgrund der Wirkung ihrer Einzelaktionen das Preisniveau bestimmt.

Eine Monopolstellung ist dann gegeben, wenn eine Einzelperson oder ein Unternehmen ein bestimmtes Produkt oder eine bestimmte Dienstleistung in einem Maße kontrolliert, das ihm die Festlegung der Bedingungen ermöglicht, zu denen andere dazu Zugang haben. Man könnte manchmal sagen, eine Monopolstellung käme der gewöhnlichen Wettbewerbsvorstellung näher, weil dabei persönliche Rivalitäten im Spiel sind.

Ein Monopol lässt zwei Grundprobleme innerhalb einer freien Gesellschaft entstehen. Zum einen bedeutet ein Monopol eine Einschränkung des freien Wettbewerbs aufgrund der Begrenzung von Alternativen für das Individuum. Zum anderen wirft die Existenz einer Monopolstellung die Frage der »sozialen Verantwortung«, wie sie heute bezeichnet wird, für den Inhaber des Monopols auf. Der Teilnehmer am freien Wettbewerb hat keine messbaren Möglichkeiten zur Änderung der Wettbewerbsbedingungen; er ist kaum als sichtbares Einzelwesen auszumachen; es ist daher nicht leicht zu argumentieren, dass er überhaupt irgendeine Form von »sozialer Verantwortung« besitze, abgesehen von der für alle Bürger gleichen Pflicht, die Gesetze des Landes zu beachten und seine Möglichkeiten entsprechend zu leben. Der Inhaber eines Monopols ist exponiert und besitzt Macht. Es ist einfach, von ihm zu verlangen, dass er seine Machtstellung nicht nur zur Verfolgung seiner Interessen, sondern ebenso zur Erreichung von Zielen nützen soll, die für die Allgemeinheit erstrebenswert sind. Die weit gehende Verwirklichung derartiger Forderungen würde jedoch die freie Gesellschaft zerstören.

Selbstverständlich ist Wettbewerb ein idealer Fixpunkt, so wie eine Euklidische Gerade oder ein Euklidischer Punkt. Niemand hat je eine Euklidische Gerade – mit einem Durchmesser von Null – gesehen, und doch wird es als nützlich empfunden, eine um ein Mehrfaches zu dicke Gerade als eine Euklidische anzusehen. In gleicher Weise gibt es keinen »reinen« Wettbewerb. Jeder Produzent hat gewissen Einfluss – wie gering auch immer – auf den Preis seines Produktes. Die wichtige Frage für das Verständnis und für die Erstellung von Leitlinien ist, ob diese Wirkung beträchtlich sein kann oder ob sie zu Recht vernachlässigt werden kann, so wie ein Betrachter den Durchmesser dessen, was er als »Gerade« bezeichnet, vernachlässigen kann. Die Antwort auf diese Frage hängt selbstverständlich von der Art des Problems ab. Im Verlauf meiner Beobachtung des Wirtschaftslebens in den Vereinigten Staaten war ich jedoch zunehmend beeindruckt von der Vielzahl der Probleme und Bereiche, bei denen sich die Betrachtungsweise der Wirtschaft als einer ideal wettbewerbsorientierten empfiehlt.

Die Probleme des Monopols sind spezifischer Art und betreffen ein Gebiet, auf dem ich keine besondere Kompetenz besitze. Aus diesem Grunde beschränkt sich dieses Kapitel auf eine mehr oberflächliche Übersicht der Hauptfragen: das Ausmaß des Monopols, die Ursachen des Monopols, empfehlenswerte staatliche Maßnahmen und die soziale Verantwortung von Arbeitgebern und Gewerkschaften

Das Ausmaß des Monopols

Es gibt drei verschiedene Formen des Monopols, die besondere Aufmerksamkeit verdienen: das Monopol in der Industrie, das Monopol im Gewerkschaftswesen und das durch staatliche Maßnahmen entstandene Monopol.

(1) Das Monopol in der Industrie. Der wichtigste Tatbestand im Zusammenhang mit der Frage des Monopols von Unternehmen ist die relative Bedeu-

tungslosigkeit dieser Frage vom Blickpunkt der Wirtschaft aus. Es gibt etwa vier Millionen unabhängig operierende Unternehmen in den Vereinigten Staaten; ungefähr vierhunderttausend entstehen jedes Jahr neu und etwas weniger verschwinden jährlich. Fast ein Fünftel aller Berufstätigen ist selbstständig. In beinahe jedem denkbaren Industriezweig existieren Riesen und Zwerge nebeneinander.

Es ist schwierig, über diese allgemeinen Feststellungen hinaus befriedigende objektive Kriterien für die Definierung von Monopol und Wettbewerb aufzustellen. Der Hauptgrund für diese Schwierigkeit wurde schon erwähnt: Die Begriffe, wie sie in der Wirtschaftstheorie angewandt werden, sind ideale Fixpunkte, die mehr zur Analyse bestimmter Probleme als zur Beschreibung bestehender Situationen geeignet sind. Folgerichtig kann es keine absolut endgültigen Kriterien zur Einstufung eines Unternehmens oder Industriezweigs als monopolistisch oder auf Wettbewerb eingestellt geben. Die Schwierigkeit, derartigen Begriffen präzise Bedeutungen zuzuordnen, führt zu mancherlei Missverständnissen. Der gleiche Ausdruck wird verschieden verwendet, je nach der Erfahrungsgrundlage, auf der die Einschätzung des Wettbewerbs fundiert. Das vielleicht augenfälligste Beispiel hierfür ist die Tatsache, dass ein amerikanischer Student Zustände als monopolistisch bezeichnen würde, die ein Europäer als im höchsten Maß wettbewerbsorientiert ansähe. Daraus resultiert die Tatsache, dass Europäer bei der Interpretation amerikanischer Literatur aufgrund ihrer Vorstellungen der Begriffe von Wettbewerb und Monopol zu der Ansicht neigen, dass es in den Vereinigten Staaten viel mehr Monopole gäbe, als es in Wirklichkeit der Fall ist.

Eine Anzahl von Untersuchungen, insbesondere von G. Warren Nutter und George J. Stigler, versuchte, eine Klassifizierung von Industrien als monopolistisch, hinreichend wettbewerbsorientiert und vom Staat geführt oder kontrolliert zu geben sowie Veränderungen in diesen Kategorien über längere Zeiträume hinweg auf der Spur zu bleiben.[1] In diesen Studien wird festgestellt, dass im Jahre 1939 ungefähr ein Viertel aller Unternehmen als vom Staat geführt oder kontrolliert angesehen werden konnte. Von den übrigen drei Vierteln kann man höchstens ein Viertel, und vielleicht nicht mehr als 15 Prozent, als monopolistisch einstufen, während zumindest drei

---

[1] G. Warren Nutter, *The Extent of Enterprise Monopoly in the United States, 1899–1939*, Chicago: University of Chicago Press, 1951, und George J. Stigler, *Five Lectures on Economic Problems*, London: Longmans, Green and Co., 1949, S. 46–65.

Viertel oder vielleicht sogar 85 Prozent als wettbewerbsorientiert zu bezeichnen wären. Die Anzahl der staatlich geführten oder kontrollierten Unternehmen hat natürlich im letzten halben Jahrhundert beträchtlich zugenommen. Auf privater Ebene scheint es andererseits keine Tendenz in Richtung einer der monopolistischen Unternehmen zu geben, und es ist sogar gut möglich, dass ihr Anteil gesunken ist.

Meiner Ansicht nach besteht die weit verbreitete Meinung, dass der Einfluss und die Bedeutung des Monopols weitaus größer sind, als nach diesen Schätzungen gerechtfertigt wäre, und dass diese Bedeutung ständig zunimmt. Ein Grund für diese fälschliche Annahme ist die Tendenz zur Verwechslung absoluter und relativer Größe. Mit dem Anwachsen der Gesamtwirtschaft sind auch die Unternehmen an absoluter Größe gewachsen. Dies wurde oft in Richtung eines größeren Marktanteils ausgedeutet, während der Markt jedoch unter Umständen noch schneller gewachsen ist. Ein zweiter Grund liegt in der Tatsache, dass monopolistische Tendenzen mehr Aufmerksamkeit nach sich ziehen als Wettbewerb. Wenn man Einzelpersonen nach den bedeutendsten Unternehmen in den Vereinigten Staaten befragte, würden fast alle die Automobilproduzenten erwähnen, wenige jedoch den Großhandel. Dennoch ist der Großhandel doppelt so bedeutend wie die Fahrzeugproduktion. Der Großhandel ist stark wettbewerbsorientiert und erregt daher wenig Aufmerksamkeit. Wenige Leute wären imstande, irgendein führendes Großhandelsunternehmen zu nennen, obgleich es einige gibt, deren absolute Größe beträchtlich ist. Die Automobilbranche dagegen, die in mancher Hinsicht sehr stark wettbewerbsorientiert ist, setzt sich aus weitaus weniger Firmen zusammen und ist sicherlich mehr in der Nähe eines Monopols. Jeder ist in der Lage, die führenden Automobilhersteller zu benennen. Um ein weiteres deutliches Beispiel anzuführen: Der Erwerbszweig der Hausangestellten ist von weitaus größerer Bedeutung als die Telefon- und Telegrafen-Industrie. Ein dritter Grund liegt im allgemeinen Vorurteil und in der Tendenz zur Überbewertung der Bedeutung der Großen gegenüber den Kleinen, wofür der eben erwähnte Punkt nur ein typisches Beispiel ist. Schließlich wird die Fertigung allgemein als der wichtigste Teil unseres Wirtschaftslebens angesehen. Dies führt zu einer Überbetonung der Bedeutung der Produktion innerhalb des Gesamtwirtschaftsgefüges, wobei erwähnenswert bleibt, dass nur ungefähr ein Viertel des Gesamtertrages und ein Viertel der Gesamtbeschäftigtenzahl auf diesen Sektor entfallen. Monopolistische Tendenzen wiederum sind in der Produktion weitaus verbreiteter als auf anderen Sektoren des Wirtschaftslebens.

Aus ähnlichen Gründen geht die Überschätzung der Bedeutung des Monopols Hand in Hand mit einer Überschätzung der Bedeutung derjenigen technologischen Veränderungen, welche monopolistische Tendenzen unterstützen, im Gegensatz zu solchen, die den Wettbewerb stärken. So wurde beispielsweise die Verbreitung der Massenproduktion stark beachtet. Viel weniger Aufmerksamkeit schenkte man den Entwicklungstendenzen im Transport- und Kommunikationswesen, welche dem Wettbewerb durch Verringerung der Bedeutung regionaler Märkte und durch Erweiterung der Gebiete, innerhalb deren Wettbewerb stattfinden konnte, stärkten. Die zunehmende Konzentration innerhalb der Automobilindustrie ist zu einem Gemeinplatz geworden; das Wachstum des Lastwagen-Fernverkehrs, welches die Abhängigkeit von den großen Eisenbahngesellschaften verringerte, wird dagegen nur wenig beachtet, ebenso wie die Abnahme der Konzentration in der Stahlindustrie.

(2) Das Monopol im Gewerkschaftswesen. Eine verwandte Tendenz zur Überbewertung der Bedeutung monopolistischer Entwicklungen kann man in Bezug auf die Gewerkschaften beobachten. Ungefähr ein Viertel aller Arbeitnehmer ist gewerkschaftlich organisiert, und dies trägt stark zur Überschätzung des Einflusses der Gewerkschaften auf die Struktur der Löhne und Gehälter bei. Viele Gewerkschaften sind außerordentlich unwirksam. Selbst die starken und mächtigen Gewerkschaften haben auf die Lohnstruktur nur begrenzten Einfluss. Es ist in Bezug auf die Gewerkschaften noch offensichtlicher als in Bezug auf die Industrie, weshalb es eine beachtliche Neigung zur Überbewertung monopolistischer Tendenzen gibt. Beim Bestehen einer Gewerkschaft wird notwendigerweise jede Lohnanhebung durch die Gewerkschaft kommen, obschon sie unter Umständen nicht das Resultat der Gewerkschaftsorganisation sein muss. Die Löhne der Hausangestellten sind während der vergangenen Jahre sehr stark gestiegen. Hätte eine Gewerkschaft der Hausangestellten bestanden, wären die steigenden Löhne mit ihr vereinbart worden und folgerichtig der Gewerkschaft zugeschrieben worden.

Hiermit soll nicht gesagt werden, die Gewerkschaften hätten nicht ihre Bedeutung. Ebenso wie das Monopol seitens der Unternehmen spielen sie eine bedeutende und wichtige Rolle, indem sie in vielen Fällen das Lohnniveau über die vom Markt gegebene Höhe anheben. Es wäre ebenso sehr ein Fehler, ihre Bedeutung zu unter- wie zu überschätzen. In einer groben Schätzung stellte ich einstmals fest, dass die Tätigkeit der Gewerkschaften ungefähr 10 bis 15 Prozent der arbeitenden Bevölkerung einen Einkommenszuwachs von zirka 10 bis 15 Prozent gebracht hat. Dies bedeutet nichts anderes, als dass 85 bis 90 Prozent aller Arbeitnehmer eine Lohneinbuße von zirka 4 Prozent hinnehmen mussten.[2] Seit der Erstellung dieser Schätzwerte sind andere, viel ausführlichere Studien zu diesem Thema veröffentlicht worden. Ich habe den Eindruck, dass diese Studien Resultate ziemlich ähnlicher Größenordnung erbrachten.

Eine Einkommenserhöhung infolge gewerkschaftlicher Intervention innerhalb eines bestimmten Beschäftigungssektors oder Industriezweiges hat zwangsläufig eine Verringerung der möglichen Arbeitsplätze auf diesem Beschäftigungssektor oder Industriezweig zur Folge – ebenso wie jede Preiserhöhung den Absatz verringert. Dies bedeutet, dass mehr Arbeitskräfte frei werden und Arbeit suchen, was wiederum das Lohnniveau in anderen Branchen senkt. Da im Allgemeinen die Gewerkschaften ihre stärkste Position in sowieso gut bezahlten Gruppen von Arbeitnehmern haben, war die Auswirkung ihrer Aktivität, dass gut bezahlte Arbeiter noch höher bezahlt wurden, was zu Lasten der Arbeitnehmer mit geringeren Einkommen ging. Die Gewerkschaften haben daher nicht nur der Allgemeinheit und der Gesamtheit der Arbeitnehmer geschadet, indem sie das Gleichgewicht auf dem Arbeitsmarkt störten, sondern sie trugen auch dazu bei, die Einkommensverteilung der Arbeitenden durch Verminderung der Möglichkeiten für die am stärksten benachteiligten Arbeiter ungünstiger zu gestalten.

In einer Hinsicht gibt es einen wichtigen Unterschied zwischen dem Monopol auf Gewerkschafts- und auf Unternehmensebene. Während es scheinbar keine Zunahme in der Bedeutung des Monopols auf Unternehmensebene während des vergangenen Jahrhunderts gegeben hat, war eine solche Zunahme der Bedeutung monopolistischer Tendenzen auf Gewerkschaftsebene recht beträchtlich. Die Bedeutung und der Einfluss der Gewerkschaften wuchs im Ersten Weltkrieg stark an, nahm im Verlauf der Zwanziger- und frühen Dreißigerjahre ab und stieg in der Periode des New Deal sehr stark. Der neu gewonnene Einfluss wurde von den Gewerkschaften während und nach dem Zweiten Weltkrieg gefestigt. In letzter Zeit blieb dieser Einfluss entweder konstant oder begann abzunehmen. Diese Abnahme an Einfluss und Bedeutung zeigt keinen Rückgang innerhalb bestimm-

---

[2] »Some Comments on the Significance of Labor Unions for Economic Policy«, in: David McCord Wright (Hg.), *The Impact of the Union*, New York: Harcourt, Brace, 1951, S. 204–234.

ter Industriezweige oder Beschäftigungssektoren an, sondern vielmehr einen Rückgang der Bedeutung derjenigen Industrien und Beschäftigungen mit starken Gewerkschaften relativ zu jenen mit schwächeren Gewerkschaften.

In einer Hinsicht ist meine Grenzziehung zwischen Monopol in der Industrie und Monopol in den Gewerkschaften zu scharf. In gewisser Weise trugen Gewerkschaften zur Monopolbildung beim Absatz eines Produktes bei. Das deutlichste Beispiel hierfür besteht im Kohlenbergbau. Die Guffrey Coal Act war ein Versuch, gesetzlichen Rückhalt für ein Preiskartell von Kohlenminenbesitzern zu besorgen. Als Mitte der Dreißigerjahre dieses Gesetz für verfassungsfeindlich erklärt wurde, sprang die United Mine Workers-Bergbaugewerkschaft unter John L. Lewis in die Bresche. Mit der unausgesprochenen Einwilligung der Industrie kontrollierte Lewis den Ausstoß und damit die Preise, indem er Streiks und Arbeitsniederlegungen immer dann ansetzte, wenn die Kohlenhalden groß genug wurden, um Preisrückgänge zu verursachen. Die Gewinne aus diesem Kartell wurden zwischen den Minenbesitzern und den Bergarbeitern aufgeteilt. Der Gewinn für die Arbeiter bestand aus höheren Löhnen, was selbstverständlich zur Folge hatte, dass weniger Bergarbeiter beschäftigt wurden. So waren nur diejenigen Bergarbeiter, die ihre Arbeit behielten, Nutznießer des Kartells, und auch unter diesen wurde ein großer Teil des Gewinns in Form von mehr Freizeit bezogen. Die Möglichkeit für Gewerkschaften, eine derartige Position einzunehmen, rührt daher, dass sie vom Sherman-Antitrust-Gesetz nicht betroffen sind.[3] Viele andere Gewerkschaften haben von dieser Tatsache Gebrauch gemacht, und man könnte sie eher als Unternehmen bezeichnen, die den Service der Kartellbildung offerieren, denn als Arbeitnehmerorganisationen. Die Gewerkschaft der Lastkraftwagenfahrer ist wohl das eindrucksvollste Beispiel hierfür.

---

[3] Gegen Ende des 19. Jahrhunderts bildeten sich in den USA zunehmend Handelskartelle (»Trusts«), die mit wettbewerbsfeindlichen Methoden andere Anbieter aus dem Markt zu drängen suchten. Zu diesen Methoden zählten neben Preisabsprachen auch der Aufkauf von Mitbewerbern, Knebelverträge mit langer Laufzeit für Kunden und Koppelgeschäfte. Der als Reaktion hierauf 1890 vom US-Kongress verabschiedete Sherman Antitrust Act verbot »illegale« Monopole sowie jegliche Absprachen oder vertragliche Regelungen, die der Bekämpfung des freien Wettbewerbs dienten. Anfang des 20. Jahrhunderts zerschlug der US-Kongress auf der Grundlage des Sherman-Antitrust-Gesetzes mit der Standard Oil Company sowie der American Tobacco Company zwei führende Monopolgesellschaften. (Anm. d. Red.)

(3) Das staatliche oder staatlich subventionierte Monopol. Direkte staatsmonopolistische Einflussnahme bei der Herstellung von Gütern ist in den Vereinigten Staaten nicht sehr ausgeprägt. Hauptbeispiele hierfür sind das Postwesen, die Stromerzeugung, wie durch die Tennessee Valley Authority und andere Kraftwerke in öffentlicher Hand, der Autobahnbau und das Straßennetz, die indirekt durch Benzinsteuern oder direkt durch Straßengebühren bezahlt werden, sowie die kommunale Wasserversorgung und Ähnliches. Überdies ist die Bundesregierung infolge der umfangreichen Verteidigungs-, Weltraumforschungs- und Forschungsetats grundsätzlich der einzige Abnehmer der Produkte vieler Unternehmen und ganzer Industriezweige geworden. Diese Entwicklung ist die Ursache ernster Probleme in Bezug auf die Aufrechterhaltung einer freiheitlichen Gesellschaftsordnung – diese Probleme fallen jedoch nicht so sehr unter den Oberbegriff »Monopol«.

Die Rolle des Staates bei der Bildung, Unterstützung und Durchführung von Kartell- und Monopolabsprachen zwischen privaten Unternehmen wuchs viel schneller als die direkte Monopolbildung des Staates und ist derzeit weitaus bedeutender. Ein älteres Beispiel dafür ist die Interstate Commerce Commission, die ihren Einfluss von Eisenbahnen inzwischen auch auf Fernverkehrs- und Transportfirmen und andere Arten von Transportunternehmen ausgedehnt hat. Das Landwirtschaftsprogramm ist zweifelsohne das deutlichste Beispiel. Es ist in der Hauptsache ein von der Regierung gestütztes Kartell. Weitere Beispiele sind die Federal Communications Commission, welche die Oberaufsicht über das Rundfunk- und Fernsehwesen hat; die Federal Power Commission, die den Handel mit Öl und Gas zwischen den einzelnen Bundesstaaten überwacht; das Civil Aeronautics Board, welches die Luftfahrt und die Fluglinien kontrolliert, und schließlich die Durchsetzung der höchstmöglichen Zinssätze durch das Federal Reserve Board, welche die Banken für langfristige Einlagen bezahlen, sowie das gesetzliche Verbot, für kurzfristige Geldeinlagen Zinsen zu bezahlen.

Die genannten Beispiele beziehen sich auf Bundesebene. Zusätzlich ist eine ständige Zunahme ähnlicher Entwicklungen auf der Ebene der Bundesstaaten und kleineren Verwaltungseinheiten zu beobachten. Die Texas Railroad Commission, die meines Wissens nichts mit Eisenbahnen zu tun hat, manipuliert die Ausstoßquoten für Ölquellen durch Limitierung der Tage, an denen Öl gefördert werden darf. Dies wird unter dem Vorwand der Erhaltung der Vorräte getan, geschieht in Wirklichkeit jedoch zum Ziel der Preiskontrolle. In letzter Zeit wurden diese Praktiken durch Importquoten für Öl auf Bundesebene erheblich unterstützt. Die künstliche Stilllegung von Ölquellen für längere Zeit mit dem Ziel, die Preise hoch zu halten, erscheint mir genauso unsinnig wie die Bezahlung von Heizern auf Diesellokomotiven fürs Nichtstun. Dennoch sind einige Industriesprecher, die in ihrer Verurteilung derartiger unsinniger Maßnahmen durch Gewerkschaftszwang am lautesten schreien und sie als Störung des unabhängigen Unternehmertums brandmarken – insbesondere die Erdölindustrie –, erstaunlich schweigsam, was unsinnige Maßnahmen der eben erwähnten Art auf dem Ölsektor betrifft.

Ein weiteres Beispiel für Monopolbildung auf Staatsebene ist die Zuteilung von Lizenzen, ein Thema, mit dem wir uns im folgenden Kapitel auseinandersetzen werden. Auf kommunaler Ebene wird eine ähnlich künstliche Einschränkung bei der Begrenzung der Anzahl von Taxis praktiziert. In New York verkauft sich eine Plakette zur Haltung eines Taxis derzeit für ungefähr 20 000 bis 25 000 Dollar, in Philadelphia für 15 000. Ein anderes Beispiel auf kommunaler Ebene ist die Festsetzung bestimmter Standardvorschriften für das Bauwesen, angeblich eine Maßnahme zur Garantie der öffentlichen Sicherheit, in Wirklichkeit jedoch gewöhnlich unter dem Einfluss örtlicher Baugewerkschaften oder Vereinigungen von privaten Bauunternehmern entstanden. Groß ist die Anzahl derartiger Einschränkungen, und sie beziehen sich auf eine beträchtliche Menge von unterschiedlichen Unternehmungen sowohl auf kommunaler Ebene als auch auf Bundesstaatsebene. Sie alle stellen freiwillige Beschränkungen für Individuen dar, miteinander freien wirtschaftlichen Austausch zu pflegen. Zur gleichen Zeit schränken sie die Freiheit ein und fördern die Verschwendung von Ressourcen.

Eine im Prinzip sehr von den bislang betrachteten Staatsmonopolen unterschiedene Art der Einflussnahme ist die Erteilung von Patenten an Erfinder und von Urheberrechten an Autoren. Der Unterschied liegt darin, dass diese gleichermaßen auch als die Festlegung von Besitzrechten angesehen werden können. Wörtlich genommen könnte man folgendermaßen sagen: Wenn ich das Eigentumsrecht auf ein bestimmtes Stück Land besitze, habe ich ein Monopol im Hinblick auf dieses Stück Land, das vom Staat festgelegt und bekräftigt wird. Im Hinblick auf Erfindungen und Veröffentlichungen ergibt sich die Frage, ob es wünschenswert sei, ein analoges Eigentumsrecht herzustellen. Dies ist ein Teil des allgemeinen Problems, von Staats wegen festlegen zu lassen, was und was nicht als Eigentum angesehen werden soll.

Im Hinblick auf Patente und Urheberrechte gibt es auf den ersten Blick zweifellos einiges, was für die Schaffung von Eigentumsrechten spricht. Wenn dies nicht geschieht, wird der Erfinder Schwierigkeiten bei der Erlangung einer Honorierung für den Anteil seiner Erfindung am Produktionsausstoß haben oder dies gar gänzlich unmöglich finden. Er würde anderen Erleichterungen verschaffen, für die er nicht bezahlt würde. Aus diesem Grund wird er keine Lust verspüren, Zeit und Mühe auf die Erfindung zu verwenden. Ähnliche Überlegungen gelten für den Autor.

Zur gleichen Zeit sind Kosten im Spiel. Zum einen gibt es viele »Erfindungen«, die nicht patentierbar sind. Der »Erfinder« des Supermarkts zum Beispiel versah seine Mitmenschen mit großen Erleichterungen, für die er nicht honoriert werden konnte. Insofern dieselbe Fertigkeit für eine bestimmte Art Erfindung erforderlich ist wie für eine andere, verursacht die Existenz von Patenten eine Ausrichtung auf patentierbare Erfindungen. Zum anderen werden unbedeutende Patente oder solche, deren Gesetzlichkeit vor Gericht zweifelhaft wäre, oft dazu benutzt, um private Geheimabmachungen aufrechtzuerhalten, die andernfalls nur mit Mühe oder überhaupt nicht aufrechterhalten werden könnten.

Dies sind ein paar sehr oberflächliche Bemerkungen zu einer schwierigen und bedeutenden Problematik. Es soll hier keine bestimmte Antwort auf diese Fragen suggeriert werden; vielmehr soll gezeigt werden, weshalb das Gebiet der Patente und Urheberrechte auf einer anderen Ebene als die übrigen Monopole mit staatlicher Unterstützung liegt, und ferner soll die hiermit aufgeworfene soziale Problematik kurz angesprochen worden sein. Eines ist klar: Die besonderen Bedingungen für Patente und Urheberrechte – beispielsweise der Patentschutz auf genau 17 Jahre anstatt eines anderen Zeitraumes – sind keine Frage des Prinzips. Sie hängen vielmehr von der Zweckmäßigkeit ab, die durch praktische Überlegungen bestimmt ist. Ich selbst bin der Ansicht, dass eine weitaus kürzere Periode des Patentschutzes vorzuziehen wäre. Dies ist jedoch ein oberflächliches Urteil zu einer Thematik, die schon weitaus eingehender behandelt wurde und zu der noch weitere eingehende Studien erforderlich sind. Daher verdient dieses Urteil auch nur begrenztes Vertrauen.

Die Ursachen des Monopols

Es gibt drei Hauptursachen der Monopolbildung: »Technische« Erwägungen, direkte und indirekte staatliche Unterstützung sowie private Absprachen.

(1) Technische Erwägungen. Wie schon in Kapitel 2 erläutert, rührt die Bildung eines Monopols zum Teil aus technischen Erwägungen her, die besagen, dass es wirkungsvoller oder wirtschaftlicher ist, ein Unternehmen zu betreiben als viele. Die offensichtlichsten Beispiele hierfür sind das Telefonnetz, die Wasserversorgung und Ähnliches in einer Gemeinde. Es gibt unglücklicherweise keine befriedigende Lösung zur Problematik des technischen Monopols. Man hat vielmehr nur die Wahl zwischen drei Übeln: privates, unkontrolliertes Monopol, vom Staat kontrolliertes privates Monopol und Staatsbetrieb.

Es erscheint mir nicht möglich, eine generelle Feststellung zu treffen, dass eines dieser Übel einem anderen in jedem Fall vorzuziehen wäre. Wie schon in Kapitel 2 ausgeführt, liegt der fundamentale Nachteil sowohl staatlicher Kontrolle als auch des Staatsbetriebes in der außerordentlichen Schwierigkeit, eine derartige Entwicklung rückgängig zu machen. Ich neige daher zu der Ansicht, dass ein privates und unkontrolliertes Monopol, wo immer es möglich ist, das kleinste Übel ist. Dynamische Veränderungen werden es höchstwahrscheinlich auflockern, und es gibt zumindest eine realistische Möglichkeit, dass deren Auswirkungen spürbar werden könnten. Doch selbst kurzfristig gibt es gewöhnlich mehr Auswahl, als es auf den ersten Blick der Fall zu sein scheint, und Privatunternehmen sind daher ziemlich gebunden und können nicht die Preise beliebig hoch über den Kosten ansetzen. Zudem fallen die Überwachungsbehörden oft selbst unter den Einfluss der Hersteller, wie wir bereits gesehen haben, und es ist daher doch zu erwarten, dass die kontrollierten Preise nicht niedriger liegen werden als ohne Kontrolle.

Glücklicherweise sind die Gebiete, auf denen technische Erwägungen die Bildung eines Monopols fördern oder wahrscheinlich machen, recht begrenzt. Hieraus würde für die Aufrechterhaltung der freien Wirtschaft keine ernstliche Bedrohung kommen, wenn es in diesen Bereichen nicht einige Ansätze für eine Kontrolle gäbe, die auch auf andere Gebiete übergreifen könnten, auf denen sie keineswegs so berechtigt und angebracht sind.

(2) Direkte und indirekte staatliche Unterstützung. Direkte und indirekte Unterstützung seitens des Staates ist vielleicht die wichtigste Ursache der Monopolbildung. Zahlreiche Beispiele für ziemlich direkte Unterstützung von Seiten des Staates wurden bereits erwähnt. Die indirekte Unterstützung von Monopolbildung besteht in Maßnahmen, die als größtenteils unbeabsichtigte Nebenwirkung die Errichtung von Hindernissen für potenzielle Konkurrenten bestehender Unternehmen mit sich bringen. Die vielleicht deutlichsten drei Beispiele hierfür sind Zolltarife, Steuergesetzgebung und Gesetzgebung im Hinblick auf Arbeitsauseinandersetzungen.

Zolltarife wurden natürlich in der Hauptsache zum »Schutz« einheimischer Industrien aufgestellt. Sie stellen für potenzielle Konkurrenten Hindernisse dar. Stets beschränken sie die Freiheit des Einzelnen, freien Austausch zu praktizieren. Schließlich betrachtet der Liberale das Individuum und nicht die Nation oder den Bürger einer bestimmten Nation als seine »Gesundheit«. Daher sieht er es als ebenso große Einschränkung der Freiheit an, wenn Bürger der Vereinigten Staaten und der Schweiz an der Ausübung eines freien Austausches gehindert werden, der von gegenseitigem Vorteil wäre, als wenn nur zwei Bürger der Vereinigten Staaten daran gehindert wären. Zolltarife müssen kein Monopol hervorbringen. Wenn der Markt des geschützten Industriezweiges genügend groß ist und wenn die technischen Bedingungen die Existenz vieler Unternehmen gestatten, kann es auf dem Inlandsmarkt noch einen wirksamen Wettbewerb geben, wie zum Beispiel auf dem Textilmarkt in den Vereinigten Staaten. Es ist jedoch klar, dass Zolltarife das Aufkommen von Monopolstellungen fördern. Es ist für einige wenige Unternehmen weitaus einfacher, geheime Preisabsprachen zu treffen, als für viele, und es ist gleichermaßen meist für Firmen im selben Land leichter, das Gleiche zu tun, als für Firmen in verschiedenen Ländern. Im 19. und zu Beginn des 20. Jahrhunderts war Großbritannien durch freien Handelsaustausch vor weit gehender Monopolbildung trotz der relativ geringen Größe des Inlandmarktes und der beträchtlichen Größe vieler Unternehmen geschützt. Monopolbildung wurde in Großbritannien erst nach der Abschaffung des Freihandels zu einem ernsthaften Problem, zunächst nach dem Ersten Weltkrieg und dann noch stärker in den frühen Dreißigerjahren.

Die Auswirkungen der Steuergesetzgebung waren mehr indirekter Art, deshalb jedoch nicht weniger bedeutungsvoll. Ein Hauptpunkt ist hierbei die Beziehung zwischen dem steuerpflichtigen Einkommen des Unternehmens und dem der Einzelperson, zusammen mit der Sonderbehandlung von Kapitalgewinn bei der Einkommensteuer. Angenommen, ein Unternehmen erzielt einen Gewinn von 1 Million Dollar nach Abzug der Körperschaftsteuern. Wenn dieses Unternehmen nun diesen Gewinn als Dividende an seine Anteilseigner auszahlt, müssen diese ihn als Teil ihres steuerpflichtigen Einkommens aufführen. Angenommen, die Aktionäre müssten durchschnittlich 50 Prozent dieses zusätzlichen Einkommens als Einkommensteuer abführen. Sie hätten dann nur 500.000 Dollar zur Verfügung. Wenn nun das Unternehmen keine Dividende in bar an seine Anteilseigner ausschüttet, kann es über den Gesamtbetrag intern verfügen, etwa für Neuinvestitionen und Ähnliches. Derartige Investitionen sind geeignet, den Börsenwert des Unternehmens zu erhöhen. Anteilseigner, die ihren Gewinn sonst für Ersparnisbildung verwendet hätten, brauchen nur ihre Aktien zu behalten und können damit alle Steuern bis zum Verkauf ihrer Anteile hinausschieben. Sie und diejenigen, die schon früher Anteile abstoßen, um über zusätzliche flüssige Mittel verfügen zu können, werden nur nach den Kapitalzuwächsen veranlagt, was niedriger als die Einkommensteuer ist.

Diese Steuerstruktur führt zur Zurückhaltung von Unternehmensgewinnen. Selbst wenn der Gewinn durch interne Reinvestitionen um ein Beträchtliches unter dem möglichen Gewinn bei externen Investitionen liegt, mag es dennoch günstiger sein, intern anzulegen, da die Steuerersparnisse noch größer sind. Dies führt zur Kapitalverschwendung, zur Verwendung der Mittel für wenig produktive statt für stark produktive Zwecke. Dies war einer der Hauptgründe für die nach dem Zweiten Weltkrieg stark verbreitete Tendenz zur horizontalen Anlagestreuung, als viele Firmen nach Anlagemöglichkeiten für ihre Gewinne suchten. Zu gleicher Zeit ist dies ein großer Pluspunkt für eingesessene Firmen im Vergleich zu neuen Unternehmen. Die eingesessenen Unternehmen mögen zwar weniger produktiv operieren als neue Firmen – ihre Aktionäre werden dennoch lieber weiterhin ihr Geld in sie investieren, anstatt sich ihre Gewinne zur Investition in neue Unternehmen durch den Kapitalmarkt auszahlen zu lassen.

Eine Hauptursache für Monopolbildung seitens der Gewerkschaften war die Unterstützung durch den Staat. Eine Quelle hierfür sind die Praktiken der Lizenzerteilung, der Baustandard-Vorschriften und Ähnliches, wie schon erwähnt. Eine zweite Quelle liegt in der Gesetzgebung, die den Gewerkschaften Sonderimmunitäten verschafft, wie zum Beispiel, dass sie von den Anti-Trust-Gesetzen ausgenommen sind, die gewerkschaftliche Verantwortlichkeit eingeschränkt ist, dass sie das Recht haben, vor Sondergerichtshöfen zu erscheinen usw. Von gleicher oder noch größerer Wichtigkeit ist vielleicht die allgemeine Ansicht, die auch in der Rechtsprechung ihren Niederschlag findet, dass für Handlungen im Rahmen eines Arbeitskampfes andere Maßstäbe gelten, als für die gleichen Handlungen sonst üblich sind. Wenn Männer Autos umwerfen oder Eigentum aus reiner Bosheit oder als Form persönlicher Vergeltung zerstören, wird niemand einen Finger krumm machen, um sie vor den gesetzlichen Folgen ihrer Handlungen zu schützen. Wenn sie jedoch die gleichen Dinge im Rahmen einer Arbeitsauseinandersetzung tun, kommen sie unter Umständen völlig ungeschoren davon. Gewerkschaftliche Kampfmaßnahmen, die mit tatsächlicher oder möglicher physischer Gewalt oder mit Zwang Hand in Hand gehen, wären ohne die unausgesprochene Tolerierung durch die Staatsgewalt schwer möglich.

(3) Private Absprachen. Die letzte Ursache der Monopolbildung liegt in privaten Absprachen. Schon Adam Smith schrieb: »Geschäftsleute des gleichen Gewerbes kommen selten, selbst zu Festen und Zerstreuung, zusammen, ohne dass das Gespräch in einer Verschwörung gegen die Öffentlichkeit endet oder irgendein Plan ausgeheckt wird, wie man die Preise erhöhen kann.«[4] Derartige Absprachen und private Kartellarrangements sind daher ein alltägliches Vorkommnis. Wenn sie jedoch keine Unterstützung seitens der Regierung finden, sind sie gewöhnlich instabil und von kurzer Dauer. Durch das Heraufschrauben der Preise führt die Bildung eines Kartells zu einer größeren Anziehungskraft eines Industriezweiges für Außenseiter. Außerdem führt die Tatsache, dass die höheren Preise nur mittels der Ausstoßlimitierung durch die Kartellmitglieder unter das Niveau, das sie gerne zu dem fixierten Preis halten würden, erreicht werden können, zu Bestrebungen jedes einzelnen Teilnehmers, für sich allein die Preise zu unterbieten, um den Ausstoß zu erhöhen. Jeder Teilnehmer hofft dabei natürlich, dass die Übrigen sich an das Abkommen halten werden. Ein oder höchstens wenige »Aufknacker« – die in Wirklichkeit ja Förderer des Allgemeinwohls sind – genügen, um das Kartell zu brechen. Bei nicht vorhandener Regierungsunterstützung des Kartells werden sie so gut wie immer recht schnell Erfolg haben.

Die Hauptaufgabe unserer Anti-Trust-Gesetze war die Behinderung der-

---

4 *The Wealth of Nations* (1776), I., 10, II. Cannan, Hg., London, 1930, S. 130 (dt.: *Der Wohlstand der Nationen*, dtv, München, 1983).

artiger Privatabkommen. Ihre größte Wirksamkeit in dieser Beziehung beruhte nicht so sehr auf tatsächlichen rechtlichen Aktionen als vielmehr auf deren indirekten Auswirkungen. Durch diese Gesetze wurden die offensichtlichen Möglichkeiten für die Bildung von Absprachen – wie zum Beispiel öffentliche Zusammenkünfte zu diesem Zweck – für ungesetzlich erklärt. Dadurch wurden Absprachen riskanter und kostspieliger. Wichtiger noch ist die Tatsache, dass diese Gesetze bestätigten, dass Absprachen zur Einschränkung des freien Handels nicht mit gesetzlichen Mitteln durchzudrücken sind. In einigen europäischen Ländern kann eine Absprache zwischen einigen Unternehmen, ausschließlich über eine gemeinsame Verkaufsagentur zu vertreiben, vor Gericht durchgesetzt werden. Hierbei werden den Firmen festgelegte Strafen bei Verletzung des Übereinkommens auferlegt. In den Vereinigten Staaten wäre eine derartige Absprache nicht vor Gericht durchzudrücken. Dieser Unterschied ist einer der Hauptgründe für die Tatsache, dass Kartelle in Europa verbreiteter und haltbarer sind als in den Vereinigten Staaten.

Was der Staat tun soll

Das Erste und Wichtigste, was seitens der Regierung erfolgen soll, ist die Aufgabe der Maßnahmen, die Monopolbildung direkt unterstützen, sei es Monopolbildung auf Unternehmensebene oder auf Gewerkschaftsebene, und zudem die gleiche Anwendung der Gesetze auf Firmen wie auf Gewerkschaften. Auf beide sollte die Anti-Trust-Gesetzgebung anwendbar sein; beide sollten gleich behandelt werden, was die Zerstörung von Privateigentum und die Einmischung in Privatangelegenheiten angeht.

Darüber hinaus wäre der wichtigste und wirkungsvollste Schritt zur Einschränkung der Macht des Monopols eine durchgreifende Reform der Steuergesetzgebung. Die Körperschaftsteuer sollte abgeschafft werden. Unabhängig davon sollte den Unternehmen auferlegt werden, den einzelnen Anteilseignern Gewinne zur Kenntnis zu bringen, die nicht in Form von Dividenden ausgezahlt werden. Dies würde in der Praxis bedeuten, dass auf jeder Dividendenanweisung des Unternehmens der Zusatz zu finden sein müsste: »Zuzüglich zu der ausgezahlten Dividende von –– Cents pro Aktie erzielte das Unternehmen einen Gewinn von –– Cents je Aktie; dieser Gewinn wurde zu Investitionszwecken zurückbehalten.« Jeder Anteilseigner sollte sodann gezwungen sein, den zusätzlichen, nicht ausgezahlten Gewinn gemeinsam mit der Dividende in seiner Einkommensteuererklärung aufzuführen. Ein Unternehmen könnte immer noch so viel zurückhalten, wie es für angebracht erachtet wird; es läge dann jedoch für eine derartige Handlungsweise kein weiterer Grund vor als der durchaus natürliche, durch interne Reinvestitionen einen höheren Gewinn zu erzielen, als es dem Aktionär extern möglich wäre. Es gibt kaum eine Maßnahme, die den Kapitalmarkt stärker beleben würde, der Wirtschaft größeren Auftrieb gäbe und einem wirkungsvollen freien Wettbewerb mehr dienlich sein könnte.

Solange natürlich die Einkommensteuer so stark gestaffelt ist wie gegenwärtig, wird es immer einen starken Druck geben, Ausweichmöglichkeiten zu finden. In dieser Hinsicht ebenso wie unmittelbar stellt die stark gestaffelte Einkommensteuer eine ernstliche Behinderung für die wirkungsvolle Nutzung unserer Möglichkeiten dar. Die angemessene Lösung dieses Problems wäre die drastische Senkung der hohen Steuersätze zusammen mit der Aufhebung der Ausweichmöglichkeiten, die in der Gesetzgebung vorhanden sind.

Die soziale Verantwortung der Arbeitgeber und Gewerkschaften

In letzter Zeit gewann die Meinung immer mehr Raum, dass Unternehmer und Gewerkschaftsführer eine »soziale Verantwortung« hätten, die über die Vertretung der Interessen ihrer Aktionäre oder Mitglieder hinausginge. Diese Ansicht erweist sich als grundlegende Fehleinschätzung des Charakters und der Natur eines freien Wirtschaftswesens. In einem freien Wirtschaftssystem gibt es nur eine einzige Verantwortung für die Beteiligten: Sie besagt, dass die verfügbaren Mittel möglichst Gewinn bringend eingesetzt und Unternehmungen unter dem Gesichtspunkt der größtmöglichen Profitabilität geführt werden müssen, solange dies unter Berücksichtigung der festgelegten Regeln des Spiels geschieht, d.h. unter Beachtung der Regeln des offenen und freien Wettbewerbs und ohne Betrugs- und Täuschungsmanöver. Ebenso liegt die »soziale Verantwortung« der Gewerkschaftsführer in der Wahrnehmung der Interessen der Mitglieder ihrer Gewerkschaften. Und es ist unser aller Verantwortung, eine Gesetzesstruktur zu schaffen, die sicherstellt, dass ein Individuum, das seine persönlichen Interessen wahrnimmt – um nochmals Adam Smith zu zitieren –, »wie von einer unsichtbaren Hand geführt ein Ziel erreicht, das nicht Teil seiner Absicht war. Dies ist keineswegs immer negativ für die Gesellschaft als Ganzes. Indem der Einzelne seine eigenen Ziele zu erreichen sucht, dient er oft den Interessen der Gesellschaft besser, als wenn er sie bewusst verfolgt. Ich habe nicht viel Gutes von denen gesehen, die vorgaben, für das Allgemeinwohl zu arbeiten.«[5]

Es gibt wenig Entwicklungstendenzen, die so gründlich das Fundament unserer freien Gesellschaft untergraben können, wie die Annahme einer anderen sozialen Verantwortung durch Unternehmer als die, für die Aktionäre ihrer Gesellschaften so viel Gewinn wie möglich zu erwirtschaften. Das andere ist eine zutiefst subversive Doktrin. Wenn die Unternehmer eine andere soziale Verantwortung haben, als für ihre Aktionäre möglichst viel Gewinn zu erwirtschaften, wie sollten sie genau bestimmen, was für eine? Können Privatleute, die sich für berufen halten, bestimmen, was das soziale Interesse verlangt? Können sie entscheiden, wie groß die Belastung sein darf, die sie im Namen des sozialen Interesses sich selbst oder ihren Aktionären zumuten können? Kann man tolerieren, dass derart wichtige öffentliche Funktionen wie Besteuerung, Ausgabenverteilung und ihre Kontrolle von den Leuten wahrgenommen werden, die vorübergehend aufgrund ihrer Wahl für bestimmte Positionen durch rein private Gruppen für bestimmte Unternehmen verantwortlich sind? Wenn Unternehmer mehr Staatsbeamte als Angestellte ihrer Anteilseigner sind, werden sie in einem demokratischen Staatswesen früher oder später durch die öffentlichen Methoden von Wahl und Delegierung bestimmt werden.

Lange jedoch, bevor es so weit kommt, werden die Unternehmer schon keine Entscheidungsgewalt mehr haben. Eine dramatische Illustration für diese Möglichkeiten war die Rücknahme einer Stahlpreiserhöhung durch die U.S. Steel Corporation im April 1962 als Folge einer öffentlichen Missfallenserklärung Präsident Kennedys und der Androhung von Vergeltungsmaßnahmen, die von Anti-Trust-Prozessen bis hin zu Nachprüfungen der Steuererklärungen von führenden Managern der Stahlbranche gingen. Dies war ein sehr eindrucksvoller Vorgang, weil er der Öffentlichkeit die gewaltige Machtkonzentration in Washington vor Augen führte. Es wurde für uns

---

[5] a.a.O., IV, 2, S. 421.

alle deutlich, wie viel von der für einen Polizeistaat erforderlichen Macht bereits zur Verfügung stand. Der Vorgang wirft auch ein deutliches Licht auf unser Thema. Wenn der Stahlpreis eine Angelegenheit öffentlicher Entscheidung ist, wie die Lehre von der sozialen Verantwortung sagt, dann darf er natürlich nicht unter Ausschluss der Öffentlichkeit fixiert werden.

Ein besonderer Aspekt der Doktrin, der in diesem Beispiel deutlich wird und der in letzter Zeit besonders hervorgehoben wurde, ist die angebliche soziale Verantwortung von Unternehmern und Gewerkschaften, Preise und Löhne stabil zu halten, um der Inflation entgegenzuwirken. Angenommen, jeder Arbeitgeber und jeder Gewerkschaftsführer akzeptierte diese Verantwortlichkeit in einer Zeit steigenden Preisdrucks – der letztlich natürlich das Resultat des steigenden Geldumlaufs ist –, und angenommen, es gelänge, jeglichen Preisauftrieb zu verhindern, so hätten wir freiwillige Preis- und Lohnkontrolle ohne offene Inflation. Was wäre die Folge hiervon? Ganz sicher doch Lieferschwierigkeiten, Arbeitskräftemangel, graue Märkte und schwarze Märkte. Wenn die Preise nicht das Angebot an Gütern und Arbeitskräften bestimmen können, wird es andere Wege hierzu geben. Können die Alternativmöglichkeiten privater Natur sein? Unter Umständen eine Zeit lang auf einem unbedeutenden und nebensächlichen Gebiet. Wenn die zur Debatte stehenden Güter jedoch vielfältig und wichtig sind, wird es notwendigerweise zu Druck, und höchstwahrscheinlich unwiderstehlichem Druck, in Richtung einer Zwangsbewirtschaftung seitens des Staates, einer Ausgabe von Regierungsrichtlinien für die Lohnentwicklung und von Regierungsmaßnahmen zur Delegierung und Verteilung des Arbeitspotenzials kommen.

Wenn wirkungsvoll realisiert, würde die Preiskontrolle, ob auf gesetzlicher oder freiwilliger Basis, schließlich zur Auflösung der freien Marktwirtschaft und zur Etablierung eines zentral gelenkten Wirtschaftssystems führen. Dabei würde sie nicht einmal im Kampf gegen Inflation erfolgreich sein. In der Geschichte finden sich hinreichend Beispiele dafür, dass das durchschnittliche Preisniveau von der gesamten Geldmenge einer Volkswirtschaft und nicht von der Gewinnsucht der Unternehmer und Arbeiter bestimmt wird. Regierungen rufen die Tarifpartner zur Zurückhaltung auf, weil sie sich außerstande sehen, mit ihren eigenen Angelegenheiten – darunter auch der Steuerung der umlaufenden Geldmenge – fertig zu werden, ebenso wie mit dem typisch menschlichen Bestreben, Geld zu verdienen und auszugeben.

Ein Teilgebiet des Gesamtproblems der sozialen Verantwortung, das ich pflichtschuldigst erwähnen möchte, da es meine eigenen persönlichen Interessen berührt, ist die Forderung nach Unterstützung von gemeinnützigen Institutionen, insbesondere Universitäten, durch die Industrie. Derartige Zuwendungen durch Unternehmen wären ein unangebrachter Gebrauch des Unternehmenskapitals in einer Gesellschaft der freien Marktwirtschaft.

Das Unternehmen ist ein Instrument der Aktionäre, die es besitzen. Wenn die Aktiengesellschaft Zuwendungen macht, hindert sie den einzelnen Aktionär daran, selbst zu entscheiden, wie er seine Mittel verwenden möchte. Mit Rücksicht auf die Unternehmensbesteuerung und die steuerliche Absetzbarkeit von Zuwendungen wäre natürlich denkbar, dass die Anteilseigner Zuwendungen in ihrem Namen wünschen, da die Zuwendung so größer ausfallen kann. Die beste Lösung wäre die Abschaffung der Körperschaftssteuer. Solange sie jedoch besteht, gibt es keine Rechtfertigung für die Absetzbarkeit von Zuwendungen an Einrichtungen des öffentlichen Wohls. Derartige Zuwendungen sollten von Einzelpersonen aufgebracht werden, die letztlich die Inhaber des Eigentums in unserer Gesellschaft sind.

Leute, die für die Ausweitung der steuerlichen Absetzbarkeit für diese Art von Zuwendungen im Namen einer freien Wirtschaft eintreten, arbeiten zutiefst gegen ihre eigenen Interessen. Eine oft gehörte Klage über die moderne Unternehmensstruktur ist die, dass Eigentum und Kontrolle zu sehr getrennt wären, dass das Unternehmen zu einer sozialen Einrichtung geworden sei, die sich selbst zum Gesetz geworden ist, mit niemandem verantwortlichen Führungskräften, die nicht dem Interesse ihrer Aktionäre dienen. Dieser Vorwurf trifft nicht zu. Die Richtung, in der sich die Dinge jetzt bewegen, mit der Möglichkeit für Unternehmen, Aufwendungen für öffentliche Einrichtungen steuerlich abzusetzen, ist jedoch ein Schritt in Richtung einer echten Trennung zwischen Eigentum und Aufsicht und in Richtung auf eine Änderung des grundsätzlichen Charakters und der Natur unserer Gesellschaft. Es ist dies ein Schritt weg von der auf das Individuum ausgerichteten Gesellschaft und in Richtung des Gesellschaftsstaates.

9 Freie Berufswahl und Lizenzen

Die Aufhebung des mittelalterlichen Zunftsystems war in der westlichen Welt ein unentbehrlicher erster Schritt in Richtung Freiheit. Es war dies ein Triumph des liberalen Gedankengutes und wurde weithin als solcher anerkannt. Um die Mitte des 19. Jahrhunderts konnten die Menschen in Großbritannien, in den Vereinigten Staaten und in etwas geringerem Maß auf dem europäischen Kontinent erstmalig jeder Beschäftigung und jedem Handel nachgehen, die oder der sie interessierte, ohne die Einwilligung von Behörden oder sonstigen halbstaatlichen Stellen. In den vergangenen Jahrzehnten war etwas Ähnliches wie eine Umkehrung dieser Entwicklung zu beobachten, das heißt eine zunehmende Tendenz zu der Praxis, bestimmte Berufe auf Personen zu beschränken, die vom Staat zu deren Ausübung lizenziert wurden.

Diese Beschränkungen der Freiheit des Einzelnen, seine Möglichkeiten nach eigenem Wunsch zu nutzen, sind schon an sich bedeutungsvoll. Zudem stellen sie eine weitere Art von Problemen dar, auf die die in den ersten beiden Kapiteln entwickelten Prinzipien anwendbar sind.

Zunächst werde ich die Problematik im Allgemeinen behandeln und mich dann mit einem bestimmten Beispiel auseinandersetzen, mit den Einschränkungen auf dem Gebiet der Medizin. Der Grund für die Wahl dieses Beispiels liegt darin, dass es wünschenswert erscheint, die Beschränkungen an einem Beispiel zu behandeln, bei dem vieles dafür zu sprechen scheint – aus der Beschäftigung mit Papiertigern lässt sich nicht viel über die Tigerjagd lernen. Ich will annehmen, dass die meisten, wahrscheinlich sogar die meisten liberal denkenden Menschen der Meinung sind, es sei wünschenswert, die Erteilung von Lizenzen in der Medizin obligatorisch zu machen. Ich bin ebenfalls der Ansicht, dass auf dem Gebiet der Medizin besonders zwingende Gründe für die Pflicht zur Lizenzierung sprechen, und zwar mehr als auf den meisten anderen Gebieten. Dennoch wird meine Schlussfolgerung besagen, dass die liberalen Grundsätze selbst in der Medizin keinen Lizenzzwang rechtfertigen und dass in der Praxis das Resultat des staatlichen Lizenzzwangs für Mediziner negativ ist.

Die Allgegenwart staatlicher Beschränkungen in den Beschäftigungsmöglichkeiten des Einzelnen

Lizenzzwang ist ein Spezialfall eines viel allgemeineren und weitaus verbreiteteren Phänomens, nämlich des Zwanges für Einzelpersonen, sich nicht mit bestimmten wirtschaftlichen Tätigkeiten abzugeben, außer zu den von einer Staatsautorität festgelegten Bedingungen. Die mittelalterlichen Zünfte waren ein gutes Beispiel für ein System der Fixierung, welchen Personen bestimmte Arbeitsgebiete zuzuteilen wären. Das indische Kastensystem ist ein weiteres Beispiel. Die vorhandenen Beschränkungen wurden im Kastensystem sehr stark, im Zunftwesen nicht ganz so stark, vom allgemeinen Gesellschaftsgefüge und nicht so sehr und ausdrücklich von der Staatsautorität bestimmt.

Weit verbreitet ist die Ansicht, dass innerhalb des Kastensystems der Beruf jedes Individuums vollständig dadurch bestimmt war, in welche Kaste er geboren wurde. Jedem Wirtschaftsfachmann ist die Unmöglichkeit eines derartigen Systems klar, da hierbei eine feste Einteilung von Einzelpersonen für bestimmte Berufsgruppen vorgenommen wird, die ausschließlich durch Geburtenziffern und überhaupt nicht von den Bedarfserfordernissen bestimmt wird. Natürlich funktionierte das System nicht auf diese Weise. Es galt vielmehr, und gilt zum Teil noch heute, dass eine begrenzte Anzahl von Berufen den Mitgliedern bestimmter Kasten vorbehalten waren; nicht alle Mitglieder dieser Kasten wählten jedoch einen dieser Berufe. Es gab auch einige besondere Berufe, z.B. allgemeine Landwirtschaftsarbeit, in denen Mitglieder verschiedener Kasten Beschäftigung fanden. Diese Berufe machten eine Verteilung des Arbeitspotenzials in gewisser Relation zur Nachfrage möglich.

Heutzutage sind Tarife, Gesetze zum Schutz des freien Wettbewerbs, Importquoten, Ausstoßquoten, gewerkschaftliche Beschränkungen der Anzahl von Arbeitnehmern und Ähnliches beispielhaft für verwandte Tendenzen. In allen Fällen bestimmt die staatliche Autorität die Bedingungen, zu denen bestimmte Einzelpersonen bestimmten Tätigkeiten nachgehen können, d.h. die Art und Weise, in der einige Individuen mit anderen Abmachungen treffen dürfen. Die gemeinsame Charakteristik dieser Beispiele ist, ebenso wie beim Lizenzzwang, dass das Gesetz aufgrund der Interessen einer Gruppe von Herstellern verabschiedet wurde. Im Falle des Lizenzzwangs ist dies gewöhnlich eine bestimmte Berufsgruppe. Bei den anderen Beispielen handelt es sich vielleicht um eine Gruppe von Herstellern eines bestimmten

Produktes, die einen Fixtarif fordert, eine Gruppe von Ladenbesitzern, die Schutz vor der Konkurrenz der Supermarktketten sucht, oder auch eine Gruppe von Ölprospektoren, Bauern oder Stahlarbeitern.

Lizenzzwang für Berufe ist heutzutage sehr verbreitet. Walter Gellhorn, der Verfasser der besten kurzen Übersicht, die mir bekannt ist, schreibt: »Bis zum Jahre 1952 wurden neben ›Eigentümer-Unternehmen‹ wie Restaurants und Taxibetriebe mehr als 80 verschiedene Berufe durch Gesetze auf Bundesstaatenebene lizenziert; zusätzlich existiert eine Vielzahl von Vorschriften auf Gemeindeebene, und es gibt Bundesvorschriften für den Lizenzzwang so unterschiedlicher Tätigkeiten wie Rundfunksenderbesitzer und Viehaufkäufer. Schon im Jahre 1938 gab es in einem einzigen Bundesstaat, North Carolina, Lizenzzwang für 60 Berufe. Es mag nicht überraschen, dass Apotheker, Buchhalter, Zahnärzte, Sanitäter, Psychologen, Kritiker, Architekten, Tierärzte und Bibliothekare von der Gesetzgebung der Bundesstaaten erfasst wurden. Mit welcher Entdeckerfreude hörte man dann nicht vom Lizenzzwang für Dreschmaschinenfahrer und Tabakhändler?! Ferner für Eiersortierer, Blindenhundlehrer, Insektenvertilger, Jachtverkäufer, Baumschnitter, Brunnengräber, Dachdecker und Kartoffelpflanzer! Und schließlich gibt es noch die Hypertrichologisten, die im Bundesstaat Connecticut unter Lizenzzwang stehen und deren Aufgabe es ist, überzähliges und unansehnliches Haar mit der ihrem hochtrabenden Titel entsprechenden Feierlichkeit zu entfernen.«[1] Bei den Argumenten, mit denen der Gesetzgeber zur Verabschiedung derartiger Lizenzvorschriften überredet werden soll, ist immer wieder von der Notwendigkeit die Rede, die Interessen der Öffentlichkeit zu schützen. Im Gegensatz hierzu steht die Tatsache, dass der Druck in Richtung auf die Einführung des Lizenzzwangs selten von Leuten kommt, die von Mitgliedern einer bestimmten Berufsgruppe betrogen wurden oder sonst mit ihnen schlechte Erfahrungen gemacht haben. Im Gegenteil: Dieser Druck kommt so gut wie immer von den Vertretern eben dieses Berufsstandes selbst. Natürlich wissen diese Herrschaften selbst am besten, wie sehr sie den Kunden ausnehmen, und sie können daher sicherlich Expertenwissen für sich in Anspruch nehmen.

Gleichermaßen bringen die Maßnahmen für den Lizenzzwang fast unausweichlich die Kontrolle durch Mitglieder des zu lizenzierenden Berufszweiges mit sich. Dies ist auch wiederum ganz verständlich. Wenn der Be-

---

[1] Walter Gellhorn, *Individual Freedom and Governmental Restraints*, Baton Rouge: Louisiana State University Press, 1956, besonders das Kapitel »The Right to Make a Living«, S. 106.

ruf des Klempners auf diejenigen beschränkt werden soll, die über die erforderliche Geschicklichkeit und die notwendigen Kenntnisse verfügen, um dem Kunden gute Arbeit zu garantieren, so können selbstverständlich nur Klempner beurteilen, wer eine Lizenz erhalten soll. So kommt es, dass sich der Rat, der über die Erteilung von Lizenzen entscheidet, fast ausschließlich aus Klempnern oder Apothekern oder Ärzten, je nach der zu lizenzierenden Berufsgruppe, zusammensetzt.

Gellhorn erwähnt weiter, dass »75 Prozent der lizenzverteilenden Körperschaften in diesem Lande heute ausschließlich aus lizenzierten Angehörigen der entsprechenden Berufe zusammengesetzt sind. Diese Herren und Damen, von denen die Mehrzahl manchmal nur in ebendieser Funktion tätig ist, können an vielen der von ihnen getroffenen Entscheidungen hinsichtlich der Aufnahmebedingungen oder der Festlegung von Maßstäben, die von den Lizenzhaltern beachtet werden müssen, direkte und handfeste wirtschaftliche Interessen haben. Wichtiger noch ist, dass sie gewöhnlich direkte Vertreter bestimmter organisierter Gruppen innerhalb ihres Berufes sind. Im Allgemeinen werden sie von diesen Gruppen nominiert, um eine Ausgangsbasis für eine Abstellung zur Regierung oder sonst zu einer Behörde zu haben, was oft eine reine Formsache ist. Meist wird auf diese Formalität gänzlich verzichtet, und die Benennung erfolgt durch die Berufsgenossenschaft direkt – so zum Beispiel bei den Mumifizierern in North Carolina, den Zahnärzten in Alabama, den Psychologen in Virginia, den Ärzten in Maryland und den Rechtsanwälten in Washington.«[2]

So kommt es, dass Lizenzzwang häufig zu der gleichen Art von Reglement wie beim mittelalterlichen Zunftwesen führt, wobei der Staat an die Mitglieder einer Berufsgruppe Macht delegiert. In der Praxis haben die Erwägungen, die bei der Frage einer Bewerbung für eine Lizenz in Betracht gezogen werden, für den Laien nicht die geringste Beziehung zur beruflichen Kompetenz. Dies ist keineswegs überraschend. Wenn einige Menschen darüber zu entscheiden haben, ob andere Menschen einen bestimmten Beruf ausüben dürfen oder nicht, wird dabei mancherlei Art von Überlegungen in Betracht kommen. Welcher Art diese Überlegungen sind, hängt von den Mitgliedern der Lizenzkommission und von der allgemeinen Zeitstimmung ab. Gellhorn erwähnt, in welchem Maß Loyalitätseide für die verschiedensten Berufe zur Zeit der Angst vor kommunistischer Subversion abverlangt wurden. Er schreibt: »Eine Vorschrift in Texas aus dem Jahre 1952 besagt, dass jeder Bewerber um

---

[2] a.a.O., S. 140/141.

eine Lizenzierung als Apotheker zu beschwören hat, dass ›er kein Mitglied der kommunistischen Partei ist und zu ihr keine Beziehungen unterhält, dass er nicht beabsichtigt und auch keiner Gruppe angehört oder eine Gruppe oder Organisation unterstützt, die beabsichtigt, mit Gewalt oder irgendwelchen illegalen und unkonstitutionellen Mitteln die Regierung der Vereinigten Staaten zu stürzen oder etwas Derartiges betreibt oder als Programm verkündet‹. Etwas obskur ist die Beziehung zwischen diesem Eid auf der einen Seite und der Gesundheit der Allgemeinheit auf der anderen, die ja der Hauptgrund für eine Lizenzierung von Apothekern sein sollte. Die Berechtigung dafür, dass berufsmäßige Boxer und Ringer im Staate Indiana schwören müssen, sie hegen keine subversiven Absichten, ist auch nicht einleuchtender ... Ein junger Musiklehrer, der nach seiner Identifizierung als Kommunist zur Aufgabe seines Berufes gezwungen wurde, hatte Schwierigkeiten, in der Hauptstadt Washington D. C. einen Posten als Klavierstimmer zu finden, denn, fürwahr, er war ›ein Schüler des Kommunismus‹. Tierärzte im Staate Washington dürfen eine kranke Kuh oder Katze nur dann behandeln, wenn sie einen Eid als Nichtkommunist geschworen und unterschrieben haben.«[3]

Wie man auch immer dem Kommunismus gegenüber eingestellt sein mag, so ist doch jegliche Beziehung zwischen den erwähnten Auflagen und den Fähigkeiten, die durch die Lizenzvergabe erwiesen werden sollen, etwas weit hergeholt. Das Ausmaß derartiger Auflagen reicht manchmal ins Lächerliche. Einige weitere Zitate Gellhorns sollen als eine Art komisches Zwischenspiel folgen.[4]

Zu den amüsantesten Vorschriften gehören diejenigen für Friseure, ein Beruf, der in vielen Orten lizenzpflichtig ist. Nachfolgend ein Auszug aus einem Gesetz, das von den Gerichten im Staate Maryland für null und nichtig erklärt wurde, obgleich Ähnliches in den Staaten anderer Bundesstaaten zu lesen ist, in denen es in Kraft ist.»Das Gericht war eher enttäuscht als beeindruckt von der Vorschrift, dass Friseurlehrlinge formell in folgenden Gebieten unterrichtet werden müssen: ›die wissenschaftlichen Grundlagen des Friseurhandwerks, der Hygiene, der Bakteriologie, der Histologie von

---

[3] a.a.O., S. 129 f.
[4] Um Walter Gellhorn gerecht zu werden, sollte ich erwähnen, dass er nicht meine Ansicht teilt, die beste Lösung dieser Probleme wäre die Abschaffung des Lizenzzwanges. Im Gegensatz dazu ist er der Meinung, wenn der Lizenzzwang auch in einigen Fällen viel zu weit gegangen sei, habe er doch einige berechtigte Funktionen. Er empfiehlt prozedurale Reformen und Änderungen, die seiner Meinung nach den Missbrauch von Lizenzbestimmungen begrenzen würden.

Haar, Haut, Finger- und Fußnägeln, Muskeln und Nerven, der Kopf-, Gesichts- und Nackenstruktur; ferner in den Grundlagen der Chemie in Bezug auf Sterilisation und antiseptische Mittel, den Erkrankungsmöglichkeiten von Haut, Haar, Drüsen, Fuß- und Fingernägeln, im Haareschneiden, Rasieren und Frisieren sowie im Färben und Bleichen der Haare.«»[5] Ein weiteres Zitat zum Friseurhandwerk soll folgen: »Unter 18 repräsentativ ausgewählten Bundesstaaten im Jahre 1929 verlangte kein einziger, dass ein Anwärter auf eine Lizenzierung als Friseur eine abgeschlossene Ausbildung auf einer ›Hochschule des Friseurhandwerks‹ vorweisen müsse, obschon in allen diesen Staaten eine Lehre vorgeschrieben war. Heute hingegen verlangen die Staaten gewöhnlich eine abgeschlossene Ausbildung auf einer Friseurschule, an der nicht weniger als 1000 Unterrichtsstunden (und oft noch wesentlich mehr) über ›theoretische Fächer‹ wie Sterilisation von Instrumenten und Ähnliches erteilt werde, zusätzlich zu einer Lehre.«[6]

Ich möchte meinen, diese Zitate verdeutlichen, dass die Frage des Lizenzzwanges für Berufe mehr ist als ein triviales Beispiel für staatliche Einmischung, dass er vielmehr in diesem Land bereits eine ernstliche Einschränkung für das Individuum darstellt, Tätigkeiten ihrer freien Wahl nachzugehen, und dass die Gefahr besteht, dass diese Bedrohung noch weitaus größer wird, da es unaufhörliche Bestrebungen gibt, die Gesetzgebung zur Ausweitung dieser Vorschriften zu bewegen.

Bevor wir uns mit den Vor- und Nachteilen des Lizenzzwangs näher befassen, mag es angebracht sein, einmal kurz festzustellen, wieso wir eine derartige Gesetzgebung überhaupt besitzen, und ferner, welche Art von politischen Problemen durch die Tendenz zur Durchsetzung derartiger Gesetze aufgezeigt wird. Die in verschiedenen Bundesstaaten erlassenen Vorschriften, dass Friseure zur Ausübung ihres Handwerks die Zustimmung einer Kommission anderer Friseure benötigen, ist kaum ein überzeugender Beweis für das öffentliche Interesse an einer derartigen Gesetzgebung. Die Erklärung hierfür muss ganz sicherlich anders lauten; sie besagt, dass eine Erzeugergruppe eher zu politischer Konzentration neigt als eine Verbrauchergruppe. Diese Tatsache wird häufig erwähnt, und ihre Wichtigkeit kann nicht genug betont werden.[7] Jeder von uns ist sowohl Produzent als auch

---

[5] a.a.O., S. 121 f.
[6] a.a.O., S. 146.
[7] Vgl. z.B. Wesley Mitchells bekannten Aufsatz »Backward Art of Spending Money« (Die überholte Kunst des Geldausgebens), der in seiner gleichnamigen Aufsatzsammlung enthalten ist, New York: McGraw-Hill, 1937, S. 3–19.

Verbraucher. Wir sind jedoch bei unserer Tätigkeit als Erzeuger viel stärker engagiert und wenden ihr weitaus mehr Aufmerksamkeit zu als unserer Eigenschaft als Verbraucher. Wir verbrauchen buchstäblich Tausende, wenn nicht Millionen von Dingen. Dies hat zur Folge, dass Leute des gleichen Beschäftigungszweiges, wie Friseure oder Ärzte, allesamt starkes Interesse für die spezifischen Probleme eben ihres Berufs hegen und gewillt sind, eine ganze Menge Zeit und Mühe auf diese Probleme zu verwenden. Andererseits besuchen wir, die wir Friseurkunden sind, nur in unregelmäßigen Abständen die Salons, und wir geben auch nur einen geringen Bruchteil unseres Einkommens in Friseursalons aus. Unser Interesse für sie ist oberflächlich. Kaum jemand von uns wird gewillt sein, seine Zeit damit zu verbringen, vor Gericht zu gehen und gegen den Unfug der Beschränkungen des Friseurhandwerks auszusagen. Das Gleiche gilt auch für Fixtarife. Die Gruppen mit ausgeprägtem Interesse an bestimmten Fixtarifen sind kleine Gruppen, für die jene Frage von großer Bedeutung ist. Das öffentliche Interesse ist weit gestreut. Daraus folgt, dass Herstellergruppen angesichts des Fehlens allgemeiner Arrangements zum Ausgleich gegen den Druck von Seiten bestimmter Interessengruppen zweifelsohne immer mehr Einfluss auf Gesetzgebung und Staatsgewalt haben als die zersplitterten und weit gestreuten Interessengruppen von Verbrauchern. Von diesem Standpunkt aus gesehen verwundert nicht so sehr die Vielzahl alberner Lizenzierungsvorschriften, sondern vielmehr ihre geringe Zahl. Es ist geradezu rätselhaft, wie man je zu einer relativen Unabhängigkeit von staatlicher Kontrolle der Produktionsaktivitäten des Einzelnen gelangen konnte, wie es in diesem Land geschah und immer noch praktiziert wird, und wie sie in anderen Ländern gleichfalls besteht.

Die einzige Möglichkeit, einzelnen Herstellergruppen ausgleichend entgegenzutreten, liegt meines Erachtens in der Etablierung allgemeiner Maßnahmen gegen gewisse Arten von Aktivitäten seitens des Staates. Nur bei allgemeiner Akzeptierung der Auflage, dass in einigen Fällen die Aktivitäten des Staates erheblich beschränkt werden müssen, kann die Gegenbeweislast denjenigen deutlich auferlegt werden, die von diesen allgemeinen Richtlinien abweichen sollten; nur so mag begründete Veranlassung zu der Hoffnung bestehen, die Zunahme von Sondermaßnahmen zur Unterstützung bestimmter Interessengruppen einzudämmen. Immer wieder kehren wir zu diesem Ausgangspunkt zurück. Es liegt auf der gleichen Linie wie die Bill of Rights und wie eine Regulierung der Geld- und Finanzpolitik.

Sich aus dem Lizenzzwang ergebende Grundsatzfragen

Es ist notwendig, drei verschiedene Ebenen der Kontrolle zu unterscheiden: 1) Registrierung; 2) Bestätigung; 3) Lizenzerteilung.

Unter Registrierung verstehe ich eine Übereinkunft, der zufolge Personen bei Aufnahme bestimmter Tätigkeiten ihre Namen in eine offizielle Liste einzutragen haben. Es gibt hierbei keine Möglichkeit, jemanden, der zur Eintragung seines Namens bereit ist, von der Aufnahme der infrage kommenden Tätigkeit abzuhalten. Man kann ihm eine Gebühr abverlangen, entweder als Eintragungsgebühr oder als eine Art Besteuerung.

Die zweite Ebene ist die der Bestätigung. Hierbei mag eine staatliche Stelle gewisse Fähigkeiten eines Individuums bestätigen, ohne dabei in irgendeiner Form die Ausübung der gleichen Tätigkeit durch Personen verhindern zu können, die nicht über ein derartiges Zertifikat verfügen. Ein Beispiel hierfür ist die Buchführung. In den meisten Bundesstaaten kann jeder eine Tätigkeit als Buchhalter aufnehmen, ob er nun ein offizielles Zertifikat besitzt oder nicht. Es ist jedoch nur den Absolventen einer bestimmten Prüfung erlaubt, die Bezeichnung CPA (Geprüfter Öffentlicher Buchhalter) zu ihrem Namen zu führen oder ein entsprechendes Schild in ihrem Büro aufzuhängen. Die Bestätigung ist oftmals nicht mehr als ein Zwischenstadium. In vielen Bundesstaaten besteht eine Tendenz, eine ständig wachsende Zahl von Tätigkeiten auf geprüfte öffentliche Buchhalter zu beschränken. Derartige Tendenzen führen vom Bestätigungszwang zum Lizenzzwang. In einigen Staaten ist »Architekt« eine Bezeichnung, die nur von Personen geführt werden darf, die eine bestimmte Prüfung bestanden haben. Dies ist ein typischer Fall von Bestätigungszwang. Er hindert niemanden daran, ein Geschäft aufzumachen, in dem er gegen Entgelt Leute beim Bau von Häusern berät.

Die dritte Ebene ist der echte Lizenzzwang. Hierbei besteht die Verpflichtung zur Erlangung einer Lizenz seitens einer anerkannten Behörde oder Autorität, um eine bestimmte Tätigkeit aufnehmen zu dürfen. Diese Lizenz ist mehr als nur eine Formalität. Sie setzt einen Kompetenznachweis voraus oder auch das Bestehen von Prüfungen, die ihrerseits einen Kompetenznachweis liefern sollen; ferner ist niemand, der keine Lizenz besitzt, zur Aufnahme des fraglichen Berufs befugt, widrigenfalls er eine Geld- oder Gefängnisstrafe riskiert.

Folgende Frage erscheint mir hier von Bedeutung: Unter welchen Umständen, falls überhaupt, können wir derartige Maßnahmen rechtfertigen? Meiner Meinung nach kann man die Praxis der Registrierung aus drei Hauptgründen unter Einbezug liberaler Prinzipien akzeptieren.

Erstens kann sie bei der Verfolgung anderer Ziele von Nutzen sein. Lassen Sie mich das an einem Beispiel erläutern. Die Polizei hat oft mit Gewalttaten zu tun. Nach einem Verbrechen ist es hilfreich zu wissen, wer Zugang zu Schusswaffen besaß. Vor einem Verbrechen wäre es hilfreich, könnte man verhindern, dass Schusswaffen in die Hände von Leuten gelangen, die sie zu Verbrechen missbrauchen. Zu diesem Unterfangen mag es gerechtfertigt sein, eine Registrierung der Waffengeschäfte vorzunehmen. Selbstverständlich stehe ich zu meiner bereits mehrmals in früheren Kapiteln vertretenen Meinung, dass die Feststellung, es *könne* eine Rechtfertigung vorliegen, niemals für die Schlussfolgerung genügt, dass eine Rechtfertigung auch tatsächlich gegeben *ist*. Es ist notwendig, eine Bilanz der Vor- und Nachteile unter liberalen Gesichtspunkten aufzustellen. Hier sei nur so viel gesagt, dass derartige Erwägungen in einigen Fällen schwerer wiegen könnten als die allgemeine Abneigung gegenüber einer Erfassung von Personen.

Zweitens ist Registrierung manchmal nichts anderes als eine Möglichkeit zur Vereinfachung der Besteuerung. Hier tauchen dann die Fragen auf, ob die fragliche Steuer eine angemessene Methode zur Erlangung des Steueraufkommens für die Finanzierung von für notwendig erachteten staatlichen Maßnahmen ist und ob die Registrierung die Steuereintreibung erleichtert. Dies mag der Fall sein, weil entweder der Registrierte eine Steuer entrichten muss, oder weil er als Steuereinnehmer verwendet wird. Es ist beispielsweise zur Erhebung einer Verkaufssteuer auf verschiedene Konsumgüter erforderlich, eine Aufstellung oder Liste aller Geschäfte zu haben, in denen steuerpflichtige Waren zum Verkauf angeboten werden.

Drittens kann die Registrierung eine Möglichkeit sein, um den Verbraucher vor Betrug zu schützen. Und dies ist die einzige Rechtfertigung, die in der Nähe unserer Hauptlinie liegt. Im Allgemeinen wird unter Einhaltung liberaler Grundsätze dem Staat die Verfügungsgewalt zur Durchsetzung vertraglicher Verpflichtungen mit rechtlichen Mitteln zugestanden, und Betrug beinhaltet stets eine Vertragsverletzung. Sicherlich stellt sich die Frage, wie weit im Voraus beim Schutz vor Betrug gegangen werden soll, da hierbei eine Überschneidung mit den Praktiken freiwilliger Vertragsabschlüsse und deren Einhaltung unvermeidbar ist. Ich glaube jedoch nicht, dass man aufgrund von Prinzipien von vornherein die Möglichkeit ausschließen kann, dass bestimmte Tätigkeiten derart gute Möglichkeiten für Betrügereien schaffen, dass es nicht ratsam wäre, im Voraus über eine Liste der Personen zu verfügen, die jener Tätigkeit nachgehen. Ein gutes Beispiel ist hier vielleicht die Registrierung von Taxifahrern. Ein Taxifahrer, der bei Nacht einen Fahrgast mitnimmt, mag in einer besonders günstigen Ausgangsposition sein, diesen Fahrgast zu bestehlen. Um Derartiges wirksam zu verhindern, könnte es von Vorteil sein, eine Liste mit den Namen aller Taxiunternehmer aufzustellen, jedem Taxi eine Nummer zu geben und vorzuschreiben, dass diese Nummer im Inneren des Taxis angebracht wird, sodass ein Fahrgast, der belästigt wird, sich nur die Nummer des Taxis zu merken braucht. Diese Art Maßnahme benutzt die Polizeigewalt, um Einzelpersonen vor Gewalthandlungen durch andere Einzelpersonen zu schützen, und sie ist vielleicht die beste Methode, dies zu tun.

Es ist weitaus schwieriger, eine Rechtfertigung für den Vorgang der Bestätigung zu finden. Der Grund dafür liegt in der Tatsache, dass der Markt hier gewöhnlich für sich selbst sorgen kann. Die Problematik ist bei Produkten und Dienstleistungen identisch. Auf mannigfachen Gebieten existieren private Zertifikatsinstitutionen, welche die Kompetenz einer Person oder die Qualität eines bestimmten Produktes bestätigen. Das Gütesiegel der Zeitschrift *Good Housekeeping* ist ein solches privates Zertifikat. Auf dem Sektor der Industrieprodukte existieren private Testlabors, durch die eine Bestätigung der Qualität eines gegebenen Produktes erfolgt. Für Verbrauchsgüter gibt es Verbraucher-Test-Organisationen, unter denen Consumer's Union und Consumer's Research die in den Vereinigten Staaten bekanntesten sind. Die so genannten Better Business Bureaus sind freiwillige Organisationen, welche die Qualität bestimmter Geschäfte prüfen und bestätigen. Technische Hochschulen, Fakultäten und Universitäten bestätigen die fachliche Kompetenz ihrer Abgänger. Eine Funktion der Großhändler und Warenhäuser ist die Qualitätsgarantie für die mannigfachen Produkte ihres Angebots. Der Verbraucher entwickelt so Vertrauen zu einem bestimmten Geschäft oder Unternehmen, und dieses wiederum versucht, das Vertrauen zu halten, indem es die Qualität der Waren in seinem Angebot ständig überprüft.

Man kann natürlich einwenden, dass in einigen oder sogar vielen Fällen diese Art freiwilliger Untersuchung nicht so weit gehend sein mag, wie aus der Sicht des Einzelnen wünschenswert wäre, da bei der Sicherstellung der Vertrauenswürdigkeit der Zertifikate doch gewisse Schwierigkeiten bestehen. Die Frage ist im Prinzip die gleiche wie bei der Problematik der Patente und Urheberrechte, d.h., ob Einzelpersonen imstande sind, den Wert ihrer Dienstleistungen gegenüber anderen richtig einzuschätzen. Wenn ich mich daran mache, Zertifikate auszustellen, mag es keinen effektiven Weg geben, dafür die entsprechende Entlohnung zu verlangen und zu bekommen. Wenn ich meine diesbezüglichen Informationen an einen Einzelnen verkaufe, kann ich ihn kaum daran hindern, ebendiese Information an andere weiterzugeben. Daraus ergibt sich, dass es vielleicht unmöglich ist, zutreffende freie Informationen in Bezug auf Zertifikationsfragen zu erlangen, obschon in der Öffentlichkeit die Bereitschaft vorhanden ist, für einen derartigen Service, wenn nötig, auch zu bezahlen. Eine Möglichkeit zur Umgehung dieses Problems ist, wie bei anderen, ähnlich gelagerten Fragen, die Einführung von staatlicher Zertifikation.

Eine andere mögliche Rechtfertigung für die Bestätigung beruht auf der Monopol-Problematik. Es tauchen nämlich einige technische Monopol-Aspekte auf, da die Kosten für eine Zertifikatserstellung von der Anzahl der Informationsnehmer weit gehend unabhängig sind. Dabei ist jedoch eine Monopolbildung keineswegs unvermeidlich.

Die größten Schwierigkeiten bestehen meines Erachtens bei der Rechtfertigung des Lizenzzwangs. Hierbei geht es noch stärker um das Recht des Einzelnen, nach seinem freien Willen Vertragsabschlüsse zu tätigen. Dennoch gibt es einige Punkte, die für den Lizenzzwang sprechen und die auch der liberal Gesinnte innerhalb seiner Vorstellungen von angemessenen staatlichen Eingriffen anerkennen muss, obschon hier natürlich, wie immer, die Vor- und Nachteile gegeneinander abgewogen werden müssen. Das für einen Liberalen wohl zugkräftigste Argument liegt im Vorhandensein von Nebeneffekten. Das einfachste und einleuchtendste Beispiel ist der »inkompetente« Arzt, der eine Epidemie auslöst. Solange er nur seinen eigenen Patienten schlecht und unzureichend versorgt, handelt es sich einfach um Vertragsbruch in der Beziehung zwischen Arzt und Patient. Auf dieser Grundlage besteht kein Anlass zum Eingreifen. Man kann jedoch die Meinung vertreten, dass durch die unzureichende Behandlung, die der Arzt seinem Patienten angedeihen lässt, eine Seuche verursacht werden könnte, die auch Dritten schaden wird, die nicht am originären Vertragsverhältnis beteiligt sind. In einem derartigen Fall ist es denkbar, dass alle, einschließlich des potenziellen Patienten und des Arztes, willens sind, eine Beschränkung für die Ausübung der Heilkunst dahingehend zu akzeptieren, dass nur »kompetente« Personen die Möglichkeit dazu bekommen, um das Auftreten einer derartigen Epidemie zu verhindern.

Tatsächlich freilich ist nicht das soeben angeführte das Hauptargument, das von den Befürwortern für den Lizenzzwang genannt wird und das noch einige Pluspunkte, auch aus der Sicht des Liberalen, besitzt, sondern vielmehr ein rein paternalistisches, das wenig oder gar keine Überzeugungskraft besitzt. Hierbei wird argumentiert, dass die Menschen unfähig seien, ihre eigenen Diener richtig zu wählen, erst recht ihren Arzt, ihren Klempner oder ihren Friseur. Um seinen Arzt klug zu wählen, müsse ein Mann selber Arzt sein. Weiter heißt es, die meisten von uns wären inkompetent, und wir müssten vor unserer eigenen Unwissenheit geschützt werden. Dies will nichts anderes heißen, als dass wir, in unserer Eigenschaft als Wähler, uns selbst in unserer Eigenschaft als Verbraucher gegen unsere eigene Ignoranz schützen müssten, indem wir dafür Sorge tragen, dass wir nicht von inkompetenten Ärzten, Klempnern oder Friseuren bedient werden.

Bis hier habe ich die Argumente für Registrierung, Bestätigung und Lizenzzwang aufgeführt. In allen drei Fällen ist es offensichtlich, dass möglichen Vorteilen starke soziale Nachteile gegenüberstehen. Einige dieser Nachteile wurden bereits andeutungsweise erwähnt, und ich werde mich noch ausführlicher am Beispiel Medizin mit ihnen auseinander setzen – es mag jedoch vielleicht angebracht sein, sie an dieser Stelle einmal ganz allgemein darzulegen.

Der offensichtlichste soziale Nachteil liegt doch wohl darin, dass jede dieser Maßnahmen, Registrierung, Bestätigung oder Lizenzzwang, fast unweigerlich zu einem Werkzeug in der Hand bestimmter Herstellergruppen wird und diesen dazu dient, auf Kosten der Allgemeinheit eine Monopolstellung zu erreichen. Es gibt keine Möglichkeit, diesen Effekt auszuschalten. Die eine oder andere prozedurale Kontrolle mag als Hindernis auf diesem Weg dazwischengeschaltet werden; es wird jedoch wahrscheinlich keiner einzigen Kontrolle gelingen, die Schwierigkeiten auszuschalten, die daraus resultieren, dass es eben eine stärkere Akkumulation von Herstellerinteressen als von Verbraucherinteressen gibt. Wer sich am stärksten um derartige Arrangements bemüht und am meisten danach strebt, diese Art Maßnahmen durchzusetzen, und sich am intensivsten mit den Details der Ausführung beschäftigt, wird immer jemand aus dem infrage kommenden Berufsstand sein. Er ist es, der ständig Druck ausübt, Registrierung in Zertifikatszwang und diesen in Lizenzzwang umzuwandeln. Wenn Lizenzzwang einmal erreicht ist, werden die Leute, die an der Unterwanderung der Regulierungen eventuell ein Interesse haben könnten, von weiterer Einflussnahme ausgeschlossen. Sie bekommen keine Lizenz, müssen daher auf andere Berufe ausweichen und verlieren ihr Interesse. Das Endresultat ist immer die Ausübung von Kontrolle über Neuzugänge durch die Beschäftigten desselben Berufszweigs und also die Errichtung einer Monopolstellung.

Zertifikatszwang ist in dieser Hinsicht wesentlich weniger gefährlich. Wenn die Bescheinigungsinhaber ihre Bescheinigungen »missbrauchen« oder wenn Mitglieder einer Handels- oder Berufsgruppe unnötig strenge Anforderungen an Neuanwärter stellen und daher die Anzahl der Neuzugänge zu stark drosseln, wird der Preisunterschied zwischen Zertifikatsinhabern und Nicht-Zertifikatsinhabern groß genug sein, um die Öffentlichkeit zur Konsultation der Nicht-Zertifikatsinhaber zu bewegen. Fachmännisch ausgedrückt besagt dies, dass die Beweglichkeit der Nachfrage nach Zertifikatsinhabern und ihren Diensten recht groß sein wird und die Grenzen, in denen sie die Öffentlichkeit durch ihre besonderen Fähigkeiten »ausbeuten« können, recht eng gezogen sein werden.

Daher bedeutet Zertifikatszwang ohne Lizenzzwang einen Mittelweg, der einen recht guten Schutz gegen das Aufkommen monopolistischer Tendenzen bietet. Er hat selbstverständlich auch seine Nachteile, aber es ist doch vielleicht erwähnenswert, dass die allgemein gehörten Argumente für Lizenzzwang, insbesondere auch die paternalistischen, fast ausschließlich nur Zertifikatszwang rechtfertigen. Lautet das Argument, wir seien zu unwissend, um gute Repräsentanten ihres Berufs herausfinden zu können, so braucht man nur die erforderliche Information zugänglich zu machen. Wenn wir dann, in voller Kenntnis des Sachverhalts, dennoch jemanden ohne Zertifikat aufsuchen wollen, so ist dies unsere Angelegenheit; wir können uns dann jedoch nicht beklagen, dass uns die erforderliche Kenntnis gefehlt habe. Da die Argumente für Lizenzzwang, soweit sie von Personen außerhalb des angesprochenen Berufszweiges vertreten werden, vollständig bei einem Zertifikatszwang erfüllt wären, fällt es mir persönlich schwer, einzusehen, aus welchen schwer wiegenden Gründen Lizenzzwang anstelle von Zertifikatszwang angebracht sein könnte.

Selbst die Registrierung bringt beträchtliche soziale Nachteile mit sich. Sie stellt einen wichtigen ersten Schritt auf einem Weg dar, der letztlich zu einem System führt, in dem jeder Bürger einen schriftlichen Identitätsnachweis bei sich tragen muss, in dem jeder die Behörden von seinen Plänen unterrichten muss, bevor er sich an deren Ausführung macht. Schließlich stellt der Registrierzwang, wie bereits erwähnt, den ersten Schritt in Richtung auf Zertifikatszwang und Lizenzzwang dar.

Lizenzzwang in der Medizin

Der Beruf des Mediziners ist seit langem auf Lizenzinhaber beschränkt. Auf den ersten Blick scheint die Frage »Soll inkompetenten Ärzten die Möglichkeit zu praktizieren gegeben werden?« ausschließlich eine negative Antwort zuzulassen. Ich möchte jedoch dazu aufrufen, noch einmal über das Problem nachzudenken.

Zunächst einmal ist Lizenzzwang der Schlüssel zur Kontrolle, welche die Ärzteschaft über die Anzahl der Ärzte besitzt. Zum Verständnis dieser Tatsache ist ein Überblick über den Aufbau des Ärztewesens erforderlich. Die American Medical Association ist vielleicht die mächtigste Gewerkschaft in den Vereinigten Staaten. Der Prüfstein der Macht jeder Gewerkschaft ist ihre Fähigkeit, die Anzahl der in einem bestimmten Beruf Tätigen zu beschränken. Diese Einschränkung kann indirekt durch Erzwingung eines höheren Lohnniveaus erwirkt werden. Wenn ein derartiges Lohnniveau erzwungen werden kann, wird dadurch die Anzahl der Personen, die einer bestimmten Beschäftigung nachgehen können, beschränkt. Diese Methode der Beschränkung hat Nachteile. Es bleibt immer ein Minimum an Unzufriedenen übrig, die in den Beruf hineinzukommen versuchen. Eine Gewerkschaft stellt sich wesentlich besser, wenn sie in der Lage ist, die Anzahl der Anfänger in einem bestimmten Beruf direkt zu begrenzen, d.h. die Anzahl der Leute, die sich in diesem Beruf um Arbeit bemühen. Die Unzufriedenen und Enttäuschten werden von vornherein ausgeschlossen, und die Gewerkschaft braucht sich nicht mit ihnen abzugeben.

Die American Medical Association ist dazu in der Lage. Sie ist eine Gewerkschaft, welche die Anzahl der Neuzugänge beschränken kann. Wieso ist sie dazu imstande? Die grundsätzliche Kontrolle wird im Zeitpunkt der Aufnahme auf die medizinischen Fachschulen ausgeübt. Der Council on Medical Education and Hospitals der American Medical Association entscheidet über diese medizinischen Fachschulen. Eine derartige Fachschule muss den durch diese Körperschaft gesetzten Maßstäben gerecht werden, um auf der Liste der genehmigten Schulen zu erscheinen. Die Macht des Council wurde schon mehrfach deutlich, wenn es galt, die Gesamtzahl der Studenten zu verringern. In den Dreißigerjahren zum Beispiel, zur Zeit der Weltwirtschaftskrise, versandte der Council on Medical Education and Hospitals Briefe an verschiedene medizinische Fachschulen, in denen mitgeteilt wurde, dass die Schulen mehr Studenten aufgenommen hätten, als auf angemessene Art ausgebildet werden konnten. Innerhalb der nächsten ein oder zwei Jahre setzte jede Fachschule die Anzahl der Neuzugänge herab – ein deutlicher Beweis für die Wirksamkeit derartiger Empfehlungen.

Wie erklärt es sich, dass das Wohlwollen seitens des Council so wichtig ist? Warum kommen keine unabhängigen Fachschulen hoch, wenn der Council seine Befugnisse missbraucht? Die Antwort hierauf ist, dass in fast jedem Bundesstaat der Vereinigten Staaten eine Lizenz zur Eröffnung einer Arztpraxis erforderlich ist und dass eine Vorbedingung für die Erteilung einer solchen Lizenz das Studium auf einer anerkannten Fachschule ist. In so gut wie jedem Bundesstaat ist die Liste der anerkannten Fachschulen identisch mit der Liste der vom Council on Medical Education and Hospitals der American Medical Association herausgegebenen. Dies ist der Grund, warum die Lizenzvergabe der Schlüssel zur wirksamen Kontrolle über die Zulassung ist. Es ergibt sich ein doppelter Effekt. Einerseits sind die Mitglieder der Lizenzkommission stets Ärzte und haben daher einigen Einfluss auf die Antragstellung. Diese Kontrolle ist nicht so wirksam wie die zum Zeitpunkt der Zulassung zum Studium. In so gut wie sämtlichen Berufen mit Lizenzzwang werden einzelne Personen öfter als nur einmal die Aufnahme versuchen. Wenn jemand dies lange genug und bei genügend verschiedenen Kommissionen versucht, wird er aller Wahrscheinlichkeit nach früher oder später doch Erfolg haben. Eine sehr starke Triebfeder, es noch mal zu versuchen, ist die Tatsache, dass man ja bereits einigen Zeit- und Geldaufwand auf seine diesbezügliche Ausbildung verwandt hat. Lizenzerteilungen nach Abschluss des Studiums haben daher hauptsächlich eine Kosten steigernde Wirkung auf den Berufseintritt, da es länger dauern kann, um das Ziel zu erreichen, und da stets ein Quantum an Ungewissheit bezüglich des Erfolgs bleibt. Diese Erhöhung der Kosten ist jedoch nicht annähernd so wirkungsvoll zur Beschränkung der Neuzugänge wie die Praxis der Auslese vor Beginn der Berufslaufbahn. Wenn jemand am Beginn seines Studiums gehindert wird, wird er niemals als Examenskandidat infrage kommen und kann in diesem Studium nie Schwierigkeiten machen. Die beste und wirksamste Methode zur Kontrolle über die Zahl der Beschäftigten in einem Berufszweig ist daher die Kontrolle über die Aufnahme auf die Fachschule.

Die Kontrolle über die Aufnahme auf die medizinische Fachschule und die spätere Lizenzprüfung gestatten dem organisierten Berufswesen, auf zwei Wegen die Zahl der Neuzugänge zu beschränken. Der offensichtliche ist die einfache Abweisung vieler Bewerber. Der weniger offensichtliche, aber höchstwahrscheinlich weitaus wichtigere, geht über die Aufstellung von Leistungsmaßstäben für die Aufnahme und Lizenzerteilung, die derart schwierig sind, dass sie viele junge Menschen entmutigen, bevor sie auch nur einen Aufnahmeantrag stellen. Obgleich die meisten Gesetze der Bundesstaaten nur zwei Jahre Universität vor der Aufnahme in die medizinische Fachschule vorschreiben, haben so gut wie 100 Prozent aller Anfänger vier Jahre auf der Universität absolviert. Auf ähnliche Art und Weise ist die medizinische Ausbildung länger geworden, besonders durch striktere interne Maßnahmen.

Am Rande sei hier bemerkt, dass die Rechtsanwälte nie so erfolgreich wie die Ärzte bei der Kontrolle über die Zulassung auf die Fachschule waren, obschon Bestrebungen in dieser Richtung im Gange sind. Der Grund hierfür ist recht amüsant. Fast jede Fachschule auf der Liste der American Bar Association ist eine Ganztags-Institution; Abendschulen fehlen fast ganz. Viele Gesetzgeber in den Bundesstaaten sind andererseits Absolventen von Abendschulen. Wenn sie gesetzlich festlegten, dass der Beruf des Rechtsanwalts nur Absolventen genehmigter Schulen offen stünde, würden sie tatsächlich dahingehend abstimmen, dass sie sich selbst für nicht qualifiziert erklärten. Ihre Abneigung gegenüber einem Eingeständnis ihrer eigenen Kompetenz war ein Hauptgrund, warum die Rechtswissenschaft nicht in der Lage war, die Mediziner zu imitieren. Ich selbst habe mich seit längerer Zeit nicht mehr für die Voraussetzungen für die Aufnahme auf eine juristische Fachschule interessiert – ich glaube jedoch, dass die Beschränkungen immer mehr wegfallen. Der zunehmende Wohlstand der Studentenschaft bedeutet, dass ein größerer Teil auf Ganztags-Fachschulen geht, was wiederum mit der Zeit die Zusammensetzung der gesetzgebenden Körperschaften verändert.

Um aber zur Medizin zurückzukommen, so ist doch sicherlich das bedeutendste Fundament der Kontrolle über die Neuzugänge die Vorschrift des Abschlusses von genehmigten Fachschulen. Das Berufswesen hat diese Kontrolle zur Begrenzung der Gesamtzahl verwandt. Um Missverständnissen vorzubeugen, möchte ich deutlich hervorheben, dass nicht einzelne Mitglieder der Berufsärzteschaft, deren leitende Persönlichkeiten oder die Verantwortlichen des Council on Medical Education and Hospitals zwecks der Erhöhung ihrer persönlichen Einkommen absichtlich Aufnahmebeschränkungen erlassen. So funktioniert das Ganze nicht. Selbst wenn derartige Persönlichkeiten deutlich aussprechen, dass die Zahl der Neuzugänge begrenzt gehalten werden müsse, um die Verdienstspannen nicht zu gefährden, werden sie diese Richtlinien doch stets insofern rechtfertigen, dass »zu« viele Neuzugänge dazu führen würden, dass man zu fragwürdigen Mitteln greifen müsse, um ein »angemessenes« Einkommen zu garantieren. Sie argumentieren dahingehend, dass die einzige Möglichkeit, ein hohes ethisches Niveau aufrechtzuerhalten, darin liege, einen dem Medizinerberuf angemessenen Verdienst zu sichern. Ich muss sagen, dass mir dies immer aus ethischen und realen Gründen fragwürdig vorkam. Es ist doch außergewöhnlich, wenn führende Persönlichkeiten der Ärzteschaft öffentlich erklären, dass man sie und ihre Kollegen für ethische Verhaltensweise bezahlen müsse. Und falls dies zuträfe, möchte ich bezweifeln, dass dieser Preis Grenzen hätte. Es scheint wenig Beziehung zwischen Armut und Ehrlichkeit zu geben. Das Gegenteil möchte man vielleicht eher annehmen; Unehrlichkeit macht sich möglicherweise nicht immer bezahlt, manchmal jedoch schon.

Zulassungskontrolle wird auf diese oder ähnliche Art und Weise nur in Zeiten wie während der Weltwirtschaftskrise begründet, wenn die Einkommen relativ niedrig und die Arbeitslosenziffern hoch sind. Zu anderen Zeiten hören sich die Begründungen anders an. Es heißt dann, die Ärzteschaft wolle das, was sie den »Qualitätsstandard« ihres Berufes nennt, verbessern. Der Fehler bei dieser Argumentation ist weit verbreitet und zeigt ein Nichtverständnis der Funktionen eines Wirtschaftssystems, insbesondere das Versäumnis, zwischen technischer und ökonomischer Wirksamkeit zu differenzieren.

Ein Vorkommnis aus der Jurisprudenz wird dies vielleicht deutlich machen. Bei einer Zusammenkunft von Rechtsanwälten kam auch die Frage der Zulassungsbeschränkungen auf, und einer meiner Kollegen, der sich gegen Zulassungsbeschränkungen aussprach, wählte zur Illustration ein Beispiel aus der Automobilindustrie. Wäre es nicht absurd, so fragte er, würde die Automobilindustrie erklären, dass niemand Automobile von niedrigem Qualitätsniveau fahren dürfe und dass deshalb keinem Automobilproduzenten erlaubt sein dürfe, Fahrzeuge herzustellen, die in ihrem Qualitätsniveau nicht dem Cadillac entsprächen. Ein Zuhörer stand auf, stimmte der Analogie zu und erklärte, dass die Nation selbstredend nichts anderes als Cadillac-Rechtsanwälte brauchen könne! Dies ist oft der berufsmäßige Standpunkt. Man sieht einzig und allein auf den technischen Qualitätsstandard und erklärt, wir benötigen nur erstklassige Ärzte, wenn dies auch bedeute, dass manche überhaupt keine ärztliche Versorgung bekämen – obschon dies natürlich niemals in dieser Form ausgesprochen wird. Dennoch führt die Ansicht, die Menschen sollten nur »optimale« medizinische Versorgung erhalten, stets zu Beschränkungsmaßnahmen, Maßnahmen, durch die die Zahl der Ärzte niedrig gehalten wird. Ich möchte natürlich nicht behaupten, dies wäre die einzige treibende Kraft, meine jedoch, dass diese Betrachtungsweise manchen Arzt mit den besten Absichten dazu bringt, mit Leitlinien übereinzustimmen, die er sofort von sich weisen würde, hätte er nicht diese Art komfortabler Vernunft für sich.

Man kann leicht nachweisen, dass die Frage der Qualität nur ein Räsonieren und nicht der tiefere Grund der Zulassungsbeschränkungen ist. Der Council on Medical Education and Hospitals der American Medical Association verwendet seine Macht auf eine Art und Weise, die unmöglich irgendetwas mit der Vorstellung vom hohen Qualitätsstandard zu tun haben kann. Das einfachste Beispiel hierfür ist seine Empfehlung an verschiedene Bundesstaaten, die besagt, die amerikanische Staatsbürgerschaft solle zur Vorbedingung für die Eröffnung einer Arztpraxis erhoben werden. Ich kann nicht einsehen, was dies mit medizinischem Können zu tun haben soll. Eine ähnliche Forderung, die man durchzudrücken versuchte, ist die, dass das Lizenzexamen in englischer Sprache abgehalten werden müsse. Ein dramatischer Beweis für die Macht der Association, ebenso wie für die fehlende Bezugnahme auf hohes Qualitätsniveau, wird von einer Zahl erbracht, die mich immer stark beeindruckt hat. Nach 1933 und der Machtergreifung Hitlers in Deutschland gab es einen beträchtlichen Exodus von Fachleuten aus Deutschland, Österreich und weiteren Staaten, darunter waren auch viele Ärzte, die in den Vereinigten Staaten praktizieren wollten. Die Zahl der im Ausland ausgebildeten Ärzte, die in den fünf Jahren nach 1933 die Erlaubnis zur Eröffnung einer Praxis in den Vereinigten Staaten bekamen, war gleich hoch wie in dem halben Jahrzehnt vor 1933. Dies war offensichtlich nicht die Folge des natürlichen Laufs der Ereignisse. Die Bedrohung durch diese zusätzlichen Mediziner führte zu einer strikten Verschärfung der Bedingungen für ausländische Ärzte, denen extreme Schwierigkeiten auferlegt wurden.

Der Lizenzzwang ist ganz offensichtlich der Schlüssel zu der vom medizinischen Berufswesen praktizierten Beschränkung der Anzahl praktizierender Ärzte. Fernerhin ist dies der Schlüssel zur Verhinderung technologischer und organisatorischer Änderungen in der Medizin. Die American Medical Association sprach sich wiederholt gegen die Einführung der Gruppenbehandlung und gegen im Voraus bezahlte Behandlungspläne aus. Diese Methoden mögen ihre Vor- und Nachteile haben; sie sind jedoch in jedem Fall technologische Neuerungen, und die Öffentlichkeit sollte das Recht und die Möglichkeit haben, diese Neuerungen auszuprobieren. Es gibt keine berechtigte Grundlage für die Feststellung, dass die optimale Methode medizinischer Behandlung die Praktizierung eines unabhängigen Arztes ist. Es könnte auch die Gruppenbehandlung oder die Behandlung durch ein Unternehmen sein. Ein System wäre wünschenswert, in dem alle Varianten ausprobiert werden können.

Die American Medical Association stand derartigen Versuchen entgegen, und sie ist dabei erfolgreich gewesen. Sie war dazu imstande, weil der Lizenzzwang ihr indirekt die Kontrolle über die Zulassung zu Krankenhausstellen gibt. Der Council on Medical Education and Hospitals genehmigt Krankenhäuser in der gleichen Art wie die medizinischen Fachschulen. Um eine Anstellung in einem »genehmigten« Krankenhaus zu bekommen, braucht ein Arzt gewöhnlich die Zustimmung der Ärztekammer seines Kreises oder der Krankenhaus-Aufsichtsbehörde. Warum ist es nicht möglich, unabhängige Krankenhäuser einzurichten? Weil zum Betrieb eines Krankenhauses unter den gegenwärtigen wirtschaftlichen Bedingungen Assistenzärzte nötig sind. Die meisten Vorschriften in den Bundesstaaten verlangen eine Praxis als Assistenzarzt in einem Krankenhaus als Vorbedingung für die Eröffnung einer eigenen Praxis, und die Zeit als Assistenzarzt muss wiederum in einem »genehmigten« Krankenhaus abgeleistet worden sein. Die Liste der »genehmigten« Krankenhäuser ist im Allgemeinen identisch mit derjenigen des Council on Medical Education and Hospitals. Daher bringt der Lizenzzwang der Berufsärzteschaft die Kontrolle sowohl über die Krankenhäuser als auch über die Fachschulen. Dies ist der Grund für den Erfolg der American Medical Association bei ihrem Widerstand gegen verschiedene Formen der Gruppenbehandlung. In Einzelfällen gelang es derartigen Gruppen, ihre Arbeit dennoch fortzusetzen. In der Hauptstadt Washington gelang ihnen dies nach einer Gerichtsverhandlung gegen die American Medical Association unter Berufung auf das Sherman-Antitrust-Gesetz, die sie gewannen. In einigen wenigen anderen Fällen konnten sie sich aus anderen Gründen behaupten. Es kann dabei jedoch nicht bezweifelt werden, dass die Entwicklung in Richtung Gruppenbehandlung durch den Widerstand der American Medical Association stark verzögert wurde.

Am Rande sei mit Interesse vermerkt, dass die Ärzteschaft nur gegen eine Form der Gruppenbehandlung opponiert, nämlich die im Voraus bezahlte Gruppenbehandlung. Der wirtschaftliche Grund hierfür scheint darin zu liegen, dass hierbei keine Möglichkeit zur Festlegung gestaffelter Kostensätze besteht.[8]

Es liegt klar auf der Hand, dass der Lizenzzwang der Anlass zur Zulassungsbeschränkung ist und dass diese sowohl für potenzielle Mediziner als auch für die Öffentlichkeit, der die erwünschte medizinische Versorgung vorenthalten wird, substanzielle soziale Nachteile mit sich bringt. Hier möchte ich nun die Frage stellen: Ist der Lizenzzwang wirklich so positiv zu bewerten, wie immer behauptet wird?

Hebt er zunächst einmal tatsächlich das Fachniveau? Aus einer Mehrzahl von Gründen ist es keineswegs klar, dass hierdurch das Fachniveau in der Berufsausübung gehoben wird. Zunächst einmal führt jede Beschränkung zu Bestrebungen, auf anderen Wegen das erstrebte Ziel doch noch zu erreichen, und die Medizin stellt hierbei selbstverständlich keine Ausnahme dar. Die Zunahme an Heilpraktikern auf den Gebieten der Osteopathie und der Chiropraxis ist durchaus mit den Zulassungsbeschränkungen in der Medizin in Zusammenhang zu bringen. Sie stellt einen Versuch dar, die Zulassungsbeschränkungen zu umgehen. Jede dieser Berufsgruppen versucht nun ihrerseits, eine Lizenzierung zu erreichen und Zulassungsbeschränkungen einzuführen. Die Folge davon ist das Entstehen verschiedener Ebenen und Formen medizinischer Behandlungsmethoden, die Unterscheidung zwischen so genannten medizinischen Praktizierungsmethoden und anderen Erscheinungsformen wie Osteopathie, Chiropraxis, Heilung durch Glauben usw. Diese Ersatzformen können durchaus unter dem Qualitätsstandard liegen, auf dem die medizinische Methode ohne ihre Zulassungsbeschränkungen stünde.

Allgemeiner gesagt wäre noch anzuführen, dass bei einer künstlich niedrigen Zahl von Ärzten, die meist sämtlich vollauf beschäftigt sind, die Gesamtzahl der geleisteten Arbeitsstunden durch diese Fachkräfte ebenfalls künstlich niedrig gehalten wird. Der Ausweg ist Praktizierung durch Leute ohne die erforderliche Ausbildung; dies sind zum Teil ganz sicherlich Leute ohne jegliche berufliche Qualifikation. Die Lage ist sogar noch weitaus schwieriger. Wenn die »Ausübung einer ärztlichen Praxis« auf Lizenzinhaber beschränkt ist, wird es erforderlich, diesen Begriff zu definieren, denn sinnlose Maßnahmen sind durchaus nicht auf die Eisenbahngesellschaften beschränkt. Nach der Auslegung der Statuten, die eine unautori-

---

[8] Vgl. Reuben Kessel, »Price Discrimination in Medicine«, in: *The Journal of Law and Economics*, Vol. I, Oktober 1958, S. 20–53.

sierte Ausübung einer ärztlichen Praxis untersagen, ist eine Vielzahl von Tätigkeiten auf lizenzierte Ärzte beschränkt, die durchaus von Technikern oder anderen Fachkräften ausgeführt werden könnten, wenn sie auch nicht eine erstklassige medizinische Ausbildung vorweisen können. Ich bin nicht im Entferntesten fachlich kompetent genug, um die Beispiele hierfür auch nur annähernd vollständig anzuführen. Mir ist nur so viel bekannt, dass Leute, die sich mit der Materie befasst haben, eine Tendenz erkennen, in den Begriff der »medizinischen Praktizierung« immer mehr Tätigkeiten einzuschließen, die durchaus von Technikern ausgeführt werden könnten. Ärzte mit Fachausbildung verwenden einen guten Teil ihrer Zeit für Tätigkeiten, die auch von anderen sehr gut ausgeführt werden können. Als Folge hiervon verringert sich die Möglichkeit ärztlicher Fürsorge beträchtlich. Die durchschnittliche Qualität ärztlicher Fürsorge, wenn man etwas Derartiges überhaupt anführen möchte, kann nicht durch einfache Einhaltung eines durchschnittlichen Qualitätsniveaus erreicht werden; dies wäre so, als wolle man die Wirksamkeit einer medizinischen Behandlungsmethode nur an den Überlebenden messen; es ist vielmehr erforderlich, die Tatsache zu bedenken, dass die Beschränkungen das Gesamtvolumen der Fürsorge verringern. Die Endfolge hiervon könnte sein, dass die Beschränkungen das durchschnittliche Fachniveau gesenkt haben.

Doch auch diese Erwägungen gehen noch nicht weit genug, da hier die Situation nur zu einem bestimmten Zeitpunkt gesehen wird, ohne Einbeziehung von Veränderungen über längere Zeiträume hin. Fortschritte in der Wissenschaft oder auf anderen Gebieten resultieren oft aus der Arbeit eines Einzelnen in der großen Menge von Nichtskönnern, Quacksalbern und Leuten ohne Ansehen in ihrem Beruf. Auf dem Gebiet der Medizin ist es unter den augenblicklichen Umständen sehr schwierig, Forschungs- oder Untersuchungsarbeit durchzuführen, wenn man kein anerkanntes Mitglied des Berufsstandes ist. Wenn man dies aber ist und sein berufliches Ansehen nicht aufs Spiel setzen möchte, so sind die Experimentiermöglichkeiten recht beschränkt. Ein »Heilkünstler durch den Glauben« ist vielleicht nichts als ein Quacksalber, der die Gutgläubigkeit seiner Patienten ausnutzt; einer unter Tausenden oder unter vielen Tausenden von ihnen könnte jedoch eine wichtige Neuerung oder Verbesserung auf dem Gebiet der Medizin einführen. Es gibt mannigfache und unterschiedliche Wege zum Wissen und zur Erkenntnis, und die Folge der heute geübten Beschränkung dessen, was wir Medizin nennen, auf eine bestimmte Gruppe, die in der Hauptsache in Einklang mit der vorherrschenden Vorstellung zu stehen hat, ist sicherlich eine Einschränkung der insgesamt vorgenommenen Forschungsarbeiten und daher eine Verminderung der Wachstumsrate des Wissens auf diesem Gebiet. Was für den Wissensinhalt der Medizin Gültigkeit hat, gilt ebenso für ihre organisatorische Struktur, wie schon angedeutet. Ich werde mich noch eingehender mit diesem Punkt befassen.

Lizenzzwang und die mit ihm verknüpfte Monopolbildung auf dem Sektor der Medizin bewirken noch auf eine andere Weise ein niedriges Qualitätsniveau in der medizinischen Praxis. Ich erwähnte bereits die Senkung des Niveaus durch die begrenzte Anzahl von Ärzten, durch die Beschränkung der zur Verfügung stehenden Arbeitszeit von Ärzten als Folge ihrer erzwungenen Tätigkeit auf weniger wichtigen Gebieten sowie durch die Beschränkung der Initiative für Forschung und Entwicklung. Hinzu kommt die Schwierigkeit für die Einzelnen, einen Arzt wegen Fehlbehandlung zu belangen. Eine der Schutzmaßnahmen für den Bürger gegen Inkompetenz ist der Schutz vor Betrug und die Möglichkeit, vor Gericht gegen Fehlbehandlungen Klage zu erheben. Einige derartige Verhandlungen finden auch statt, und die Ärzte klagen ständig über die hohen Kosten ihrer Versicherungen gegen Fehlbehandlung. Gerichtsverhandlungen in derartigen Angelegenheiten finden jedoch seltener statt und sind weniger erfolgreich für die Kläger, als es ohne die Aufmerksamkeit der Ärztekammern der Fall wäre. Es ist keine einfache Sache, einen Arzt zur gerichtlichen Aussage gegen einen Kollegen zu bewegen angesichts der Tatsache, dass er unter Umständen das Recht verlieren kann, an einem der »genehmigten« Krankenhäuser zu praktizieren. Gewöhnlich kommen Mitglieder der von den Ärztekammern selbst eingesetzten Komitees vor Gericht zur Aussage, immer natürlich im angeblichen Interesse des Patienten.

In Anbetracht dieser Tatsachen muss ich sagen, dass ich davon überzeugt bin, dass der Lizenzzwang sich sowohl auf die Quantität als auch auf die Qualität der medizinischen Fürsorge negativ ausgewirkt hat; dass er die beruflichen Möglichkeiten derjenigen beschränkt, die gerne den Arztberuf ergreifen möchten, und sie teilweise dazu zwingt, Berufen nachzugehen, die ihnen weniger erstrebenswert erscheinen; dass er ferner die Öffentlichkeit zur Bezahlung höherer Summen für weniger zufrieden stellende medizinische Versorgung zwingt sowie die Entwicklung sowohl in der Medizin als auch in den Organisationsformen ihrer faktischen Ausübung behindert und verzögert. Ich ziehe daraus die Schlussfolgerung, dass der Lizenzzwang als Voraussetzung für einen Tätigkeit als Mediziner abgeschafft werden sollte.

Nach allem Gesagten wird mancher Leser, so wie auch viele, mit denen ich über die Problematik sprach, fragen: »Schön und gut; wie aber kann ich sonst Gewissheit über die Qualität eines Arztes erlangen? Trotz allem, was Sie zum Thema Kosten vorbrachten, frage ich, ist nicht der Lizenzzwang die einzige Möglichkeit, der Öffentlichkeit zumindest ein Qualitätsminimum zu garantieren?« Die Antwort auf diese Frage lautet zum Teil, dass auch heutzutage Ärzte nicht auf gut Glück aus der Liste lizenzierter Mediziner herausgesucht werden; ferner, dass die Tatsache eines vor 20 oder 30 Jahren bestandenen Examens schwerlich gegenwärtige fachliche Kompetenz garantiert. Daher ist der Lizenzzwang gegenwärtig keineswegs die Hauptgarantie oder auch nur eine wichtige Vorbedingung für wenigstens ein Qualitätsminimum. Die Hauptantwort auf die angeführten Fragen ist jedoch eine völlig andere. Sie lautet, dass die gestellten Fragen in sich die Tyrannei des Status quo und unsere Vorstellungsarmut auf Gebieten, in denen wir Laien sind, und sogar in jenen, in denen wir zumindest begrenzt zu Hause sind, aufdecken, wenn man die Weitläufigkeit der denkbaren Möglichkeiten auf einem freien Markt dagegenhält. Zur Illustration möchte ich einige Spekulationen über die mögliche Entwicklung der Medizin und über die denkbaren Qualitätsgarantien ohne die durch das Berufswesen ausgeübte Monopolmacht anstellen.

Angenommen, ein jeder hätte als Arzt praktizieren können, mit der einzigen Einschränkung der rechtlichen und finanziellen Verantwortlichkeit für jeden durch Betrug oder Nachlässigkeit angerichteten Schaden. Ich sage, dass die Gesamtentwicklung auf dem Gebiet der Medizin anders ausgesehen hätte. Der gegenwärtige freie Markt für medizinische Fürsorge gibt trotz aller Behinderungen einige Hinweise auf den möglichen Unterschied. Die Gruppenbehandlung in Kombination mit Krankenhäusern hätte enorm zugenommen. Anstelle von Individualpraxen plus großen Krankenhauseinheiten, die der öffentlichen Hand oder karitativen Organisationen unterstehen, hätten sich vielleicht medizinische Konglomerate oder Gesellschaften gebildet – eben medizinische Teams. Diagnose- und Behandlungszentren wären von diesen eingerichtet worden, darunter auch Krankenhäuser. Einige Gesundheitsprogramme für derartige Institutionen wären höchstwahrscheinlich im Voraus bezahlt worden und wären damit eine Kombination aus Krankenhausversicherung, Krankenversicherung und Gruppenbehandlung gewesen. Andere dieser Institutionen wiederum hätten unterschiedliche Dienstleistungen unterschiedlich und separat berechnet. Wahrscheinlich hätten die meisten beide Formen der Bezahlung angewandt.

Diese medizinischen Teams – Warenhäuser der Medizin, wenn man so will – hätten eine vermittelnde Funktion zwischen Arzt und Patient eingenommen. In ihren Eigenschaften als Langzeiteinrichtungen, die an einen Standort gebunden sind, hätten sie starkes Interesse an einem guten Ruf bezüglich Zuverlässigkeit und hohem Qualitätsstandard besessen. Aus den gleichen Gründen hätten die Klienten diesen Ruf kennen gelernt. Diese Einrichtungen hätten über das Spezialwissen verfügt, die Kompetenz von Ärzten zu beurteilen; sie hätten für den Klienten sogar die diesbezügliche Funktion wie heutzutage die Warenhäuser für eine Vielzahl von Produkten. Zusätzlich wären sie in der Lage, die medizinische Fürsorge wirksam zu organisieren und zu koordinieren, indem sie über Mediziner verschiedener Fähigkeiten und Fachrichtungen verfügen und dabei hoch qualifizierte Spezialisten für die Aufgaben einsetzen, die nur von diesen zu bewältigen sind. Der Leser kann sich die Möglichkeiten noch weiter ausmalen.

Selbstredend würden derartige Teams nicht den gesamten medizinischen Betrieb übernehmen. Die individuelle Praxis würde bestehen bleiben, ebenso wie das Kleingeschäft mit begrenztem Kundenkreis neben dem Warenhaus und der einzelne Rechtsanwalt neben den großen Büros mit vielen Anwalts-Partnern bestehen bleiben. Die Ärzte würden sich einen eigenen Ruf verschaffen, und manche Patienten würden die private und persönliche Atmosphäre einer individuellen Praxis sicherlich bevorzugen. In einigen Gebieten wären medizinische Teams natürlich unrentabel, und so weiter.

Ich möchte nicht einmal so weit gehen, zu behaupten, die medizinischen Teams würden auf dem Gebiet der Gesundheitsfürsorge führend sein. Ich möchte nur an Beispielen deutlich machen, dass es mannigfache Alternativmöglichkeiten zum gegenwärtigen Zustand gibt. Das Hauptargument gegen die Zentralplanung seitens der Regierung und gegen Einrichtungen in der Art eines Berufsmonopols, das die Experimentiermöglichkeiten limitiert, liegt in der Unfähigkeit eines Einzelnen oder auch einer kleinen Gruppe, alle Möglichkeiten wahrzunehmen oder gar ihre Vorteile auszuwerten. Andererseits sind die großen Vorteile des freien Marktes seine Toleranz gegenüber Unterschieden sowie seine Möglichkeiten, ein breites Spektrum spezialisierten Wissens und spezialisierter Fähigkeiten aufzunehmen. Dies führt zu der Unfähigkeit spezialisierter Gruppen, neue Versuche zu verhindern, und gestattet dem Verbraucher, und nicht dem Hersteller, zu entscheiden, was ihm selbst am besten dient.

10 Die Einkommensverteilung

Die Interpretation der Gleichheit des Einkommens als eines sozialen Ziels und die Bereitschaft, die Staatsgewalt zu seiner Verwirklichung einzuspannen, waren Schlüsselelemente beim Aufkommen eines kollektivistischen Bewusstseins in diesem Jahrhundert, zumindest in den westlichen Ländern. Bei der Bewertung dieses egalitären Empfindens und der daraus resultierenden egalitären Maßnahmen tauchen zwei sehr verschiedene Fragenkomplexe auf. Der erste hat normativen und ethischen Charakter: Gibt es eine Berechtigung für staatliches Eingreifen, um die Gleichheit als Prinzip durchzusetzen? Der zweite ist reell und wissenschaftlich fundiert: Welche Auswirkungen zeitigten die tatsächlich ergriffenen Maßnahmen?

Die ethischen Grundlagen der Einkommensverteilung

Das ethische Grundprinzip, das die Einkommensverteilung in einer vom freien Markt geprägten Gesellschaft unmittelbar rechtfertigen würde, müsste lauten: »Jedem dasjenige, was er und die in seinem Besitz befindlichen Mittel erwirtschaften.« Die Grundlegung nur dieses Prinzips hängt jedoch bereits implizit von staatlichen Maßnahmen ab. Besitzrechte sind auf Gesetzen und sozialen Übereinkünften aufgebaut. Wie schon erläutert, ist die Definition und Durchsetzung dieser Rechte eine der Hauptfunktionen des Staatswesens. Die endgültige Verteilung von Einkommen und Wohlstand unter voller Anwendung dieses Prinzips kann ganz entschieden von den angenommenen Besitzregeln und Vorschriften abhängen.

Welche Beziehung besteht zwischen diesem Prinzip und einem anderen, das ethisch hoch stehend zu sein scheint, nämlich dem Grundsatz gleicher Behandlung für jedermann? Die beiden Prinzipien sind zum Teil nicht widersprüchlich. Produktgerechte Entlohnung mag zur Erreichung echter Gleichheit der Behandlung nötig sein. Ungleichheit in der Entlohnung durch den Markt ist zur Sicherstellung der Gleichheit in der Entlohnung im Gesamtbild, d.h. für Gleichheit der Behandlung, geboten, wenn wir es mit Personen zu tun haben, die mit gleichen Fähigkeiten und gleichen Mitteln ausgestattet sind und von denen einige mehr Gefallen an Entspannung und andere wiederum an der Herstellung verkäuflicher Produkte haben. Jemand mag eine Routinetätigkeit mit viel Freizeit und Gelegenheit zum Sonnenbaden einer höher dotierten, aber anstrengenderen Betätigung vorziehen, und ein anderer mag genau umgekehrt empfinden. Wenn beide die gleiche Summe Geldes ausgezahlt bekämen, wären ihre Einkommen im eigentlichen Sinn ungleich. Gleichermaßen setzt gleiche Behandlung voraus, dass jemand für einen schmutzigen und unattraktiven Beruf besser als für einen angenehmen und schönen bezahlt werden muss. Ein Großteil auffallend ungleicher Behandlung ist dieser Art. Unterschiedliche Bezahlung schafft einen Ausgleich für unterschiedliche Eigenschaften einer Tätigkeit. In der Ausdrucksweise der Wirtschaftswissenschaftler handelt es sich hierbei um »ausgleichende Unterschiede«, die zur Gleichmachung der Gesamtheit der »Netto-Vorteile«, finanzieller und anderer Art, notwendig sind.

Auf etwas subtilere Weise ist dann noch eine andere marktbedingte Form von Ungleichheit zur Erzeugung von Behandlungsgleichheit erforderlich oder, um es anders auszudrücken, um den verschiedenen Geschmäckern der Menschen gerecht zu werden. Dies kann am besten am Beispiel einer Lotterie illustriert werden. Man stelle sich eine Gruppe von Menschen vor, die alle über das gleiche Anfangskapital verfügen und die freiwillig vereinbaren, bei einer Lotterie mit sehr unterschiedlichen Preisen mitzuspielen. Die daraus letztlich resultierende Ungleichheit ist sicherlich erforderlich, damit die fraglichen Personen ihre anfängliche Gleichheit zum besten nutzen. Wiederangleichung ihres Einkommens nach dem Spiel wäre gleichbedeutend mit einem Verbot, sich an der Lotterie zu beteiligen. Dieses Beispiel hat in der Praxis weitaus größere Bedeutung, als es bei wörtlicher Auslegung des Begriffs »Lotterie« zunächst den Anschein hat. Menschen suchen sich Beschäftigungen, Anlageformen und Ähnliches zum Teil nach ihrem Geschmack für das Unwägbare aus. Das Mädchen, das Filmschauspielerin und nicht Beamtin werden möchte, und der Mensch, der anstelle von öffentlichen Schuldverschreibungen lieber ein paar Uranwerte erwirbt, entscheiden sich freiwillig für die Lotterie. Versicherungen befriedigen das Bedürfnis nach Sicherheit. Selbst diese Beispiele zeigen noch nicht das Ausmaß an, in dem faktische Ungleichheit das Resultat von Arrangements nach dem persönlichen Geschmack der Leute ist. Selbst die Maßnahmen zur Einstellung und Bezahlung der Leute werden von derartigen Bevorzugungen beeinflusst. Wenn alle potenziellen Filmschauspielerinnen, deren einzelne Mitglieder im Voraus übereinkämen, ihre Gagen mehr oder weniger gleich aufzuteilen, und damit in Wirklichkeit eine Versicherung durch das Verteilen von Risiken bilden würden – wenn derartige Wünsche weit verbreitet wären, würde es zur Regel werden, dass große Unternehmensgruppen in ihren vielfältigen Aktivitäten riskante und sichere Aktionen kombinieren würden. Der unabhängige Ölsucher, der kleine Privatbesitz und die kleine Firma bekämen Seltenheitswert.

Dies ist in der Tat eine Möglichkeit zur Interpretation staatlicher Maßnahmen zur Redistribution der Einkommen durch progressive Steuern und Ähnliches. Man könnte die Ansicht vertreten, dass aus diesem oder jenem Grund, vielleicht infolge der Administrationskosten, der Markt nicht imstande sei, die von der Öffentlichkeit gewünschte Anzahl von Lotterien oder die gewünschte Art Lotterie hervorzubringen, und dass die progressive Besteuerung eine Maßnahme der Regierung in dieser Richtung sei. Ich bezweifle nicht, dass diese Ansicht ein Stück Wahrheit enthält. Sie kann jedoch schwerlich als Rechtfertigung der gegenwärtigen Besteuerung herangezogen werden, wenn auch nur, weil die Steuern erst erhoben werden, *nachdem* allgemein bekannt ist, wer die Preise in der Lebenslotterie gewonnen hat und wer leer ausging, und weil zumeist diejenigen über die Steuern bestimmen, die meinen, sie wären leer ausgegangen. Aufgrund dieser Überlegungen wäre es vielleicht erwägenswert, eine Generation per Abstimmung die Steuerbestimmungen für die noch ungeborene kommende Generation aufstellen zu lassen. Ich möchte meinen, dass eine derartige Prozedur, zumindest auf dem Papier, weitaus weniger stark gestaffelte Steuersätze als die gegenwärtigen hervorbringen würde.

Obschon ein Großteil der Ungleichheit im Einkommen durch Entlohnung einer erbrachten Leistung auf den »Ausgleich« von Unterschieden oder auf die Befriedigung des menschlichen Hanges zum Risiko zurückzuführen ist, spiegelt ein großer Teil dieser Ungleichheit doch grundsätzliche Differenzen an Anlagen wider, sowohl in Bezug auf menschliche Fähigkeiten als auch auf Besitz und Eigentum. Hierbei ergeben sich die wirklich schwierigen ethischen Fragen.

Es ist häufig zu hören, man müsse grundsätzlich zwischen Ungleichheit der persönlichen Anlagen und des Besitzes sowie zwischen Ungleichheit zwischen ererbtem und erworbenem Wohlstand unterscheiden. Aus unterschiedlichen persönlichen Fähigkeiten oder aus einem verschieden großen, von der fraglichen Person erworbenen Wohlstand resultierende Ungleichheit wird für angemessen erachtet oder zumindest doch nicht für so unangemessen, wie aus unterschiedlich großem, ererbten Wohlstand resultierende Ungleichheit.

Diese Unterscheidung ist nicht aufrechtzuerhalten. Sind die hohen Einkünfte einer Person, die von ihren Eltern eine bestimmte Stimme geerbt hat, die sehr erfolgreich ist, ethisch gerechtfertigter als die großen Einkünfte eines Menschen, der Eigentum geerbt hat? Die Söhne russischer Minister haben sicherlich eine höhere Einkommenserwartung – vielleicht auch Lebenserwartung – als die Söhne von Landarbeitern. Ist das eher zu rechtfertigen als die höhere Einkommenserwartung für den Sohn eines amerikanischen Millionärs? Man kann diese Frage auch anders angehen. Ein Vater, der wohlhabend ist und von seinem Wohlstand etwas auf sein Kind übertragen möchte, kann dies auf verschiedene Arten tun. Er kann einen gegebenen Geldbetrag auf die Ausbildung seines Kindes, zum Beispiel als vereidigter öffentlicher Wirtschaftsprüfer, verwenden, oder sein Kind in die Firma aufnehmen oder aber einen Fonds anlegen, der dem Kind ein Einkommen verschafft. In jedem dieser Fälle wird das Kind über ein höheres Einkommen verfügen, als es ohne die elterliche Hilfe möglich wäre. Nur wird man im ersten Fall sein Einkommen seinen persönlichen Fähigkeiten zusprechen, im zweiten Fall dem Gewinn der Firma und im dritten Fall seinem ererbten Wohlstand. Gibt es irgendeine ethische Grundlage, um zwischen diesen drei Formen von Einkünften zu unterscheiden? Außerdem klingt es unlogisch, zu sagen, jemand habe ein Recht auf das durch seine persönlichen Fähigkeiten Erworbene oder auf das Produkt des von ihm erworbenen Wohlstands, er könne jedoch seinen Kindern nichts von diesem Wohlstand vermachen; dies hieße: Ein Mann kann wohl sein Einkommen für einen lasterhaften Lebenswandel verwenden, darf es aber nicht an seine Erben weitergeben. Das Letztere ist doch bestimmt eine Möglichkeit, das zu verwenden, was er produziert hat.

Die Tatsache, dass derartige Argumente gegen die so genannte kapitalistische Ethik unhaltbar sind, soll natürlich nicht heißen, dass die kapitalistische Ethik akzeptabel wäre. Es macht mir Schwierigkeiten, sie mit Fug und Recht zu akzeptieren oder zurückzuweisen oder auch irgendein Alternativprinzip zu rechtfertigen. Ich neige mehr zu der Ansicht, dass sie nicht in sich als ethisches Prinzip angesehen werden kann, dass sie vielmehr als Mittel anzusehen ist oder als Folge eines anderen Prinzips, wie zum Beispiel der Freiheit.

Einige hypothetische Beispiele sollen das grundsätzliche Problem verdeutlichen. Stellen wir uns vier Robinson Crusoes vor, von denen jeder auf einer von vier Inseln, nicht weit voneinander entfernt, gestrandet ist. Der eine gelangt auf eine große und fruchtbare Insel, die ihm ein leichtes und gutes Leben ermöglicht. Die übrigen drei wurden auf winzige Inseln ohne viel Vegetation verschlagen, auf denen sie nur mit Mühe ihr Leben fristen können. Eines Tages entdecken sie sich gegenseitig. Es wäre natürlich großzügig von dem Robinson auf der großen Insel, wenn er die anderen auffordern würde, zu ihm zu kommen und seinen Wohlstand mit ihm zu teilen. Aber angenommen, er tut dies nicht. Wären die anderen drei berechtigt, sich zusammenzutun und ihn zu zwingen, seinen Wohlstand mit ihnen zu teilen? Viele Leser mögen versucht sein, diese Frage mit Ja zu beantworten. Aber bevor Sie der Versuchung dazu nachgeben, wollen wir genau die gleiche Situation in anderem Gewand vorstellen. Angenommen, Sie gehen mit drei Freunden die Straße entlang und entdecken plötzlich einen Zwanzig-Dollar-Schein auf dem Boden. Selbstverständlich wäre es großzügig von Ihnen, wenn Sie das Geld zu gleichen Teilen mit Ihren Freunden teilen oder ihnen zumindest einen Drink spendieren würden. Aber angenommen, Sie tun dies nicht. Wären Ihre Freunde dann berechtigt, Sie mit vereinten Kräften zum Verteilen zu zwingen? Ich schätze, dass die meisten Leser zur Verneinung dieser Frage neigen werden. Und nach näherer Betrachtung des Sachverhalts mögen sie sogar zu dem Schluss kommen, dass die großzügige Handlungsweise nicht unbedingt auch die »richtige« sein muss. Sind wir dazu bereit, an uns selbst und an unsere Mitmenschen die Forderung zu richten, dass jeder Mensch, dessen Wohlstand über dem durchschnittlichen Wohlstand der Weltbevölkerung liegt, sich augenblicklich von seinem Mehrbesitz durch gleichmäßige Verteilung gegenüber dem Rest der Weltbevölkerung zu trennen habe? Wir mögen es bewundern, wenn einige wenige derart handeln. Eine weltweite »Geschenkverteilung« würde jedoch jede Zivilisation unmöglich machen.

Andererseits wird aus zweimal Unrecht auch nicht Recht. Die Weigerung des reichen Robinson oder des glücklichen Finders der zwanzig Dollar, den Wohlstand zu teilen, rechtfertigt nicht Gewaltanwendung seitens der Übrigen. Können wir eine Rechtfertigung dafür finden, Richter in unserer eigenen Angelegenheit zu sein? Können wir selbst entscheiden, wann wir Gewalt anwenden dürfen, um uns das zu verschaffen, was uns nach unserer Meinung von anderen zusteht? Oder was ihnen nach unserer Ansicht nicht zusteht? Die meisten Unterschiede an Status oder Wohlstand können letztlich als Folge des Zufalls ausgelegt werden. Ein Mensch, der fleißig und geizig ist, wird als ein »verdienter« Mitbürger angesehen; dabei hängen diese Eigenschaften zum großen Teil von der Struktur der Gene ab, die zu ererben er das Glück (oder Unglück?) hatte.

Trotz der allgemein auf den Lippen geführten Ansicht, dass »Verdienst« dem »Zufall« vorzuziehen wäre, sind wir doch viel eher bereit, Ungleichheit aufgrund von Glück zu akzeptieren, als wenn sie eindeutig auf Verdienst begründet ist. Der Universitätsprofessor, dessen Kollege in einem Preisausschreiben gewinnt, wird diesen zwar beneiden, ihm aber kaum böse sein oder sich ungerecht behandelt fühlen. Wenn besagter Kollege aber eine minimale Gehaltserhöhung erhält, die dessen Gehalt höher als das seine werden lässt, so wird sich dieser höchstwahrscheinlich viel eher ärgern. Schließlich ist die Glücksgöttin, ebenso wie Justitia, blind. Die Gehaltserhöhung hingegen ist eine bewusste Honorierung relativen Verdienstes.

Die instrumentale Rolle der Einkommensverteilung nach der Leistung

Die Wirkungsweise der Bezahlung in Relation zur Leistung ist in einer vom freien Markt bestimmten Gesellschaft in erster Linie nicht distributiv, sondern vielmehr allokativ. Wie bereits in Kapitel 1 ausgeführt, ist das Grundprinzip der freien Marktwirtschaft Zusammenarbeit durch freiwilligen Austausch. Einzelpersonen arbeiten mit anderen, weil sie auf diese Weise ihre eigenen Belange wirkungsvoller wahrnehmen können. Wenn jedoch ein Individuum nicht den vollen Wert seiner Leistung zurückerhält, wird es sich eher auf der Grundlage dessen, was es aufnehmen kann, als was es hervorbringen kann, auf den Austausch einlassen. Es gibt keinen Austausch, der beiderseitig vorteilhaft gewesen wäre, wenn jede der beteiligten Parteien den gleichen Wert zurückbekäme, den sie dem Gesamtprodukt zuführten. Zumindest in einem auf freiwilliger Zusammenarbeit basierenden System ist daher die Bezahlung in Relation zur Leistung für die wirkungsvollste Nutzung der Möglichkeiten notwendig. Beim Vorhandensein ausreichender Kenntnisse könnte Zwang vielleicht anstelle der Hoffnung auf Belohnung eingeführt werden, obschon ich dies bezweifeln möchte. Man kann unbelebte Gegenstände hin- und herschieben; man kann auch Individuen zu größter Anstrengung zwingen. Anders ausgedrückt verändert der Wechsel von Zusammenarbeit beim Zwang die Zahl der vorhandenen Möglichkeiten.

Wenn auch in einer vom freien Markt bestimmten Gesellschaft die

Hauptfunktion der Entlohnung in Relation zur Leistung darin besteht, Mittel wirkungsvoll und ohne die Anwendung von Zwang zuzuteilen, wird sie doch kaum akzeptiert werden, wenn sie nicht gleichzeitig auch den Charakter verteilender Gerechtigkeit besitzt. Eine Gesellschaft ist nicht stabil, wenn es nicht einen festen Kern von Wertbegriffen gibt, der von der Mehrzahl der Individuen gedankenlos akzeptiert wird. Einige Schlüsseleinrichtungen müssen als »absolut« und nicht nur als Mittel zum Zweck begriffen werden. Ich bin der Meinung, dass die Entlohnung in Relation zur Leistung einer dieser vorausgesetzten Wertbegriffe oder Grundinstitutionen war und in hohem Maße auch noch ist.

Man kann dies anhand der Untersuchung der Punkte darlegen, deretwegen die internen Opponenten des kapitalistischen Systems die Verteilung des aus ihm stammenden Einkommens angreifen. Ein bezeichnender Faktor des Kerns zentraler Wertbegriffe in einer Gesellschaft liegt darin, dass er von allen ihren Mitgliedern akzeptiert wird, ob sie sich nun als Befürworter oder als Gegner des Systems der Organisationsstruktur dieser Gesellschaft begreifen. Selbst die entschiedensten internen Kritiker des kapitalistischen Systems haben die Entlohnung in Relation zur Leistung implizit als ethisch gerechtfertigt akzeptiert.

Die weitreichendste Kritik kam aus den Reihen der Marxisten. Marx argumentierte, dass die Arbeiter ausgebeutet würden. Warum? Weil sie die Gesamtheit der Produkte herstellen, aber nur einen Teil davon bekommen; der Rest ist Marx' »Mehrwert«. Selbst bei Akzeptierung der in dieser Feststellung enthaltenen Behauptungen kann der Wertbegriff nur unter Zugrundelegung der kapitalistischen Ethikbegriffe angebracht werden. Die Arbeiter können nur »ausgebeutet« werden, wenn sie ein Anrecht auf das von ihnen hergestellte Produkt besitzen. Wenn man hingegen die sozialistische Prämisse »Jedem das von ihm Benötigte, von jedem das, was er nach seinen Möglichkeiten geben kann« – was das auch immer heißen soll – voraussetzt, so muss man notwendigerweise das von den Arbeitern Produzierte nicht mit ihrem Entgelt, sondern mit ihren »Möglichkeiten« und ihr Entgelt nicht mit ihrer Leistung, sondern mit ihrem »Benötigten« in Beziehung setzen.

Selbstverständlich ist die marxistische Argumentation auch aus anderen Gründen unzutreffend. Zunächst taucht hier die Verwechslung auf zwischen dem Gesamtprodukt aller gemeinsam eingesetzten Mittel und der jeweils zusätzlich produzierten Menge – in der Wirtschaftssprache das Marginalprodukt. Überraschender noch ist die unausgesprochene Wandlung der Bedeutung der »Arbeit« von einer Voraussetzung zu einer Schlussfolgerung. Marx erkannte die Rolle des Kapitals bei der Herstellung des Produktes an, sah im Kapital jedoch zugleich geronnene Arbeit. Daher würde sich die Voraussetzung der marxistischen Gedankenstruktur im Klartext ungefähr folgendermaßen anhören: »Die gegenwärtige und zukünftige Arbeiterschaft stellen die Gesamtheit des Produktes her. Die gegenwärtige Arbeiterschaft bekommt nur einen Teil des Produktes.« Die logische Folgerung hieraus ist wahrscheinlich: »Die Arbeiterschaft in der Vergangenheit wurde ausgebeutet«, und die erforderliche Änderung soll jetzt bewirken, dass die Arbeiterschaft der Vergangenheit mehr vom Produkt bekommt, wenn auch nicht ganz klar ist, wie dies, abgesehen von eleganten Grabsteinen, erreicht werden kann.

Die Erreichung der Zuteilung der Mittel ohne die Anwendung von Zwang ist die Hauptaufgabe auf dem Markt der Verteilung in Relation zur Leistung. Dies ist jedoch nicht die einzige Aufgabe der entstehenden Ungleichheit. In Kapitel 1 besprachen wir bereits die Rolle der Ungleichheit bei der Entstehung unabhängiger Brennpunkte der Macht für den Ausgleich der Zentralisierung der politischen Macht, ebenso wie deren Rolle bei der Unterstützung privater Freiheit durch die Möglichkeit, die sie den »Herren« zur Finanzierung der Propagierung unpopulärer oder auch nur neuartiger Ideen gibt. Fernerhin gibt die Ungleichheit im wirtschaftlichen Bereich den »Herren« die Möglichkeit zur Finanzierung der Forschung und Entwicklung neuer Produkte – zum Kauf experimenteller Automobile und Fernsehgeräte, ganz zu schweigen von impressionistischen Gemälden. Schließlich ermöglicht sie den unpersönlichen Charakter der Verteilung, ohne die Notwendigkeit der »Autorität« – ein besonderer Aspekt der allgemeinen Rolle des Marktes bei der Realisierung von Zusammenarbeit und Koordination ohne Zwang.

Tatsachen der Einkommensverteilung

Ein kapitalistisches System mit Entlohnung in Relation zur Leistung kann, und so ist es in der Praxis auch, durch eine beträchtliche Ungleichheit an Einkommen und Wohlstand charakterisiert sein. Diese Tatsache wird oft fälschlich dahingehend ausgelegt, dass Kapitalismus und freie Wirtschaft mehr Ungleichheit zur Folge haben als alternative Systeme und dass folglich das Wachstum und die Entwicklung des kapitalistischen Systems eine Zunahme der Ungleichheit zur Folge haben müsste. Diese Fehlinterpretation wird durch den irreführenden Charakter der meisten veröffentlichten Zahlen über die Einkommensverteilung gestärkt, insbesondere dadurch, dass nicht zwischen kurzfristiger und langfristiger Ungleichheit unterschieden wird. Werfen wir einen Blick auf einige allgemein gültige Tatsachen in Zusammenhang mit der Einkommensverteilung.

Eine der erstaunlichsten Tatsachen, die der Meinung vieler Menschen widerspricht, hat mit den Einkommensquellen zu tun. Je kapitalistischer ein Land ist, desto geringer ist der Einkommensteil, der für das aufgewendet wird, was im Allgemeinen als Kapital bezeichnet wird, und desto größer ist der Anteil der Aufwendungen für menschliche Leistungen. In unterentwickelten Ländern wie Indien, Ägypten usw. ist ungefähr die Hälfte des Gesamteinkommens Kapitaleinkommen. In den Vereinigten Staaten gilt dies nur für ungefähr ein Fünftel des Gesamteinkommens. Und in anderen fortschrittlichen kapitalistischen Ländern sieht es nicht sehr viel anders aus. Diese Länder verfügen natürlich über weitaus mehr Kapital als die unterentwickelten Nationen, sie sind jedoch noch reicher durch die Produktions-Kapazität ihrer Bewohner; daher ist der absolut höhere Einkommensanteil aus Besitz ein relativ kleinerer Teil des Gesamteinkommens. Das große Verdienst des Kapitalismus liegt nicht in der Anhäufung von Besitz, sondern in der Vielzahl von Möglichkeiten, die er den Menschen zur Ausweitung, Entwicklung und Verbesserung ihrer Fähigkeiten verschafft. Und dennoch bezeichnen die Gegner des kapitalistischen Systems dieses gern als materialistisch, und seine Befürworter erklären nur allzu oft, der im kapitalistischen System enthaltene Materialismus sei ein notwendiger Preis für den Fortschritt.

Eine weitere auffallende Tatsache ist, dass – entgegen einer weit verbreiteten Meinung – der Kapitalismus weniger Ungleichheit hervorbringt als alternative Systeme und dass die Entwicklung des Kapitalismus das Ausmaß der Ungleichheit stark verringert hat. Räumliche und zeitliche Vergleiche bestätigen gleichermaßen diese Feststellung. Es gibt sicherlich entschieden weniger Ungleichheit in westlichen kapitalistischen Gesellschaften wie den skandinavischen Ländern, Frankreich, Großbritannien und den Vereinigten Staaten als in einer Statusgesellschaft wie in Indien oder in einem rückständigen Land wie Ägypten. Vergleiche zu kommunistischen Ländern wie Russland sind schwieriger zu bringen, da es zu wenig und nur recht unzuverlässige Informationen gibt. Wenn allerdings Ungleichheit an der unterschiedlichen Lebensweise der Privilegierten und der übrigen Bevölkerungsschichten gemessen wird, dürfte es in den kapitalistischen Ländern entschieden weniger Ungleichheit geben als in den kommunistischen. In den westlichen Ländern scheint es, als gäbe es desto weniger Ungleichheit, je kapitalistischer das Land ist: weniger in Großbritannien als in Frankreich, weniger in den Vereinigten Staaten als in Großbritannien – obgleich derartige Vergleiche durch die Frage der grundlegenden Heterogenität der Bevölkerung erschwert werden; zu einem gerechten Vergleich sollten vielleicht die Vereinigten Staaten nicht mit Großbritannien allein, sondern mit Großbritannien einschließlich seiner Besitzungen im karibischen Raum und in Afrika verglichen werden.

Auch zeitlich gesehen wurde der wirtschaftliche Fortschritt in den kapitalistischen Gesellschaften von einer drastischen Verminderung der Ungleichheit begleitet. Noch im Jahre 1848 konnte John Stuart Mill schreiben: »Es ist heute (1848) noch fraglich, ob alle bislang gemachten technischen Erfindungen die tägliche Last auch nur eines Menschen erleichtert haben. Sie führten dazu, dass mehr Menschen das gleiche Leben von Mühsal und Gefangenschaft leben und dass nur eine größere Zahl von Unternehmern und anderen Reichtümer anhäuften. Sie erhöhten das Wohlbefinden der Mittelklasse, aber sie haben noch nicht einmal angefangen, die großen Veränderungen im Geschick der Menschen zu bewirken, die sie ihrer Natur nach in zukünftigen Zeiten durchsetzen werden.«[1] Diese Aussage war vielleicht nicht einmal zu Mills Tagen zutreffend – sicherlich könnte jedoch heute niemand etwas Derartiges über die fortschrittlichen kapitalistischen Länder sagen. Es gilt jedoch noch immer für die übrige Welt.

Die Haupteigenschaft des Fortschritts und der Entwicklungen während der letzten hundert Jahre war die Befreiung der Massen von anstrengender Mühsal und die Tatsache, dass sie Zugang zu Produkten und Dienstleistungen bekamen, die vormals das Monopol der Oberschicht waren, ohne dabei die den Wohlhabenden zur Verfügung stehenden Produkte und Dienstleistungen auch nur annähernd entsprechend zu vermehren. Abgesehen von den Fortschritten auf dem Gebiet der Medizin eröffneten die Fortschritte auf technologischem Gebiet den Massen Zugang zu der Art Luxus, der schon immer in der einen oder anderen Weise den wahrhaft Wohlhabenden zur Verfügung stand. Die modernen sanitären Einrichtungen, Zentralhei-

---

[1] *Principles of Political Economy*, Hg. V. Ashley; London: Longmans, Green & Co., 1909, S. 751. (dt.: *Grundsätze der politischen Ökonomie*, Jena, 1924).

zung, Autos, Fernsehen und Radio, um nur einige zu nennen, verschaffen den Massen Annehmlichkeiten, die denjenigen entsprechen, die den Reichen schon immer durch die Dienste von Dienern, Unterhaltern usw. zur Verfügung standen.

Es ist schwierig, detaillierte statistische Analysen als Beweis dieses Phänomens in der Form sinnvoller und vergleichbarer Schemata der Einkommensverteilung zu bekommen, obgleich solche Studien, sofern sie erstellt wurden, die gerade angesprochenen Schlussfolgerungen bestätigen. Derartige Statistiken können jedoch außerordentlich irreführend sein. Sie können keine Grenze zwischen ausgleichenden und nichtausgleichenden Einkommensunterschieden ziehen. Beispielsweise bedeutet die relativ kurze Zeit, in der ein Baseballspieler beruflich aktiv sein kann, dass sein Einkommen während seiner aktiven Jahre weitaus höher liegen muss als bei anderen ihm offen stehenden Berufsmöglichkeiten, um beides für ihn finanziell gleichermaßen attraktiv zu machen. Ein derartiger Unterschied wirkt sich auf die Statistik aber genauso wie jeder andere Einkommensunterschied aus. Die Einkommenseinheit, für die statistische Angaben erbracht werden, ist auch von großer Bedeutung. Eine Aufstellung der Einkommen von Einzelpersonen zeigt stets sehr viel mehr scheinbare Ungleichheit als eine Aufstellung für Familieneinheiten: Viele der Einzelpersonen sind nämlich Hausfrauen in Teilzeitarbeit oder mit einem geringen Anteil von Besitzeinkommen, oder auch andere Familienmitglieder in ähnlicher Lage. Ist die für Familien relevante Aufstellung derart, dass für die Familie das Gesamtfamilieneinkommen angeführt wird? Oder das Pro-Kopf-Einkommen? Oder das Einkommen pro entsprechender Einzeleinheit? Derartige Fragen stellen keine Verzettelung dar. Meiner Meinung nach war die Veränderung der Kinderzahl innerhalb der Familie der wichtigste Einzelfaktor für die Verringerung der Ungleichheit in diesem Land während der vergangenen fünfzig Jahre. Er war sicher weitaus wichtiger als die gestaffelte Erbschaftssteuer oder die Einkommensteuer. Wirklich niedriger Lebensstandard war das Produkt von relativ geringem Familieneinkommen und relativ großer Kinderzahl. Die durchschnittliche Kinderzahl hat abgenommen, und, was noch wichtiger ist, diese Abnahme ging Hand in Hand mit dem fast vollständigen Verschwinden der sehr großen Familie, wobei das Letztere sicher eine Folge des Ersteren ist. Als Folge hiervon unterscheiden sich die Familien heutzutage weitaus weniger durch ihre Kinderzahl voneinander. Diese Veränderung würde jedoch in einer Statistik über die Größe des Gesamtfamilieneinkommens nicht berücksichtigt werden.

Ein Hauptproblem bei der Interpretation von Einkommensstatistiken liegt in der Notwendigkeit, zwischen zwei grundsätzlich unterschiedlichen Arten von Ungleichheit zu differenzieren: zwischen kurzfristigen Einkommensunterschieden und langfristigen Unterschieden im Einkommensstatus. Nehmen wir zwei menschliche Gesellschaften mit der gleichen Einkommensverteilung. In der einen gibt es viele Veränderungen und große Beweglichkeit, sodass die Stellung einer gegebenen Familie auf der Einkommensleiter von Jahr zu Jahr stark differiert. In der anderen herrscht außerordentliche Starrheit, sodass jede Familie durch die Jahre hindurch auf der gleichen Einkommensstufe stehen bleibt. Selbstverständlich müsste man die zweite Gesellschaft als die ungleichere bezeichnen. Die erste Art der Ungleichheit ist das Zeichen für dynamische Veränderung, große Beweglichkeit und Gleichheit der Möglichkeiten; die zweite Art ist die Manifestation einer Status-Gesellschaft. Die Verwechslung dieser beiden Arten von Ungleichheit ist von besonderer Bedeutung, da der Kapitalismus mit freiem Wettbewerb und wirtschaftlicher Freiheit die eine Form in die andere verwandelt. Nichtkapitalistische Gesellschaften haben gewöhnlich größere Ungleichheit als kapitalistische, sogar bei Bemessung des jährlichen Einkommens; außerdem ist die Ungleichheit in diesen Gesellschaften gewöhnlich von Dauer, während das kapitalistische System andererseits feste Statusbegriffe unterwandert und soziale Beweglichkeit einführt.

Staatliche Maßnahmen zur Änderung der Einkommensverteilung

Die von den Regierungen zur Änderung der Einkommensverteilung am meisten angewandten Methoden sind die gestaffelte Einkommensteuer und die Erbschaftssteuer. Bevor wir uns der Frage ihrer Notwendigkeit zuwenden, sollte man vielleicht kurz untersuchen, ob diese Maßnahmen zu dem gewünschten Erfolg geführt haben.

Nach dem augenblicklichen Stand unseres Wissens kann auf diese Frage keine endgültige Antwort gegeben werden. Die nachfolgende Beurteilung ist meine persönliche, wenn auch hoffentlich nicht völlig inkompetente Ansicht, die ich aus Zeitgründen etwas dogmatischer dargelegt habe, als es die

Materie eigentlich rechtfertigt. Ich habe den Eindruck, dass diese steuerlichen Maßnahmen eine relativ, wenn auch nicht allzu geringe Wirkung in Richtung auf Verringerung der Unterschiede in der durchschnittlichen Position von Familiengruppen nach der Erfassung durch statistische Maßnahmen der Einkommensbewertung gezeigt haben. Andererseits führten sie auch zu willkürlichen Ungleichheiten von vergleichbarer Bedeutung zwischen Einzelpersonen innerhalb einzelner Einkommensklassen. Daraus ergibt sich, dass es keineswegs so klar ist, ob der Netto-Effekt in Bezug auf die grundsätzliche Gleichheit der Behandlung und der Auswirkungen in Richtung auf eine Zu- oder Abnahme der Gleichheit gewirkt hat.

Die Steuersätze sind auf dem Papier sowohl hoch als auch stark progressiv gestaffelt. Ihre Wirksamkeit wurde jedoch auf zwei Arten abgeschwächt. Zunächst einmal bestand ihre Wirkung einfach darin, die Einkommensverteilung vor Steuern noch ungleicher zu machen. Dies ist eine gewöhnliche Folge der Besteuerung. Durch die verringerte Neigung zur Betätigung in stark besteuerten Aktivitäten – in diesem Fall Aktivitäten mit hohem Risiko und nichtfinanziellen Nachteilen – erhöht sich die Besteuerung der Einnahmen aus derartigen Aktivitäten. Zum anderen führte die Besteuerung zu der Suche nach gesetzlichen und anderen Wegen zu ihrer Umgehung – zu so genannten »Notausgängen« im Gesetz wie Abschreibungen, Steuerfreiheit für staatliche und kommunale Schuldverschreibungen, bevorzugte Behandlung von Kapitalgewinnen, die steuerliche Absetzung von Spesen, andere Möglichkeit indirekter Zahlungsweise, die Umwandlung gewöhnlicher Einkünfte in Kapitalgewinne usw., und dies in erstaunlicher Menge und mannigfacher Form. Die Folge war, dass die tatsächlich erhobenen Sätze weit unter den nominalen Sätzen lagen und so die Steuerwirkung willkürlich und ungerecht wurde. Leute auf dem gleichen Einkommensniveau zahlen sehr unterschiedliche Steuern, je nach der zufälligen Quelle ihrer Einkünfte und der ihnen zur Verfügung stehenden Möglichkeiten zur Steuerumgehung. Wenn die gegenwärtigen Sätze voll angewandt würden, könnten die Auswirkungen auf die Investitionslust, Unternehmerinitiative usw. durchaus ernste Folgen haben und zu einem drastischen Rückgang der Produktivität unserer Gesellschaft führen. Daher kann man vielleicht sagen, dass die Steuerumgehung eine Grundvoraussetzung für das wirtschaftliche Wachstum ist. Wenn dies zutrifft, so wurde der positive Effekt mit dem Preis großer Verschwendung von Kapitalmitteln und der Einführung weit verbreiteter Ungleichheit erkauft. Niedriger angesetzte Grundsteuersätze sowie eine umfangreichere Basis mittels gerechterer Besteuerung aller Einkommensformen könnten zu fortschrittlicherer Gesamtauswirkung, größerer Gleichheit im Einzelnen und weniger Verschwendung von Mitteln führen.

Die Meinung, dass die Einkommensteuer in ihrer Wirkung willkürlich sei und wenig wirksam beim Abbau von Ungleichheiten, wird von vielen Kennern der Problematik geteilt, darunter auch von vielen, die sich ausgesprochen für die gestaffelte Besteuerung zur Verringerung der Ungleichheit einsetzen. Sie sind gleichfalls der Meinung, dass die Spitzensätze drastisch gesenkt und die Basis erweitert werden sollte.

Ein weiterer Faktor, der die Wirksamkeit der gestaffelten Steuerstruktur auf die Ungleichheit von Einkommen und Wohlstand einschränkt, liegt darin, dass diese Steuerform viel weniger den Reichtum als den Erwerb von Reichtum besteuert. Sie beschränken zwar die Verwendungsmöglichkeiten bestehenden Reichtums, beschränken aber noch viel offensichtlicher den Erwerb von Vermögen, sofern sie wirksam sind. Die Besteuerung des Einkommens aus Reichtum ändert nichts an diesem Reichtum selbst – sie reduziert lediglich den Verbrauch des Vermögens und den Erwerb zusätzlichen Reichtums durch den Besitzer. Die steuerlichen Maßnahmen verursachen Vermeidung von Risiken und führen zur Anlage bestehenden Wohlstandes in relativ stabilen Formen, was wiederum die Wahrscheinlichkeit reduziert, dass bestehende Kapitalanhäufungen neu verteilt werden. Andererseits führt der beste Weg zum Aufbau neuer Vermögen über große augenblickliche Einkommen, von denen ein beträchtlicher Prozentsatz abgezweigt wird und zur Investition in riskante Unternehmungen gelangt, von denen einige zu hohen Gewinnen führen. Wenn die Einkommensteuer voll wirksam wäre, würde dieser Weg ungangbar. Sie würde daher die augenblicklichen Inhaber des Reichtums vor dem Wettbewerb mit Neukömmlingen schützen. Diese Auswirkung wird in der Praxis allerdings durch die bereits erwähnten Ausweichmöglichkeiten zum Teil ausgeglichen. Es ist bemerkenswert, wie hoch der Anteil neu erworbener Vermögen aus dem Ölgeschäft ist, wo die Abschreibungsmöglichkeiten einen besonders leichten Weg zu steuerfreiem Einkommen eröffnen.

Bei der Beurteilung der progressiven Einkommensteuer erscheint mir die Unterscheidung zweier Probleme von Bedeutung, wenn diese Unterscheidung auch nicht zu exakten Konsequenzen in Form von bestimmten Maßnahmen führen kann: erstens, die Aufbringung der finanziellen Mittel für die staatlichen Maßnahmen, deren Durchführung beschlossen wurde (vielleicht einschließlich von Maßnamen zur Überwindung der Armut, wie in Kapitel 12 ausgeführt); zweitens, die Auferlegung von Steuern zu dem einzigen Zweck der Umverteilung. Das Erstere kann wohl einen gewissen Grad von Staffelung erforderlich machen, sowohl wegen der Einstufung der Kosten in Relation zu den erreichbaren Vorteilen als auch aufgrund des sozialen Gleichheitsniveaus. Die gegenwärtigen hohen Sätze für Spitzeneinkommen können jedoch schwerlich auf diese beiden Punkte hin gerechtfertigt werden – wenn auch nur wegen ihrer geringen Wirksamkeit.

Als einem Mann mit liberalen Ansichten fällt es mir schwer, eine Berechtigung der gestaffelten Besteuerung einzig aus dem Ziel der Einkommensverteilung abzuleiten. Dies erscheint mir als Zwangsanwendung bei der Prozedur, den einen etwas zu nehmen, um den anderen etwas geben zu können, und daher als dem Ideal der persönlichen Freiheit diametral entgegengesetzt.

Unter Berücksichtigung aller Faktoren erscheint mir eine gleichmäßige proportionale Einkommensteuer über einem Mindesteinkommen als die beste Form der Einkommensteuer, wobei der Begriff Einkommen sehr weit gefasst werden sollte und Steuernachlässe nur für genauestens festgelegte Ausgaben im Rahmen der laufenden Einkünfte gestattet sein sollten. Wie ich schon in Kapitel 5 erwähnte, würde ich diese Maßnahme mit der Abschaffung der Körperschaftssteuer verbinden und ebenfalls mit der Vorschrift, dass die Aktiengesellschaften ihren Gewinn an die Aktionäre ausschütten müssten und dass diese dann verpflichtet seien, derartige Einnahmen in ihren Steuererklärungen aufzuführen. Die wichtigsten weiteren Änderungen, die wünschenswert wären, sind die Streichung der Abschreibungsmöglichkeiten bei Erdöl und anderen Rohstoffen, die Aufgabe der Sonderbehandlung von Kapitalgewinn, die Koordinierung von Einkommens-, Grund- und Schenkungssteuer sowie die Abschaffung zahlreicher Absetzungsmöglichkeiten, wie sie derzeit gestattet sind.

Eine Steuerbefreiung kann meiner Meinung nach eine gerechtfertigte Stufe der Staffelung darstellen (weiteres hierzu in Kapitel 12). Es ist ein großer Unterschied, ob 90 Prozent der Bevölkerung durch freie Wahl über ihre eigenen Steuern und über die Steuerbefreiungen von 10 Prozent abstimmen, oder ob 90 Prozent über die Steuerbelastung für die anderen 10 Prozent befinden – wie es in der Tat in den Vereinigten Staaten geschieht. Eine proportionale, gleiche Besteuerung würde höhere absolute Aufwendungen von Individuen mit hohen Einkommen für den Staatsdienst bedeuten, was aufgrund der zugeteilten Vorteile nicht ganz und gar unangebracht wäre. Dabei würde gleichzeitig eine Situation vermieden, bei der eine große

Zahl von Menschen durch Wahl anderen Steuern auferlegen, die sich nicht gleichzeitig auch für sie selbst bemerkbar machen. Der Vorschlag zur Einführung einer proportionalen Einkommensteuer anstelle der gegenwärtigen progressiven Steuerstaffelung wird manchem Leser radikal vorkommen. Dies trifft sicher zu, soweit es die Konzeption angeht. Aus eben diesem Grund kann nicht deutlich genug betont werden, dass sie gemessen an ihrer Wirksamkeit für die Staatseinnahmen, die Einkommensverteilung oder irgendein anderes wichtiges Kriterium nicht radikal im negativen Sinn ist. Unser gegenwärtiger Steuersatz geht von 20 bis 91 Prozent, die 50-Prozent-Marke wird bei einem jährlichen versteuerbaren Einkommen von 18 000 Dollar für Einzelpersonen oder 36 000 Dollar für Ehegatten mit gemeinsamem Jahresausgleich erreicht. Dabei würde ein gleich bleibend proportionaler Steuersatz von 23,5 Prozent auf das versteuerbare Einkommen, wie es gegenwärtig definiert ist, d.h. über dem gegenwärtigen Freibetrag und nach allen gegenwärtig gestatteten Abzügen, das gleiche Aufkommen erbringen wie das gegenwärtige stark progressive Schema.[2] In Wirklichkeit würde ein proportionaler Steuersatz dieser Art mehr Einnahmen erbringen, und zwar ohne irgendwelche weiteren Änderungen in der Steuergesetzgebung, da aus drei Gründen eine größere Menge steuerpflichtigen Einkommens deklariert werden würde: Es bestünde weniger Anlass zu gesetzlich zulässigen, aber teuren und komplizierten Manövern zur Verringerung des deklarierten steuerpflichtigen Einkommens (so genannte Steuervermeidung); weiter wäre die ungesetzliche Verdeckung steuerpflichtigen Einkommens weniger lohnend (so genannte Steuerflucht); endlich würde die Abschaffung der Bremseffekte der augenblicklichen Steuersätze zur besseren Nutzung der verfügbaren Kapitalmittel und zu höheren Einkommen führen.

---

[2] Dieser Punkt ist von so großer Bedeutung, dass man vielleicht die Berechnung darlegen sollte. Das letzte Jahr, dessen Zahlen zum Zeitpunkt der Niederschrift verfügbar sind, ist das Jahr 1959. (Zahlenmaterial vom U.S. Internal Revenue Service, Einkommensstatistik für 1959).
Gesamtes versteuerbares Einkommen nach Steuererklärungen:
Einzelne Steuererklärungen $ 166 540 Mio.
Einkommensteuer vor steuerfreien Beträgen $ 39 092 Mio.
Einkommensteuer nach steuerfreien Beträgen $ 38 645 Mio.
Ein proportionaler Steuersatz von 23,5 Prozent auf das gesamte versteuerbare Einkommen hätte ergeben: (0,235) x $ 166 540 Mio. = $ 39 137 Mio. Bei Zugrundelegung der gleichen steuerfreien Beträge wäre das Endaufkommen ungefähr gleich hoch wie das tatsächlich erzielte gewesen.

So niedrig der Wirkungsgrad der gegenwärtigen progressiven Steuersätze ist, so ungenügend ist auch deren Wirksamkeit für eine Einkommensumverteilung. Damit soll ihnen keine Harmlosigkeit bescheinigt werden. Ganz im Gegenteil. Die Wirksamkeit ist teilweise deshalb so niedrig, weil einige der befähigtesten Männer im ganzen Land ihre Kräfte darauf verwenden, sie so niedrig zu halten; ferner, weil viele andere Männer ihre Unternehmungen so ausrichten, dass dabei günstige Steuereffekte herauskommen. All dies ist reine Verschwendung. Und was erhalten wir dafür? Bestenfalls ein Gefühl der Befriedigung für einige von uns, dass der Staat gerechte Einkommensverteilung betreibt. Dabei ist sogar dieses Gefühl auf Unkenntnis der tatsächlichen Auswirkungen der gestaffelten Steuerstruktur fundiert und würde sich schnell verflüchtigen, wenn die Lage der Dinge besser bekannt wäre.

Was aber die Einkommensverteilung angeht, so gibt es zweifelsohne klare Berechtigung für soziale Maßnahmen in dieser Richtung, die aber mit der Besteuerung nichts zu tun haben. Ein Großteil der tatsächlichen Ungleichheit rührt von Unvollkommenheiten des Marktes her. Viele von diesen beruhen wiederum auf staatlichen Maßnahmen oder könnten durch derartige Maßnahmen behoben werden. Es gibt ausreichende Gründe zur Angleichung der Spielregeln, um diese Ursachen der Ungleichheit ausschalten zu können. Besondere Monopol-Privilegien, die von der Regierung garantiert werden, Fixtarife und andere gesetzliche Maßnahmen, die bestimmten Gruppen zum Vorteil gereichen, sind Quellen der Ungleichheit. Jeder Liberale wird deren Abschaffung begrüßen. Die Ausdehnung und Erweiterung der pädagogischen Möglichkeiten sind wichtige Faktoren bei der Ausräumung von Ungleichheiten. Maßnahmen dieser Art haben den Vorzug, die Wurzel der Ungleichheit anzugehen, anstatt einfach die Symptome zu behandeln.

Die Einkommensverteilung ist ein weiteres Gebiet, auf dem vom Staat durch eine Reihe von Maßnahmen mehr Schaden angerichtet wurde, als durch Gegenmaßnahmen ausgeglichen werden konnte. Wenn viele der Probleme, die von den Befürwortern der starken Staatsgewalt beklagt werden, ob groß oder klein, selbst auf staatliche Maßnahmen zurückzuführen sind, so ergibt sich daraus schnell die Berechtigung für weitere Regierungsinterventionen gegen angebliche Mängel des Systems der freien Wirtschaft.

11 Sozial- und Wohlfahrtsmaßnahmen

Die humanitäre und egalitäre Grundeinstellung, die zur stark progressiv gestaffelten Einkommensteuer geführt hat, war auch noch für eine ganze Reihe von anderen Maßnahmen verantwortlich, die das Ziel der »Wohlfahrt« für eine bestimmte soziale Gruppe verfolgen. Das wichtigste Paket von Maßnahmen ist das irreführenderweise mit dem Ausdruck »Soziale Sicherheit« bezeichnete. Andere Maßnahmen sind der öffentliche Wohnungsbau, garantierte Mindestlöhne, Agrarpreissubventionen, kostenlose ärztliche Versorgung für bestimmte Personenkreise, Sonderhilfsprogramme usw.

Eingangs werde ich mich kurz mit einigen der letzteren befassen, in der Hauptsache, um darzulegen, wie sehr sich die eigentliche Wirkung von der beabsichtigten unterscheiden kann, und danach werde ich etwas ausführlicher den wichtigsten Teil des Programms für soziale Sicherheit behandeln, die Renten- und Altersversorgung.

1. Der öffentliche Wohnungsbau. Ein häufig gehörtes Argument für den öffentlichen Wohnungsbau bezieht sich auf die vermeintlichen Auswirkungen für bestimmte Wohngebiete: Besonders Elendsviertel und andere Gegenden mit Wohnungen minderer Qualität belasten die Städte angeblich in Form von Feuerschutz und Polizeiaufwand mit höheren Kosten. Dieser Effekt mag tatsächlich zu finden sein. Aber selbst, wenn dies zutrifft, ist es doch an sich noch kein Argument für den öffentlichen Wohnungsbau, sondern eher eines für eine höhere Besteuerung der Wohnungen, die die Kosten für die Allgemeinheit erhöhen, um dadurch die Kosten auf Private und auf die öffentliche Hand gerechter aufteilen zu können.

Natürlich wird man hierauf sofort entgegnen, dass diese zusätzlichen Steuern ja Menschen der niedrigen Einkommensklassen belasten würden und dass dies nicht wünschenswert sei. Die Antwort heißt, dass der öffentliche Wohnungsbau nicht wegen der unerwünschten Neben-Effekte, sondern zur Unterstützung und Hilfe der niederen Einkommensklassen erfolgt und dient. Wenn dies der Fall ist, warum dann überhaupt speziell den Wohnungsbau fördern? Wenn die Mittel zur Unterstützung der Armen verwandt werden sollen, könnte dies nicht viel besser und wirkungsvoller in bar als in Sachwerten erfolgen? Sicherlich würden die Familien, die Unterstützungsempfänger sind, lieber eine bestimmte Summe in bar als in Form von Wohnungen entgegennehmen. Sie könnten das Geld dann selbst auf Wohnungen verwenden, wenn sie dies wünschten. Daher wären sie in keinem Fall bei Barauszahlungen benachteiligt; wenn sie andere Notwendigkeiten für wichtiger erachten, wäre die Barauszahlung sogar ein Vorteil. Barauszahlung würde auch das Problem der negativen Erscheinungen in bestimmten Wohnvierteln lösen, ebenso wie das Problem der Unterstützung in Sachwerten, da die Barsumme bei Nichtverwendung für Wohnobjekte zur Entrichtung von Sondersteuern verwandt werden könnte, die durch die anfallende zusätzliche Kostenbelastung für die Allgemeinheit berechtigt wäre.

So kann der öffentliche Wohnungsbau weder aufgrund der negativen Auswirkungen in bestimmten Wohnbezirken noch als Unterstützungsmaßnahme für bedürftige Familien seine Berechtigung haben. Wenn überhaupt, kann er nur aus paternalistischen Gründen gerechtfertigt werden; dies hieße, die Familien, die Unterstützung bekämen, »benötigten« Wohnungen mehr, als sie andere Dinge »benötigten«, würden jedoch selbst nicht zu dieser Einsicht kommen oder ihre Unterstützung unklug ausgeben. Ein Liberaler wird dazu neigen, diese Argumentation in Bezug auf verantwortliche Erwachsene zurückzuweisen. Er kann es wegen der mehr indirekten Auswirkungen auf die Kinder nicht völlig zurückweisen, insbesondere weil die Eltern ja das Wohlergehen ihrer Kinder missachten könnten, die bessere Wohnungen »benötigen«. Er wird jedoch sicher nach überzeugenderen Argumenten und nach deutlicheren Einblicken verlangen, als es allgemein der Fall ist, bevor er dieses Argument zur Berechtigung hoher Ausgaben für den öffentlichen Wohnungsbau akzeptiert.

So viel konnte bisher rein abstrakt gesagt werden, bevor man noch eigentliche Erfahrung mit dem öffentlichen Wohnungsbau hatte. Nun, da wir über diese Erfahrung verfügen, können wir noch wesentlich weiter gehen. In der Praxis stellte sich nämlich heraus, dass der öffentliche Wohnungsbau Auswirkungen hatte, die von den ursprünglich angestrebten in der Tat sehr verschieden waren. Statt die Wohnverhältnisse der Minderbemittelten zu verbessern, wie ursprünglich beabsichtigt, bewirkte der öffentliche Wohnungsbau genau das Gegenteil. Die Anzahl der im Rahmen des öffentlichen Wohnungsbaus fertig gestellten Wohnungen hat an sich nicht im Geringsten zu einer Verminderung der Zahl der wohnungsbedürftigen Personen beigetragen. Daher verursachte er nur die Anhebung der Anzahl von Personen pro Wohneinheit. Eine Anzahl von Familien wurde vielleicht besser untergebracht, als es normalerweise geschehen wäre – diejenigen Familien nämlich, die das Glück hatten, in eine der von der öffentlichen Hand gebauten Wohnungen zu ziehen. Das Problem wurde für die Übrigen jedoch nur verschlimmert, da die Durchschnittsdichte insgesamt zunahm.

Natürlich vermochten private Unternehmen einige der schmerzlichen Auswirkungen des Programms des öffentlichen Wohnungsbaus durch Umbau bestehender Einheiten oder durch die Errichtung neuer Wohnungen auszugleichen – entweder direkt für die ausgewiesenen Personen oder, wie es häufiger der Fall war, für ausgewiesene Familien über zwei oder drei Zwischenstationen, nach dem durch den öffentlichen Wohnungsbau in Gang gebrachten Spiel. Diese Privatunternehmen hätten allerdings auch ohne die Existenz des Programms des öffentlichen Wohnungsbaus zur Verfügung gestanden.

Warum hatte der öffentliche Wohnungsbau diese Wirkung? Aus dem gleichen Grund, den wir immer und immer wieder gefunden haben. Das allgemeine Interesse, das viele an der Einberufung dieses Programms hatten, ist diffus und vage. Als das Programm einmal bewilligt war, musste es ganz natürlich von den besonderen Interessen bestimmt werden, denen es dienen sollte und konnte. Diese Interessen wurden im vorliegenden Fall von den örtlichen Gruppen wahrgenommen, die auf Verschwinden der dreckigen und ärmlichen Wohnviertel drangen, die sie neu aufgebaut sehen wollten, entweder, weil sie in diesen Gebieten Grundbesitz hatten, oder, weil die Gebiete eine Bedrohung der örtlichen oder zentralen Geschäftsviertel darstellten. Der öffentliche Wohnungsbau war ihnen als Mittel zur Erreichung ihrer Ziele nur allzu recht, die mehr auf Zerstörung als auf Neuaufbau ausgerichtet waren. Und dennoch ist der »Milzbrand der Städte« noch immer mit ungebrochener Vehemenz und Aktualität vorhanden, wie die zunehmende Nachfrage nach Bundesmitteln zur Lösung dieses Problems beweist.

Eine weitere Verbesserung, die sich die Befürworter des öffentlichen Wohnungsbaus erhofften, war die Herabsetzung der Jugendkriminalität aufgrund der Verbesserung der Wohnbedingungen. Hier hatte das Projekt in vielerlei Hinsicht ebenfalls genau die gegenteilige Wirkung, ganz abgesehen davon, dass die *durchschnittlichen* Wohnbedingungen dadurch keine Verbesserung erfuhren. Die zu Recht festgelegte Einkommenslimitierung für den Bezug von Wohnungen des öffentlichen Wohnungsbaus zu subventionierten Mietsätzen führte zu einem hohen Anteil »zerrütteter« Familien – insbesondere geschiedener oder verwitweter Mütter mit ihren Kindern.

Kinder aus zerrütteten Familienverhältnissen sind als »Problemkinder« besonders anfällig, und ein hoher Anteil solcher Kinder ist dazu angetan, die Jugendkriminalität zu erhöhen. Dies manifestierte sich unter anderem in der negativen Auswirkung auf die Schulen in der Nähe der Wohnviertel des öffentlichen Wohnungsbaus. Eine Schule kann zwar durchaus eine begrenzte Zahl von »Problemkindern« verkraften, wird aber bei der Aufnahme einer großen Menge solcher Kinder auf beträchtliche Schwierigkeiten stoßen. Manchmal ist jedoch der Prozentsatz an zerrütteten Familien in einem Wohnviertel des öffentlichen Wohnungsbaus ein Drittel oder mehr, und die Mehrheit der Kinder in einer Schule kann aus den Vierteln des öffentlichen Wohnungsbaus kommen. Hätte man diese Familien durch Geldbeträge unterstützt, dann wären sie weitaus besser auf die ganze Stadt verteilt worden.

2. *Mindestlohnsätze.* Die Gesetzgebung der Mindestlohnsätze ist so ungefähr das klarste Beispiel, das man für die Tatsache finden kann, dass eine Maßnahme genau die entgegengesetzte Wirkung dessen, was die wohlmeinenden Leute im Sinn hatten, die sie ins Leben riefen. Eine große Anzahl dieser Menschen beklagt ganz zu Recht die außerordentlich niedrigen Löhne; sie betrachten sie als eine Form der Armut; sie hoffen nun, durch das Verbot von Arbeitslöhnen unter einem bestimmten Mindestsatz die Armut zu verringern. Falls aber die Mindestlohnsätze überhaupt irgendeine Wirkung haben, so besteht sie in der Förderung der Armut. Der Staat kann zwar durch gesetzliche Maßnahmen einen Mindestlohn festsetzen. Er kann aber schwerlich die Arbeitgeber dazu zwingen, alle jene Arbeitnehmer zu den Mindestlohnsätzen zu beschäftigen, die zuvor weniger als diesen Mindestlohn erhielten. Etwas Derartiges liegt ganz offensichtlich nicht im Interesse der Arbeitgeber. Die Auswirkung der vorgeschriebenen Mindestlöhne besteht somit in der Erhöhung der Arbeitslosigkeit. Insofern als die niedrigen Löhne ein Anzeichen für Armut sind, sind diejenigen, die jetzt arbeitslos werden, genau diejenigen, die am schlechtesten auf ihr bisheriges Einkommen verzichten können, mag es den Leuten, die für die Mindestlohnsätze stimmen, auch noch so gering erschienen sein.

In einer Hinsicht ist dieser Fall dem öffentlichen Wohnungsbau sehr ähnlich. In beiden Fällen sieht man die Menschen, denen geholfen wird – die Leute, deren Löhne erhöht werden; die Leute, die in den Wohnungen des öffentlichen Wohnungsbaus leben. Die Leute, die Benachteiligungen erfuhren, sind anonym, und ihre Benachteiligung geht nicht offensichtlich aus ihrer Ursache hervor: die Leute, die arbeitslos werden oder eher noch aufgrund der bestehenden Mindestlohngesetzgebung niemals eine Anstellung in bestimmten Berufen finden und daher zu schlechter bezahlten Tätigkeiten greifen müssen oder sogar von der öffentlichen Unterstützung leben müssen; die Leute, die in den wachsenden Elendsvierteln immer beengter leben müssen, deren Wohnviertel eher ein Zeichen für die Notwendigkeit des öffentlichen Wohnungsbaus zu sein scheinen als eine Folge bereits fertig gestellter Projekte.

Schließlich geht ein Großteil der Unterstützung der Mindestlohnsätze nicht von unbeteiligten und wohlmeinenden Leuten, sondern von beteiligten Interessengruppen aus. Gewerkschaften und Unternehmen aus dem Norden befürworten beispielsweise die Mindestlohngesetzgebung zur Schwächung der Konkurrenz aus dem Süden.

3. Agrarpreissubventionen. Hier haben wir ein weiteres Beispiel. Wenn diese Subventionen überhaupt noch eine weitere Berechtigung außer der, dass ländliche Gebiete bei den Wahlmännern und im Kongress überrepräsentiert sind, haben sollen, dann doch sicherlich aufgrund der Meinung, dass Bauern im Durchschnitt niedrige Einkommen haben. Selbst wenn man dies als eine Tatsache akzeptiert, bewirken die Subventionen doch nicht die beabsichtigte Hilfe für die hilfsbedürftigen Bauern. Zunächst einmal liegen die Vorteile genau umgekehrt zu dem Bedürfnis danach, da sie auf der abgesetzten Menge basieren. Der ärmere Bauer setzt nicht nur weniger auf dem Markt ab als der wohlhabende; zusätzlich bezieht er einen höheren Teil seines Einkommens aus für seinen eigenen Bedarf angebauten Produkten, und diese haben keinen Anspruch auf preisliche Subventionen. Zum anderen sind die Vorteile, wenn überhaupt, welche die Bauern aus dem Unterstützungsprogramm erzielen, weitaus geringer als der Gesamtaufwand. Dies gilt ganz offensichtlich für die Ausgaben für Lagerkosten und ähnliche Posten, die ganz und gar nicht dem einzelnen Bauer zugute kommen. In Wirklichkeit sind vielleicht die Inhaber von Lagerkapazitäten die Hauptnutznießer. Gleiches gilt für die Ausgaben zum Erwerb landwirtschaftlicher Produkte. Hierbei ist der Bauer angehalten, zum Kauf von Düngemitteln, Saatmitteln, landwirtschaftlichen Maschinen usw. zusätzliches Kapital aufzuwenden. Bestenfalls verhilft ihm der erzielte Überschuss zu einem Gewinn. Schließlich und endlich wird selbst durch diesen Rest eines Restes die Größe des Gewinns nach oben verzerrt dargestellt, da eine Folge der Subvention war, dass mehr Menschen auf den Bauernhöfen blieben, als dies normalerweise der Fall gewesen wäre. Nur der Überschuss, falls es einen gibt, ihrer Einkünfte auf den Höfen mithilfe des Subventionsprogramms über ihren möglichen Verdienst außerhalb der Landwirtschaft macht sich für sie als Nettogewinn bemerkbar. Die Hauptfolge des Programms war die Erhöhung der landwirtschaftlichen Produktion und nicht ein höheres Einkommen für die Bauern. Einige negative Folgen der Agrarpreissubvention sind so offensichtlich und so gut bekannt, dass ich sie hier nur kurz zu erwähnen brauche: Der Verbraucher bezahlt doppelt, einmal in Form von Steuern für das Programm und fernerhin für höhere Lebensmittelpreise. Die Bauern wurden mit schweren Beschränkungen und durch zentrale Kontrolle belastet, und die Nation wurde mit einer anwachsenden Bürokratie konfrontiert. Es gibt jedoch noch einen weiteren negativen Posten, der weniger bekannt ist. Das Agrarpreissubventionsprogramm war in der Außenpolitik eine schwere Behinderung. Um einen über dem Weltmarktniveau liegenden Inlandspreis aufrechtzuerhalten, waren Importauflagen für viele Posten erforderlich. Häufige Änderungen unserer Maßnahmen haben anderen Ländern schwere Nachteile gebracht. Ein hoch festgelegter Baumwollpreis führte zur Erhöhung der Baumwollproduktion durch andere Länder. Als unser hoher Preis zu großen Baumwolllagern führte, gingen wir zum Verkauf im Ausland zu niedrigen Preisen über, was den Erzeugern, die wir durch unsere ersten Maßnahmen zur Vergrößerung ihrer Produktion angeregt hatten, große Verluste verursachte. Man könnte eine Vielzahl derartiger Fälle anführen.

Renten- und Altersversorgung

Das Programm für die »Soziale Sicherheit« gehört zu den Feldern, bei denen sich die Magie der Tyrannei des Status quo auszuwirken beginnt. Ungeachtet der Kontroverse vor seiner Einführung[1] wird es heute als derart selbstverständlich angesehen, dass seine Vorteile kaum noch infrage gestellt

---

[1] Der 1934 von Präsident Franklin D. Roosevelt vorgeschlagene und am 14. August 1935 in Kraft getretene Social Security Act, der die staatliche Renten- und Altersversorgung der USA begründete, stand verfassungsrechtlich auf unsicherem Boden, da die US-Verfassung alle Rechte, die nicht ausdrücklich der Bundesregierung übertragen sind, den Bundesstaaten bzw. den Bürgern vorbehält. Die Einführung eines Sozialsystems stellte offensichtlich

werden. Dabei geht Hand in Hand damit eine Intervention großen Stils in die persönlichen Angelegenheiten eines Großteils der Bevölkerung, ohne dass meiner Meinung nach dazu eine Berechtigung besteht, die aufgrund liberaler oder sonstiger Grundsätze irgendwie überzeugend wäre. Ich schlage eine nähere Untersuchung des wichtigsten Teils des Gesamtprogramms vor, desjenigen der Altersversorgung.

Organisatorisch besteht das unter der Bezeichnung Renten- und Altersversorgung bekannte Programm aus einer Sonderbesteuerung der Einkommen und aus Zuwendungen an Einzelpersonen, die ein bestimmtes Alter erreicht haben, deren Höhen bestimmt werden von dem Alter, in dem die Auszahlungen beginnen, vom Familienstand und vom bisherigen Einkommen.

Die Renten- und Altersversorgung besteht zur Unterscheidung aus drei verschiedenen Elementen:

1. Die Vorschrift für eine große Anzahl von Individuen, jährliche Einzahlungen zu leisten, d.h. zwangsweise Altersvorsorge.
2. Die Vorschrift, die jährlichen Rentenmarken von der Regierung zu erwerben, d.h. die Sozialisierung der Zuteilung dieser Rentennachweise.
3. Ein Schema zur Einkommensumverteilung, indem der Wert der jährlichen Einzahlungen für Individuen zum Zeitpunkt ihres Eintretens in das System nicht der Höhe der von ihnen gezahlten Steuern entspricht.

Sicherlich besteht kein zwingender Grund zur Verbindung dieser Elemente. Jede Einzelperson könnte nur für ihre persönliche Rente einzahlen müssen; Einzelpersonen könnte der Erwerb der Rentennachweise von Privatunternehmen gestattet sein, wobei sie bestimmte Rentenmarken zu erwerben hätten. Die Regierung könnte Jahresmarken zum Verkauf bringen, ohne zum Erwerb bestimmter Marken zu zwingen, und verlangen, dass sich das Geschäft selbst zu tragen habe. Schließlich kann sich die Regierung für Einkommensverteilung ohne die Hilfe der Jahresbeitragszahlungen einsetzen und tut es auch.

Deshalb wollen wir nacheinander jedes der Elemente erwägen, um zu sehen, inwiefern sie, wenn überhaupt, eine Berechtigung haben. Ich glaube,

---

eine Ausweitung des bundesstaatlichen Aufgabenbereichs dar, für die eine verfassungsrechtlich haltbare Grundlage gefunden werden musste. Das zuständige Komitee des US-Repräsentantenhauses entschied sich nach längeren Beratungen für eine Argumentation, die auf das allgemeine Recht des Bundesstaates zur Erhebung und Verwendung von Steuergeldern zugunsten des Allgemeinwohls abhob. Der Oberste Gerichtshof folgte dieser Auffassung in einer Entscheidung vom Mai 1937. (Anm. d. Red.)

dass die Analyse vereinfacht wird, wenn wir die einzelnen Punkte von hinten nach vorn betrachten.

1. *Einkommensverteilung.* Das gegenwärtige Programm zur Renten- und Altersversorgung enthält zwei Hauptarten der Einkommensumverteilung: von einer Anzahl von Rentnern an andere und vom gewöhnlichen Steuerzahler an Rentner.

Die erste Art der Einkommensumverteilung geht in der Hauptsache von Personen, die relativ jung in das System eintraten, an diejenigen, die erst in fortgeschrittenem Alter dazukamen. Die letzteren erhalten eine Zeit lang mehr, als sie durch die von ihnen erbrachten Steuern ermöglichen könnten. Unter den augenblicklichen Steuer- und Rentenbestimmungen bekommen andererseits diejenigen, die in jungen Jahren in das System eintraten, entschieden weniger.

Ich finde, dass ein derartiges Umverteilungssystem weder nach liberalen noch nach irgendwelchen anderen Grundsätzen zu verteidigen ist. Die Unterstützung der Rentenempfänger hat nichts mit deren Armut oder Reichtum zu tun; ein Wohlhabender erhält die gleiche Summe wie ein Armer. Die Steuern zur Finanzierung der Renten liegen eben auf Einkommen bis zu einer bestimmten Obergrenze. Sie betreffen mehr niedrige Einkommen als hohe. Was für eine Berechtigung kann es für eine Besteuerung der Jugend zur Unterstützung der Alten, unabhängig vom wirtschaftlichen Status der Alten, geben? Oder für höhere Aufwendungen durch Besteuerung der niedrigen Einkommen als der hohen? Oder auch nur für eine Anhebung der Steuern zur Aufbringung der Renten durch Besteuerung der Einkommen?

Die zweite Form der Umverteilung ist erforderlich, da sich das System aller Wahrscheinlichkeit nach nicht selbst tragen kann. In der Zeit, als viele von dem System erfasst wurden und dafür Beiträge leisteten und nur wenige sich für Rentenauszahlungen qualifiziert hatten, schien sich das System selbst zu finanzieren oder sogar einen Überschuss zu erbringen. Aber dieser Eindruck rührte von der Missachtung der durch die Besteuerung entstandenen Verpflichtungen her. Es ist fraglich, ob die eingezahlten Steuerbeträge zur Finanzierung der angefallenen Verpflichtungen genügten. Viele Fachleute glauben, dass sogar auf der Grundlage der Barauszahlungen eine zusätzliche Stützung erforderlich ist. Derartige zusätzliche Stützungen waren gewöhnlich auch in anderen Ländern mit ähnlichen Systemen notwendig. Doch dies ist eine sehr spezialisierte Frage, über die ernsthafte Meinungsverschiedenheiten bestehen können.

Uns interessiert hier nur die hypothetische Frage der Berechtigung einer Stützung seitens der Steuerzahler, falls dies erforderlich sein sollte. Ich sehe keinen Grund für eine derartige Berechtigung. Es mag unser Anliegen sein, den Armen zu helfen. Ist es aber berechtigt, den Leuten zu helfen, ganz gleich ob sie arm sind oder nicht, nur weil sie ein bestimmtes Alter erreicht haben? Liegt hierin nicht eine ausschließlich willkürliche Rückverteilung?

Das einzige Argument, das ich je zur Rechtfertigung der Umverteilung mittels der Renten- und Altersversicherung gehört habe, ist eines, das ich ungeachtet seiner weiten Verbreitung als durch und durch unmoralisch ansehe. Das Argument besagt, dass die Umverteilung mittels der Renten- und Altersversorgung durchschnittlich, abgesehen von einem ausgeprägten Element der Willkür, den Menschen mit niedrigem Einkommen mehr hilft als den Menschen höherer Einkommensklassen; dass die Umverteilung sogar noch besser und wirksamer durchgeführt werden sollte; aber dass andererseits die Allgemeinheit nicht unmittelbar für die Rückverteilung stimmen würde, sondern nur als Teil eines Gesetzespakets zur sozialen Sicherheit. Die Essenz dieses Arguments liegt in der Aussage, dass die Allgemeinheit zur Verabschiedung von Gesetzen gebracht werden kann, die sie nicht wünscht, wenn man diese nur in der richtigen Verpackung anbietet. Es bedarf wohl keiner Erwähnung, dass die Vertreter dieser Meinung das lauteste Wort bei der Verurteilung »irreführender« Werbepraktiken führen.[2]

2. Die Verstaatlichung des Verkaufs der erforderlichen Rentenmarken. Vorausgesetzt, man vermeidet die Umverteilung durch die Vorschrift, dass ein jeder nur für seine eigene Rente Einzahlungen leistet, sodass die Prämie zur

---

[2] Ein anderes Beispiel für das erwähnte Argument tritt auf in Verbindung mit den Vorschlägen für Bundes-Unterstützung schulischer Maßnahmen (irreführend »Erziehungsbeihilfen« genannt). Man kann für die Verwendung von Bundesmitteln bei der Unterstützung von schulischen Aufwendungen in den Bundesstaaten mit niedrigem Pro-Kopf-Einkommen mit der Begründung eintreten, dass die unterrichteten Kinder in andere Bundesstaaten übersiedeln könnten. Es besteht jedoch keine Berechtigung, allen Bundesstaaten steuerliche Belastungen für diese Art Maßnahmen aufzuerlegen oder allen Staaten Unterstützungszuwendungen aus Bundesmitteln zukommen zu lassen. Dennoch sieht jede Gesetzesvorlage im Kongress das Letztere und nicht das Erstere vor. Einige Befürworter dieser Gesetzesvorlagen, die dahingehend zustimmen, dass Unterstützungen nur an einige Bundesstaaten berechtigt sind, verteidigen sich mit dem Argument, dass eine Gesetzesvorlage, die nur für einige Staaten Unterstützungen vorsieht, nicht die erforderliche Mehrheit finden würde und dass daher die einzige Möglichkeit zur Erlangung angemessener Unterstützungen für die ärmeren Bundesstaaten darin läge, sie in einer Gesetzesvorlage einzuschließen, die Unterstützung für alle Staaten vorsieht.

Deckung des gegenwärtigen Wertes der Rentennachweise genügt, wobei Sterblichkeit und Zinssätze einbezogen sein müssen. Mit welcher Berechtigung wird dann die jährliche Rentenmarke ausschließlich von einem Regierungskonzern verkauft? Wenn die Umverteilung ein Ziel ist, muss selbstverständlich die Besteuerungsmöglichkeit der Regierung einbezogen werden. Wenn die Umverteilung andererseits kein Ziel des Programms ist, und wir sahen soeben, wie schwer es ist, eine Berechtigung hierfür anzuerkennen, dann besteht kein Anlass, Einzelpersonen, die dies wünschen, den Erwerb der Rentenmarken von privaten Unternehmen zu verwehren. Eine enge Analogie hierzu ergibt sich aus den Bundesstaatengesetzen, die den Erwerb einer Kraftfahrzeughaftpflichtversicherung vorschreiben. Meines Wissens besitzt keiner der Staaten, wo dies Vorschrift ist, auch nur eine eigene Versicherungsgesellschaft, ganz zu schweigen von der Vorschrift für Kraftfahrzeughalter, ihre Versicherungspolicen von einer staatlichen Gesellschaft zu kaufen.

Mögliche Konkurrenz ist kein Argument für die Verstaatlichung des Verkaufs von Rentenmarken. Falls ein derartiger Fall eintritt und die Regierung ihr eigenes Unternehmen für den Verkauf von Rentenverträgen unterhält, so kann sie Konkurrenten dank ihrer Größe ausstechen. Auf diese Weise wird sie das Geschäft ohne Anwendung von Zwang machen. Wenn sie nicht in der Lage ist, die Konkurrenz zu unterbieten, wird mangelnde Wirtschaftlichkeit entweder gar nicht auftreten oder nicht ausreichen, um sich stärker als andere Unwirtschaftlichkeitsfaktoren von staatlichen Unternehmen auszuwirken.

Ein möglicher Vorteil der Verstaatlichung des Verkaufs von Rentenmarken liegt in der Erleichterung der vorgeschriebenen Käufe der Rentennachweise. Dieser Vorteil scheint aber recht nebensächlich. Es wäre einfach, alternative administrative Maßnahmen zu treffen, so zum Beispiel die denkbare Vorschrift, dass sämtliche Personen bei der Einreichung ihrer Einkommensteuererklärung gleichzeitig eine Quittung für die Bezahlung der Prämie beizufügen hätten; auch ein Nachweis durch den Arbeitgeber wäre eine denkbare Lösung. Die Frage der Prozedur ist sicherlich nebensächlich, verglichen mit den Schwierigkeiten, die durch die gegenwärtige Regelung hervorgerufen werden.

Die Nachteile der Verstaatlichung wiegen sicherlich solch nebensächliche Vorteile mehr als auf. In dieser Angelegenheit würden, wie überall sonst, die persönliche Freiheit der Wahl und der Wettbewerb zwischen privaten Unternehmern um die Gunst des Kunden zu Verbesserungen bei den möglichen Vertragsarten führen, und unterschiedliche Möglichkeiten für unterschiedlichen individuellen Bedarf würden gefunden werden. Auf politischer Ebene bestünde der offensichtliche Vorteil in der Vermeidung der Ausweitung des Regierungseinflusses und in der Abwendung der indirekten Bedrohung der Freiheit, die in jeder derartigen Einflussnahme enthalten ist.

Einige weniger offensichtliche Nachteile rühren vom Charakter des gegenwärtigen Programms her. Die Problemkomplexe werden immer schwerer durchschaubar und immer umfangreicher. Es ist dem Laien oft nicht mehr möglich, sie zu beurteilen. Die Verstaatlichung bedeutet, dass die Mehrzahl der »Fachleute« zu Beschäftigten bei dem verstaatlichten System wird oder doch zu eng damit liierten Individuen. Sie werden unausweichlich die Ausweitung des Systems betreiben, nicht zur Wahrnehmung ihrer egoistischen Interessen, das muss ich schnell hinzufügen, sondern weil sie innerhalb eines Systems arbeiten, in dem sie die Verwaltung der Regierung für selbstverständlich erachten und dessen Praktiken die einzigen sind, mit denen sie vertraut sind. Bis heute bestand der einzige Ausgleich dieser Entwicklungstendenz in den Vereinigten Staaten in der Existenz der privaten Versicherungsgesellschaften, die sich mit verwandten Problemen beschäftigen.

Eine wirksame Kontrolle seitens des Kongresses über die Aktivitäten derartiger Einrichtungen wie die Social Security Administration wird immer schwieriger als Folge des spezialisierten Charakters ihrer Arbeit und des Quasi-Monopols der Fachleute. Diese Institutionen entwickeln sich zu Agenturen mit Selbstverwaltung, deren Vorschläge im Allgemeinen automatisch vom Kongress gebilligt werden. Die fähigen und ehrgeizigen Männer, die in diesen Institutionen ihre Karriere machen, sind selbstverständlich bestrebt, den Einfluss ihrer Agenturen zu vergrößern, und es wird ständig schwieriger, sie daran zu hindern. Wenn der Fachmann Ja sagt, welcher kompetente Mensch wird ihm dann mit Nein entgegnen können? Wir haben erlebt, wie ein immer größerer Teil der Bevölkerung Bestandteil des Systems der sozialen Sicherheit wurde, und da nunmehr nur noch wenige Möglichkeiten zur Expansion in dieser Richtung bestehen, erleben wir Bestrebungen zu neuen Programmen, wie zum Beispiel die allgemeine medizinische Fürsorge.

Zum Abschluss möchte ich resümieren, dass die Argumente gegen die Verstaatlichung des Verkaufs von Rentenanspruchsnachweisen außerordentlich stark sind, nicht nur aufgrund liberaler Prinzipien, sondern sogar aufgrund der Wertvorstellungen der Befürworter des Wohlfahrtsstaates. Wenn diese der Ansicht sind, dass die Regierung besser mit diesem Problem zurecht kommt als der Markt, sollten sie eine Lösung befürworten, bei der ein Regierungsunternehmen in offenem Wettbewerb zu anderen Firmen Rentenverträge und -marken verkauft. Wenn ihre Ansicht zutrifft, wird der Regierungskonzern gedeihen. Wenn sie jedoch im Unrecht sind, wird das Wohlergehen der Allgemeinheit durch das Bestehen einer privaten Alternativmöglichkeit gefördert werden. So wie ich die Lage der Dinge sehe, kann nur ein einseitiger und engstirniger Sozialist oder ein Befürworter zentralistischer Machtausübung um ihrer selbst willen sich für das Prinzip der Verstaatlichung der Zuteilung von Rentenanspruchsnachweisen einsetzen.

3. Der zwangsweise Erwerb von Rentenmarken. Nachdem wir uns mit der grundlegenden Problematik befasst haben, können wir uns nunmehr dem Kernproblem zuwenden: dem Zwang für Individuen, einen Teil ihres gegenwärtigen Einkommens für den Erwerb von Rentenmarken für ihre Altersfürsorge aufzuwenden.

Eine denkbare Rechtfertigung eines derartigen Zwangs hat rein paternalistischen Charakter: Wenn sie es wollen, könnten sich die Menschen individuell für das entscheiden, was sie als Gesamtheit von Gesetzes wegen tun müssen. Einzeln sind sie jedoch kurzsichtig und ohne Sinn für Vorsorge. »Wir« wissen besser als »sie«, dass es zu ihrem eigenen Besten ist, für ihr Alter in stärkerem Maße vorzusorgen, als sie dies freiwillig tun würden; wir können sie zwar nicht als Einzelwesen überzeugen, aber wir können 51 Prozent oder mehr dazu überreden, sich dazu zu zwingen, das zu tun, was in ihrem eigenen Interesse liegt. Diese paternalistische Einstellung gilt in Bezug auf verantwortungsvolle Menschen, hat also noch nicht einmal die Ausrede der Fürsorge für Kinder oder Irrsinnige für sich.

Dieser Standpunkt ist in sich statisch und logisch. Ein konsequenter Verfechter paternalistischer Ansichten kann nicht durch den Nachweis eines logischen Fehlers überzeugt werden. Er ist nicht einfach ein wohlmeinender, aber fehlgeleiteter Freund, sondern vielmehr unser Gegner aus Prinzip. Im Grunde tritt er für die Diktatur ein, vielleicht eine wohlmeinende Diktatur oder eine Herrschaft der Mehrheit, aber doch für eine Diktatur.

Wer an die Freiheit glaubt, muss auch die Freiheit des Einzelnen zur Begehung von Fehlern bejahen. Wenn jemand es bewusst vorzieht, für den Augenblick zu leben und seine Mittel für seinen gegenwärtigen Zeitvertreib zu verwenden, dabei mit voller Absicht ein armseliges Alter in Kauf nehmend, woher nehmen wir dann das Recht, ihn daran zu hindern? Wir können mit ihm diskutieren, versuchen, ihn davon zu überzeugen, dass er Unrecht hat, aber haben wir das Recht, ihn unter der Anwendung von Zwang daran zu hindern, das zu tun, was er tun möchte? Gibt es nicht immer doch irgendwie die Möglichkeit, dass er im Recht ist, wir aber im Unrecht sind? Bescheidenheit ist die Eigenschaft des Befürworters der Freiheit, die ihn von anderen unterscheidet; Arroganz die des Befürworters des Paternalismus.

Wenige Menschen sind 100-prozentig paternalistisch eingestellt. Es ist dies eine sehr unbequeme Einstellung, wenn man sie bei Licht betrachtet. Und dennoch spielten paternalistische Argumente eine so wichtige Rolle bei Einrichtungen wie der sozialen Sicherheit, dass man dies einmal deutlich aussprechen sollte.

Eine denkbare Rechtfertigung aus liberaler Sicht für den Zwang zum Erwerb von Rentenmarken liegt in dem Argument, dass Menschen, die nicht für ihre Alter vorgesorgt haben, nicht die Folgen ihres Verhaltens zu spüren bekommen werden, sondern dass sie vielmehr anderen die Kosten auferlegen. Es wird gesagt, dass man nicht gewillt sei, die armen Alten in schicksalhafter Armut dahinvegetieren zu lassen. Man wird ihnen vielmehr durch private und öffentliche Hilfsmaßnahmen helfen. Daher wird also derjenige, der nicht für sein Alter vorsorgt, zu einer Belastung für die Allgemeinheit. Der Zwang zum Erwerb von Rentenmarken ist nicht nur zu seinem eigenen Guten, sondern zu unser aller Wohl.

Das Gewicht dieses Argumentes hängt ganz entschieden von der Erfahrung ab. Das Argument wäre äußerst zutreffend, wenn 90 Prozent der Bevölkerung ab ihrem 65. Lebensjahr zu einer Last für die Allgemeinheit würden, da es keine erzwungenen Altersrücklagen gäbe. Wenn dies aber nur bei einem Prozent der Fall wäre, würde das Argument nicht ausreichen. Weshalb die Freiheit von 99 Prozent der Bevölkerung beschränken, um die Kosten zu vermeiden, die ein Prozent der Allgemeinheit verursachen könnten?

Die Ansicht, dass ein Großteil der Bevölkerung mangels eines Zwangs zum Kauf von Rentenmarken zur öffentlichen Belastung werden würde, verdankt ihre Plausibilität der Zeit, als die Renten- und Altersfürsorge eingeführt wurde, der Zeit der Weltwirtschaftskrise. In jedem Jahr von 1931 bis 1940 war mehr als ein Siebtel der Arbeiterschaft unbeschäftigt. Dabei war die Arbeitslosigkeit unter den älteren Arbeitern proportional am stärksten.

Diese Erfahrung war einmalig und hat sich bislang nicht wiederholt. Der Grund hierfür lag jedoch nicht darin, dass die Menschen es versäumt hätten, für ihr Alter vorzusorgen. Er lag vielmehr, wie wir wissen, in falschen Aktionen der Regierung. Renten- und Altersvorsorge ist eine Medizin – wenn überhaupt – gegen eine Krankheit ganz anderer Art, von der wir noch nichts wussten.

Die Arbeitslosen in den Dreißigerjahren stellten für die Fürsorge ein ernstes Problem dar, da viele Menschen zu Belastungen der Allgemeinheit wurden. Alter war jedoch keineswegs das schwierigste Problem. Viele Leute im Erwerbsalter bezogen Unterstützung von der Öffentlichkeit. Und auch die ständige Ausweitung der Renten- und Altersvorsorge – bis heute erhalten mehr als 16 Millionen Menschen Renten – konnte nicht die Zunahme der Zahl der Personen verhindern, die öffentliche Unterstützung beziehen.

Private Vorsorgemethoden für die Altenfürsorge haben sich im Lauf der Zeit stark verändert. Einst waren die eigenen Kinder die Hauptmöglichkeit, mit der sich die Menschen zur Fürsorge in ihrem eigenen Alter versahen. Als die Gesellschaft dann wohlhabender wurde, haben sich die Gebräuche verändert. Die Verantwortung der Kinder, ihre Eltern im Alter zu versorgen, nahm mehr und mehr ab, und immer mehr Menschen gingen daran, für ihr Alter in Form von Anhäufung von Besitz oder auch Erwerb privater Pensionierungsrechte vorzusorgen. In letzter Zeit beschleunigte sich die Entwicklung in Richtung von Pensionsprogrammen jenseits der Renten- und Altersvorsorge. Einige Beobachter meinen sogar, dass der augenblickliche Trend dahin führen wird, dass einmal ein großer Teil der Bevölkerung während seiner erwerbsfähigen Jahre höchst sparsam leben wird, um im Alter einen höheren Lebensstandard genießen zu können, als er ihn während seiner aktivsten Jahre zu erreichen vermochte. Einige von uns mögen eine derartige Entwicklung für widernatürlich halten. Sie scheint jedoch dem Geschmack der Allgemeinheit zu liegen, und daran ist dann wohl nichts zu ändern.

Der Zwang zum Erwerb von Rentenmarken brachte also beträchtliche Nachteile und wenig Vorteile. Er entzog uns allen die Verfügungsgewalt über einen beträchtlichen Teil unseres Einkommens, zwang uns, diesen Teil für einen bestimmten Zweck zu verwenden, für den Erwerb von Rentenmarken für die Altersvorsorge, und dies auf eine bestimmte Art und Weise durch den Ankauf bei einer staatlichen Agentur. Er verhinderte den freien Wettbewerb beim Verkauf von Rentenmarken sowie die Entwicklung anderer Möglichkeiten der Altersfürsorge. Er führte zu der Entstehung einer riesigen Bürokratie, die beginnt, sich von dem zu ernähren, das sie betreibt, sowie ihre Zuständigkeit von einem Lebensbereich auf den nächsten auszuweiten. Und all dies nur, um der Gefahr zu begegnen, dass einige Leute eventuell einmal der Allgemeinheit zur Last fallen könnten.

12 Maßnahmen zur Bekämpfung der Armut

Das außergewöhnliche wirtschaftliche Wachstum in den westlichen Ländern während der letzten zweihundert Jahre und die weite Streuung der Vorzüge des freien Wettbewerbs führten zu einer erheblichen Verringerung der Armut im absoluten Sinn in den kapitalistischen Ländern des Westens. Armut ist jedoch zum Teil ein relativer Begriff, und selbst in diesen Ländern leben offensichtlich viele Menschen unter Bedingungen, die der Rest der Bevölkerung als Armut bezeichnet.

Eine Abhilfe, und in vielerlei Hinsicht die wünschenswerteste, liegt in privater Wohltätigkeit. Es ist bemerkenswert, dass in der Periode des Laissez-faire, in der Mitte und gegen Ende des 19. Jahrhunderts, in den Vereinigten Staaten und in Großbritannien private Hilfsorganisationen und wohltätige Einrichtungen eine außergewöhnliche Verbreitung erfuhren. Einer der Hauptnachteile der Zunahme öffentlicher Wohlfahrt lag in der gleichzeitigen Abnahme privater Aktivitäten dieser Art.

Man mag argumentieren, dass private Wohlfahrt unzulänglich sei, dass ihre Vorteile anderen Menschen zugute kommen als denen, von denen die Zuwendungen stammen – wieder ein Fall von Nebeneffekt. Der Anblick der Armut beunruhigt mich, ich profitiere vom Abbau der Armut; ich profitiere jedoch gleichermaßen, wenn ich selbst oder jemand anders den Abbau finanziert; die positiven Folgen der Wohltätigkeit anderer Menschen kommen mir daher teilweise zugute. Um es anders auszudrücken: Wir wären vielleicht allesamt dazu bereit, zur Beseitigung der Armut beizutragen, *vorausgesetzt*, jeder beteiligte sich daran. Ohne eine derartige Zusicherung würden wir vielleicht nicht den gleichen Betrag aufbringen. In kleinen Gemeinden kann der Druck der Öffentlichkeit stark genug sein, dieses Problem sogar in Bezug auf private Wohltätigkeit zu lösen. Dies ist jedoch in den großen und unpersönlichen Gemeinden weitaus schwieriger.

Angenommen, man akzeptiert diese Erwägungen als Begründung staatlicher Maßnahmen zur Bekämpfung der Armut, so wie ich es tue; dies soll bedeuten, den Lebensstandard jedes Individuums in der Gemeinschaft auf ein bestimmtes Mindestniveau festzusetzen. Hierbei ergeben sich die Fragen der Form dieses Mindestniveaus und der Mittel zur Erreichung des angestrebten Zieles. Das »Wieviel« kann meines Erachtens einzig und allein von der Steuerlast abhängen, welche die große Mehrheit unter uns für diesen Zweck zu tragen bereit ist. Das »Wie« verlangt eine eingehendere Behandlung.

Zwei Dinge sind offensichtlich. Erstens: Wenn das Ziel der Abbau der Armut ist, benötigen wir ein Programm mit dem Zweck, die Armen zu unterstützen. Es gibt gute Gründe, dem armen Mann, der Bauer ist, zu helfen, nicht, weil er Bauer ist, sondern weil er arm ist. Das Programm sollte dazu eingerichtet sein, Menschen als Menschen zu helfen und nicht als Mitglieder bestimmter Berufsgruppen oder Altersgruppen oder Einkommensgruppen oder Gewerkschaften oder Industriezweige. Dies ist in grenzenlos erscheinender Verbreitung der Fehler der Programme zur Unterstützung der Landbevölkerung, allgemeiner Altersfürsorge, Mindestlohngesetzgebung, Pro-Gewerkschafts-Gesetzgebung, Mindestlöhnen, Lizenzzwang für bestimmte Handwerks- und Berufsgruppen usw. Zweitens sollte das Programm zwar auf dem Markt funktionieren, dabei jedoch soweit irgend möglich den Markt nicht stören und seine Funktionsweise nicht beeinträchtigen. Dies ist ein Fehler von Preissubventionen, Mindestlohnsätzen, Fixtarifen und Ähnlichem.

Die Maßnahme, die sich aus rein technischen Gründen anbietet, ist eine negative Einkommensteuer. Derzeit besteht nach dem Bundeseinkommensteuergesetz ein Steuerfreibetrag von 600 Dollar pro Person (plus einem Minimum von 10 Prozent für absetzbare Sonderausgaben). Wenn eine Person ein steuerpflichtiges Einkommen von 100 Dollar bezieht, d.h. ein Einkommen von 100 Dollar über dem Steuerfreibetrag und den absetzbaren Sonderausgaben, zahlt sie dafür Steuern. Nach meinem Vorschlag würde sie, wenn das Einkommen »minus« 100 Dollar betrüge, d.h. 100 Dollar weniger als der Steuerfreibetrag plus der absetzbaren Sonderausgaben, negative Steuern bezahlen, also eine Zuwendung erhalten. Wenn der Zuwendungssatz beispielsweise 50 Prozent wäre, würde sie in unserem Beispiel 50 Dollar erhalten. Wenn sie überhaupt kein Einkommen bezöge und aus Gründen der Einfachheit auch keine Sonderausgaben geltend machen könnte, würde sie bei konstantem Zuwendungssatz 300 Dollar erhalten. Sie könnte noch mehr erhalten, wenn sie zum Beispiel für Arztkosten etwas absetzen könnte, sodass ihr Einkommen ohne Absetzbarkeit schon vor Abzug des Freibetrages negativ wäre.

Die Zuwendungssätze könnten selbstverständlich gestaffelt werden, wie das auch bei den Steuersätzen bei Überschreitung des Freibetrags geschieht. Auf diese Weise könnte eine Grundlage geschaffen werden, die im Einkommen des Einzelnen niemals unterschritten werden könnte

(Einkommen jetzt verstanden unter Zurechnung der Zuwendung) – in unserem simplen Beispiel 300 Dollar pro Person. Die genaue Höhe des Grundeinkommens hinge davon ab, was die öffentliche Hand aufbringen könnte.

Die Vorteile dieser Maßnahme liegen offen auf der Hand. Sie ist speziell auf das Problem der Armut ausgerichtet. Die Hilfe erfolgt hierbei in der für den einzelnen nützlichsten Form, als Bargeld. Sie ist allgemein anwendbar und könnte anstelle der Vielzahl der derzeitig angewendeten Sondermaßnahmen eingeführt werden. Sie zeigt die Kostenbelastungen der Gesellschaft deutlich auf. Sie funktioniert ohne Beeinflussung des Marktes. Wie jede Maßnahme gegen die Armut verringert sie den Antrieb der Unterstützungsempfänger, sich selbst zu helfen, schließt diesen Antrieb jedoch nicht völlig aus, wie das bei einem System der Einkommensunterstützung bis zu einem festgelegten Minimum der Fall wäre. Jeder zusätzliche Verdienst würde bedeuten, dass mehr Geld zum Ausgeben zur Verfügung stünde.

Zweifelsohne würden sich dabei verwaltungstechnische Schwierigkeiten ergeben; sie erscheinen mir jedoch als relativ geringe Nachteile, wenn man sie überhaupt so nennen kann. Das System würde genau in die Struktur unserer gegenwärtigen Einkommensbesteuerung passen und würde die gleiche verwaltungstechnische Behandlung erfordern. Das gegenwärtige Steuersystem umschließt den Großteil der Einkommensempfänger und die Notwendigkeit, alle zu erfassen, hätte als Nebenwirkung den Vorteil der Verbesserung der gegenwärtigen Einkommenssteuer. Wichtiger noch: Wenn die vorgeschlagene Methode anstelle der augenblicklichen Unzahl von Maßnahmen mit demselben Zweck eingeführt würde, käme dies einer spürbaren Erleichterung der verwaltungstechnischen Belastung gleich.

Einige kurze Berechnungen lassen überdies erkennen, dass der Vorschlag finanziell weitaus billiger wäre und erst recht die erforderlichen Aufwendungen der staatlichen Verwaltung vermindern würde, im Gegensatz zu unserer gegenwärtigen Ansammlung von Wohlfahrtsmaßnahmen. Man kann diese Berechnungen auch als Beweis für die Verschwendung bei den augenblicklichen Methoden vom Standpunkt ihres Sinns, den Armen zu helfen, ansehen.

1961 wurden zirka 33 Milliarden Dollar von der Regierung (auf Bundesebene, Bundesstaatenebene und Gemeindeebene) für unmittelbare Wohlfahrtsunterstützungen und Programme verschiedenster Art aufgewendet: Altersunterstützung, Rentenauszahlung, Unterstützung minderjähriger

Kinder, Unterstützungen allgemeiner Art, Agrarmarktpreissubventionen, öffentlicher Wohnungsbau usw.[1] Aus dieser Berechnung habe ich die Renten für pensionierte Soldaten ausgelassen. Ferner habe ich nichts für solche Maßnahmen wie Mindestlohngarantie, Fixtarife, Lizenzmaßnahmen usw. oder für die Kosten der öffentlichen Gesundheitsfürsorge wie Staats- und Gemeindeaufwendungen für Krankenhäuser, Nervenheilanstalten usw. und deren direkte und indirekte Kosten angesetzt.

Es gibt in den Vereinigten Staaten ungefähr 57 Millionen Verbrauchereinheiten (Einzelpersonen und Familien). Die Aufwendungen in Höhe von 33 Milliarden Dollar im Jahre 1961 hätten Barleistungen in Höhe von 6000 Dollar pro Verbrauchereinheit für die 10 Prozent auf der untersten Einkommensstufe ermöglicht. Zuwendungen in dieser Höhe hätten die Einkommen dieser Verbrauchereinheiten über den Durchschnitt aller Einheiten in den Vereinigten Staaten angehoben. Als Alternativlösung wären Zuwendungen in Höhe von 3000 Dollar pro Verbrauchereinheit für die 20 Prozent mit den geringsten Einkommen möglich gewesen. Selbst bei Berücksichtigung des Drittels, das die Befürworter des New Deal gern als schlecht ernährt, schlecht untergebracht und schlecht angezogen bezeichnen, hätten die Ausgaben des Jahres 1961 Zuwendungen in Höhe von 2000 Dollar pro Verbrauchereinheit ermöglicht – das ist ungefähr die Summe, die das Einkommen war, welches das untere Drittel in den Dreißigerjahren von den oberen zwei Dritteln unterschied –, dies selbstverständlich unter Berücksichtigung der Preisveränderungen seit dieser Zeit. Unter der gleichen Berücksichtigung der Preisveränderungen seit den Dreißigerjahren hat heute weniger als ein Achtel der Verbrauchereinheiten ein Einkommen, das so niedrig wie das unterste Drittel während der Mitte der Dreißigerjahre liegt.

Dies sind ganz eindeutig weitaus umfangreichere Maßnahmen, als sie selbst bei großzügigster Auslegung des Begriffes »Bekämpfung der Armut«

---

[1] Diese Zahl ergibt sich aus Regierungszahlungen (31,1 Mrd. Dollar) abzüglich der Zuwendungen an pensionierte Soldaten ($ 4,8 Mrd.), die aus der Einkommensstatistik des Department of Commerce hervorgehen, plus der Bundesaufwendungen für das Landwirtschaftsprogramm ($ 5,5 Mrd.), plus Bundesausgaben für den öffentlichen Wohnungsbau und andere Formen von Wohngeldunterstützung ($ 0,5 Mrd.) für das Jahr bis zum 30. Juni 1961, nach Unterlagen des Finanzministeriums, sowie einer geschätzten Mehrsumme von $ 0,7 Mrd. zur Aufrundung auf gerade Milliarden-Zahlen und zur Anrechnung für Verwaltungskosten von Bundesprogrammen, ausgelassene Programme auf Bundesstaatenebene und auf Kommunalebene sowie verschiedene Posten. Ich glaube, dass die Zahl eine beträchtliche Unterschätzung darstellt.

zu rechtfertigen wären. Ein Programm, das die Einkommen der 20 Prozent Verbrauchereinheiten mit den niedrigsten Einkommen unterstützen würde, um sie auf die Höhe der niedrigsten Einkommen des Restes der Verbrauchereinheiten anzuheben, würde weniger als die Hälfte dessen kosten, was wir derzeit ausgeben.

Der Hauptnachteil der vorgeschlagenen negativen Einkommensteuer liegt in ihren möglichen politischen Folgen. Sie würde zu einem System führen, in dem einigen Steuern auferlegt würden, um anderen Unterstützungen zu zahlen. Und selbstverständlich sind diese anderen wahlberechtigt. Hierbei besteht die Gefahr, dass anstelle eines Arrangements, bei dem die große Mehrheit sich freiwillig selbst Steuerlasten auferlegt, um einer benachteiligten Minderheit zu helfen, ein Arrangement entsteht, bei dem die Mehrheit einer unwilligen Minderheit Steuerbelastungen zu ihren eigenen Gunsten auferlegt. Da dieser Vorschlag die Prozedur so klar verdeutlicht, ist die Gefahr vielleicht im Vergleich zu anderen Maßnahmen besonders groß. Ich sehe keine andere Lösung dieser Frage, als auf die Zurückhaltung und die Gutwilligkeit der Wählerschaft zu vertrauen.

Bei der Erwägung eines ähnlichen Problems – der Altersrenten in Großbritannien – schrieb Dicey im Jahre 1914: »Sicherlich kann sich ein vernünftiger und wohlmeinender Mensch fragen, ob es England als Ganzes zum Vorteil gereichen wird, wenn der Rentner gleichzeitig mit dem Erhalt der Rentenunterstützung sein Recht zur Teilnahme an der Wahl des Parlaments behält.«[2]

Die Antwort, die durch Erfahrung auf Diceys Frage gegeben wurde, muss bis zum heutigen Tage als gemischt angesehen werden. England führte die allgemeine Wahl ohne Ausschluss der Rentner und anderer Empfänger staatlicher Unterstützungen ein. Es gab auch eine ungeheure Zunahme des Steueraufkommens von einigen zugunsten von anderen, was sicherlich dem Wachstum Großbritanniens hinderlich gewesen ist und auf diese Weise nicht einmal all denen zum reinen Vorteil gereichte, die sich als Empfänger der Hilfe begreifen. Diese Maßnahmen haben jedoch nicht, jedenfalls bis zum heutigen Tag, zur Zerstörung des freiheitlichen Systems in Großbritannien oder seiner vorwiegend kapitalistischen Wirtschaftsstruktur geführt. Und, was noch wichtiger ist, es gibt einige Anzeichen für einen Gesinnungswandel und für das Aufkommen von Zurückhaltung seitens der Wählerschaft.

---

[2] A.V. Dicey, *Law and Public Opinion in England*, 2. Aufl. London: Macmillan, 1914, S. XXXV.

Liberalismus und Egalitarianismus

Das Fundament der liberalen Philosophie ist der Glaube an die Würde des Einzelnen, an seine Freiheit zur Verwirklichung seiner Möglichkeiten in Übereinstimmung mit seinen persönlichen Fähigkeiten mit der einzigen Einschränkung, dass er nicht die Freiheit anderer Personen beschränke, das Gleiche zu tun. Dies impliziert den Glauben an die Gleichheit der Menschen in einer Beziehung: ihrer gegenseitigen Ungleichheit. Jeder Mensch hat das gleiche Anrecht auf Freiheit. Dieses Recht ist wichtig und grundlegend, gerade weil die Menschen verschieden sind, weil der eine etwas anderes mit seiner Freiheit anfangen wird als der andere und dabei mehr als andere zu der allgemeinen Entwicklung der Gesellschaft, in der viele Menschen leben, beitragen kann.

Ein Liberaler wird daher genau zwischen gleichen Rechten und gleichen Möglichkeiten auf der einen Seite sowie materieller Gleichheit und gleichen Resultaten auf der anderen Seite unterscheiden. Er wird wahrscheinlich die Tatsache begrüßen, dass die freiheitliche Gesellschaftsordnung mehr für die materielle Gleichheit tut als irgendeine der vorherigen. Er sieht dies jedoch als ein erfreuliches Nebenprodukt der freiheitlichen Gesellschaftsordnung und nicht als ihre Hauptberechtigung an. Er wird Maßnahmen zur Verstärkung von Freiheit und Gleichheit begrüßen – wie zum Beispiel die Einschränkung oder Ausschaltung von Monopolen und die Verbesserung der Struktur des freien Marktes. Er sieht private Hilfsmaßnahmen zur Unterstützung der Benachteiligten als ein Beispiel für die richtige Verwendung der Freiheit an. Er wird auch Regierungsmaßnahmen zur Verringerung der Armut als wirkungsvolle Möglichkeit für die große Mehrzahl der Allgemeinheit zur Verfolgung eines gemeinsamen Zieles erachten. Dabei wird er jedoch die Einführung von Zwangsmaßnahmen anstelle freiwilliger Maßnahmen bedauern.

Der egalitär Eingestellte wird diese Ansichten teilen. Er wird jedoch noch weiter gehen wollen. Er wird sich für Maßnahmen aussprechen, bei denen den einen genommen wird, um den anderen zu geben, und zwar nicht als wirkungsvollere Maßnahme für »einige«, ihr erstrebtes Ziel zu erreichen, sondern aufgrund der »Gerechtigkeit«. Hier gerät das Prinzip der Gleichheit in direkten Konflikt zum Prinzip der Freiheit – man muss eine Wahl treffen. Man kann nicht in dieser Form zugleich egalitäre und liberale Ansichten verfechten.

13 Zusammenfassung

In den Zwanziger- und Dreißigerjahren unseres Jahrhunderts waren die Intellektuellen in den Vereinigten Staaten zum Großteil davon überzeugt, dass der Kapitalismus ein defektes System sei, das den wirtschaftlichen Wohlstand und damit die Freiheit behindere, und dass die Hoffnung für die Zukunft in einer Erhöhung der bewussten Kontrolle politischer Instanzen gegenüber den wirtschaftlichen Angelegenheiten läge. Diese neue Einstellung der Intelligenz beruhte nicht auf dem Beispiel einer realen kollektivistischen Gesellschaft, obwohl sie zweifelsohne stark durch die Errichtung einer kommunistischen Gesellschaft in Russland und den damit verbundenen glühenden Hoffnungen beschleunigt wurde. Die neue Einstellung wurde erreicht durch den Vergleich zwischen den bestehenden Zuständen mit allen ihren Ungerechtigkeiten und Mängeln mit einem hypothetischen Zustand der Möglichkeiten. Das Reale wurde mit dem Idealen verglichen.

Zu jener Zeit war kaum etwas anderes möglich. Sicherlich hatte die Menschheit viele Epochen zentralistischer Kontrolle und detaillierter Einmischung des Staates in wirtschaftliche Belange erlebt. Es hatte jedoch Umwälzungen auf den Gebieten der Politik, Wissenschaft und Technologie gegeben. Sicherlich – so wurde argumentiert – könnten wir mit einer demokratischen politischen Struktur, modernen Möglichkeiten und moderner Wissenschaft weitaus erfolgreicher sein, als es zu früheren Zeiten möglich gewesen war.

Die Ansichten jener Epoche werden heutzutage immer noch geäußert. Es besteht immer noch die Tendenz, jede bestehende Art der staatlichen Intervention als wünschenswert anzusehen, alle Nachteile auf den Markt zurückzuführen und neue Vorschläge zur staatlichen Kontrolle in ihrer idealen Form zu bewerten, also wie sie funktionieren könnte, wenn sie von fähigen Männern ohne eigene Interessen und unabhängig vom Druck von Gruppen mit Sonderinteressen ausgeübt werden könnte. Die Befürworter eingeschränkter Regierungskontrolle und der freien Wirtschaft sind immer noch in der Defensive.

Die Bedingungen haben sich jedoch geändert. Wir haben nun seit einigen Jahrzehnten Erfahrung mit staatlicher Kontrolle. Es ist nicht mehr erforderlich, den Markt mit seiner tatsächlichen Funktionsweise und die staatliche Intervention im Idealbild miteinander zu vergleichen. Wir können heute das Reale mit dem Realen vergleichen. Wenn wir dies tun, wird klar, dass der Unterschied zwischen der tatsächlichen Funktion und der idealen

Funktion des Marktes – obgleich zweifelsohne recht beträchtlich – im Vergleich zu den tatsächlichen Auswirkungen der Staatsintervention und ihren erwünschten Auswirkungen verschwindend gering ist. Wer kann heute noch große Hoffnungen auf den Fortschritt der menschlichen Freiheit in der massiven Tyrannei und im Despotismus setzen, der in Russland herrscht? Marx und Engels schrieben im Kommunistischen Manifest: »Die Proletarier haben nichts anderes zu verlieren als ihre Ketten. Sie haben eine Welt zu gewinnen.« Wer kann heutzutage die Ketten der Proletarier in der Sowjetunion für leichter halten gegenüber den Ketten der Proletarier in den Vereinigten Staaten, Großbritannien, Frankreich, Deutschland oder in irgendeinem anderen westlichen Staat?

Schauen wir jedoch auf unsere nähere Umgebung. Welche – wenn überhaupt irgendeine – der großen »Reformen« der vergangenen Jahrzehnte erreichte ihre Ziele? Wurden die guten Absichten der Befürworter dieser Reformen verwirklicht?

Die Vorschriften für die Eisenbahnen zum Schutze des Verbrauchers wurden schnell zu einer Möglichkeit, womit die Eisenbahngesellschaften sich selbst vor der Konkurrenz durch neu auftauchende Rivalen schützen konnten – selbstverständlich zu Lasten des Verbrauchers.

Eine Einkommensteuer, die zunächst mit geringen Sätzen eingeführt wurde und später als Mittel der Einkommensumschichtung zugunsten der unteren Schichten aufgestockt wurde, ist zu einer Fassade geworden, in der sich Schlupfwinkel und Sonderstatuten befinden, durch die auf dem Papier stark gestaffelte Sätze größtenteils unwirksam werden. Ein gleich bleibender Steuersatz von 23,5 Prozent auf das zurzeit steuerpflichtige Einkommen würde ebenso viel einbringen wie die derzeitigen Sätze, die zwischen 20 und 91 Prozent gestaffelt sind. Eine Einkommensteuer, die dazu dienen sollte, Ungleichheit zu verringern und die Verteilung des Wohlstandes zu fördern, führte in Wirklichkeit zur Reinvestition der Gewinne von Aktiengesellschaften, wodurch wiederum das Entstehen großer Firmen gefördert und die Funktion des Kapitalmarktes gehindert wurde, was in der Folge die Entstehung neuer Unternehmen behinderte und erschwerte.

Die monetären Reformen, die Stabilität in das Wirtschaftsleben und in die Preise bringen sollten, verschlimmerten die Inflation während und nach dem Ersten Weltkrieg und hatten mehr Instabilität zur Folge, als es je zuvor gegeben hatte. Die damals eingerichteten monetären Autoritäten tragen die Hauptverantwortung bei der Umwandlung einer ernsten Wirtschaftskrise in die Katastrophe der Weltwirtschaftskrise von 1929 bis 1933. Ein System, das hauptsächlich eingerichtet wurde, um Bankpaniken zu vermeiden, brachte die größte Bankpanik in der amerikanischen Geschichte hervor. Ein Programm zur Subventionierung der Landwirtschaft, das zur Unterstützung Not leidender Bauern und zur Überwindung dessen aufgestellt wurde, was angeblich grundlegende Fehler in der organisatorischen Struktur der Landwirtschaft waren, entwickelte sich zu einem Skandal der Nation, wodurch öffentliche Gelder verschwendet wurden, die Verwendung der Naturschätze durcheinander kam, den Bauern immer strengere und engere und detailliertere Kontrollen auferlegt wurden, die Außenpolitik der Vereinigten Staaten ernstlich beeinträchtigt wurde und mit alldem wenig zur Hilfe für den Not leidenden Bauern geschah.

Ein Programm zur Förderung des Wohnungsbaus, das zur Verbesserung der Wohnverhältnisse der armen Bevölkerungsschichten, zur Verringerung der Jugendkriminalität und zur Förderung der Abschaffung der städtischen Elendsviertel dienen sollte, verschlechterte die Wohnverhältnisse der Minderbemittelten, trug zur Zunahme der Jugendkriminalität bei und verursachte ein Anwachsen der Krankheit der Städte.

In den Dreißigerjahren unseres Jahrhunderts waren die Gewerkschaften bei der Intelligenz in hohem Ansehen; der Glaube an die Reinheit und Tugend der Gewerkschaften stand auf der gleichen Stufe wie der Glaube an die Heimat und an die Mutterliebe. Eine ausführliche Gesetzgebung brachte den Gewerkschaften Unterstützung und führte zu »fairen« Beziehungen der Tarifpartner. Die Gewerkschaften wurden ständig mächtiger. In den Fünfzigerjahren war »Gewerkschaft« schon fast ein Schimpfwort; es stand nicht mehr in hohem Ansehen und wurde nicht mehr automatisch als die Seite des Guten und Gerechten angesehen.

Maßnahmen zur Sozialfürsorge wurden durchgeführt, um den Empfang von Unterstützung zu einer Frage des Rechts werden zu lassen und um die Notwendigkeit direkter Unterstützungen auszuschalten. Millionen sind heute Empfänger von Zuwendungen der Sozialfürsorge. Dennoch wächst die Zahl der Fürsorgeempfänger, und die Geldsummen für unmittelbare finanzielle Unterstützung steigen ständig an.

Die Liste lässt sich leicht verlängern; das Programm zum Erwerb von Silber in den Dreißigerjahren,[1] öffentliche Projekte zur Stromerzeugung, Aus-

---

[1] Das 1933 von Franklin D. Roosevelt auf Druck der Silberindustrie ins Leben gerufene Programm zum Erwerb von Silber beinhaltete eine kurzfristige, aber umfangreiche Subvention der Silberproduktion. Im Ergebnis wurde dadurch jede Aussicht auf eine langfristige mo-

landshilfe-Programme in den Jahren nach dem Kriege, die Federal Communications Commission, Projekte zur Neuentwicklung der Städte, das Programm zur Vorratsbildung[2] – diese und viele andere hatten Auswirkungen, die sich von den ursprünglich beabsichtigten nicht nur stark unterschieden, sondern im Allgemeinen sogar genau entgegengesetzt waren.

Es gab einige Ausnahmen. Die Autobahnen, die das Land durchziehen, großartige Dämme in gewaltigen Flüssen, erdumlaufende Satelliten sind Beweise für die Fähigkeit des Staates zur Bewältigung großer Aufgaben mit großen Mitteln. Das Schulsystem mit seinen mannigfachen Mängeln und Schwierigkeiten, mit seinen großen Verbesserungsmöglichkeiten durch bessere Einbeziehung der Marktgegebenheiten, erweiterte doch die Möglichkeiten für die jungen Menschen in Amerika und trug so zur Vergrößerung der Freiheit bei. Es ist dies das Testament der Anstrengungen von vielen Zehntausenden, die mit der Absicht, das Gemeinwohl zu fördern, bei den örtlichen Schulbeiräten mitarbeiteten, sowie der Bereitschaft der Öffentlichkeit zum Entrichten hoher Steuern für etwas, was als öffentliche Angelegenheit zum allgemeinen Nutzen betrachtet wurde. Die Sherman-Antitrust-Gesetzgebung hat, ungeachtet ihrer mannigfachen Schwierigkeiten in den Verwaltungsdetails, allein schon durch ihre Existenz den Wettbewerbsgedanken gefördert. Maßnahmen der öffentlichen Gesundheitsfürsorge trugen zur Verringerung des Auftretens von ansteckenden Krankheiten bei. Unterstützungsmaßnahmen trugen zur Linderung von Leid und Not bei. Regionalbehörden errichteten häufig Anlagen, die für das Leben und die Existenz der Gemeinwesen unbedingt erforderlich waren. Recht und Ordnung konnten aufrechterhalten werden, obwohl in vielen Großstädten selbst diese elementare Funktion des Staates weit davon entfernt ist, zufrieden stellend zu sein. Als Bürger Chicagos schreibe ich dies mit persönlichem Engagement.

Beim Abwägen der Balance kann wenig Zweifel daran bestehen, dass die Negativa überwiegen. Der größere Teil der neuen Unternehmungen, die von Seiten der Regierung während der letzten Jahrzehnte in Angriff genom-

---

netäre Rolle des Silbers zerstört. Zudem löste der Plan in China, dem einzigen bedeutenden Land, das sich noch auf einem Silberstandard befand, eine schwere Wirtschaftsdepression aus. (Anm. d. Red.: Die Anmerkung gibt gekürzt einen Text des Autors wieder.)

[2] Das aus den Erfahrungen des Zweiten Weltkriegs geborene Gesetz zur Vorratshaltung von 1946 (Stockpiling Act) zielte darauf ab, einen Bestand an strategischen sowie lebensnotwendigen Gütern aufzubauen. Es wurde 1950 durch ein weiteres Gesetz ergänzt, das unter anderem Produzenten einzelner Güter eine staatliche Abnahmegarantie für den am Markt unverkäuflichen Teil ihrer Produktion einräumte. (Anm. d. Red.)

men wurden, erreichte nicht die erstrebten Ziele. Die Vereinigten Staaten erzielten weitere Fortschritte; ihre Bürger verfügen über bessere Nahrung, bessere Kleidung, bessere Wohnungen und bessere Transportmöglichkeiten; die Unterschiede zwischen den sozialen Schichten haben sich verringert; Minderheiten sind nicht mehr so stark benachteiligt wie zuvor; die Verbreitung von Kulturgut innerhalb breitester Bevölkerungsschichten hat sehr stark zugenommen. All dies war die Folge der Initiative und des Unternehmungsgeistes von Einzelnen, die im freien Markt zusammenarbeiteten. Staatliche Maßnahmen behinderten diese Entwicklung, anstatt sie zu unterstützen. Es war nur möglich, diese Maßnahmen zu ertragen und zu überwinden, weil der Markt so außerordentlich gute Möglichkeiten bot und so fruchtbar war. Die unsichtbare Hand erreichte mehr Fortschritt als die sichtbare Hand Rückschritt.

Ist es ein Zufall, dass so viele der Reformen der vergangenen Jahrzehnte nutzlos waren und dass die Hoffnungen zu Asche wurden? Ist der Grund in der Tatsache zu suchen, dass die Programme im Detail unvollkommen waren?

Ich meine, die Antwort auf diese Fragen ist ein klares Nein. Der Hauptfehler dieser Maßnahmen liegt darin, dass seitens der Regierung versucht wird, die Menschen dazu zu zwingen, gegen ihre eigenen unmittelbaren Interessen zu handeln, um einem angenommenen Gemeininteresse zu dienen. Man versucht, einen offensichtlich vorliegenden Interessenkonflikt oder den Unterschied von Ansichten über Interessen nicht durch einen Rahmen, mittels dessen der Konflikt auszuschalten wäre, oder durch Überredung der Menschen zu anderen Interessen zu überwinden, sondern vielmehr durch die Auferlegung des Zwangs, dass Menschen ihren eigenen Interessen zuwider handeln müssen. Man setzt die Belange von Außenseitern anstelle der Belange der persönlich Beteiligten; entweder sagen die einen den anderen, was für sie gut sei, oder der Staat nimmt den einen, um den anderen geben zu können. Derartigen Maßnahmen steht daher eine der stärksten und schöpferischsten Gewalten entgegen, die dem Menschen bekannt sind – der Versuch von Millionen von Individuen, ihre eigenen Interessen wahrzunehmen und ihr Leben nach ihren eigenen Wertvorstellungen einzurichten. Dies ist der Hauptgrund dafür, warum die Maßnahmen so oft die entgegengesetzten Auswirkungen gezeigt haben. Es ist dies auch eine der Hauptstärken einer freiheitlichen Gesellschaftsordnung und erklärt, weshalb die Reglementierung seitens der Regierung sie nicht unterdrücken kann.

Die Interessen, von denen ich spreche, sind nicht nur die engen und eigennützigen Interessen. Im Gegenteil, der Begriff umschließt das gesamte Spektrum von Werten, die Menschen teuer sind und für die sie willens sind, ihr Vermögen auszugeben und ihr Leben zu opfern. Die Deutschen, die ihr Leben im Widerstand gegen Adolf Hitler verloren, verfolgten ihre Interessen, wie sie ihnen erschienen. Das Gleiche gilt für die Männer und Frauen, die viel Zeit und Anstrengung auf Tätigkeiten innerhalb karitativer, erzieherischer oder religiöser Organisationen verwenden. Selbstverständlich sind derartige Interessen für wenige Menschen vorrangig. Es ist das Verdienst der freiheitlichen Gesellschaftsordnung, dass diese Interessen sich dennoch frei entfalten können und dass sie nicht hinter den engen und materialistischen Interessen der Mehrheit der Menschheit zurückzutreten haben. Daher sind kapitalistische Gesellschaftsformen weniger materialistisch als kollektivistisch geprägt.

Wie kommt es dann, angesichts der Tatsachen, dass die Beweislast immer noch bei denen unter uns liegt, die sich gegen neue staatliche Programme stellen und die versuchen, die schon viel zu große Rolle des Staates zu beschränken? Hören wir hierzu Dicey: »Die positiven Auswirkungen staatlicher Interventionen, besonders in der Form von Gesetzgebung, sind direkt, unmittelbar und sozusagen sichtbar, während die negativen Auswirkungen langfristig und indirekt sind und außerhalb des Rampenlichtes sich auswirken. Außerdem vergessen die meisten, dass staatliche Kontrolleure inkompetent, nachlässig oder manchmal sogar korrupt sein können; es gibt wenige, die sich der unleugbaren Tatsache bewusst sind, dass die Hilfe des Staates die Selbsthilfe abtötet. Daher muss die Mehrheit aller Menschen beinahe notwendigerweise die Regierungsintervention mit unangebrachtem Wohlwollen ansehen. Dieses gegebene Vorurteil kann in einer gegebenen Gesellschaft nur mit der Existenz einer Voreingenommenheit oder eines Vorteils für die persönliche Freiheit, d.h. von Laissez-faire, ausgeräumt werden. Allein das Nachlassen des Glaubens an die Wirksamkeit und Möglichkeit der Selbsthilfe – und dass ein derartiges Nachlassen zu verzeichnen ist, ist sicher – ist also an sich genug, um die Zunahme der Gesetzgebung in Richtung Sozialismus zu erklären.«[3]

Die Bewahrung und die Zunahme der Freiheit sind heute aus zwei Richtungen bedroht. Die eine Bedrohung ist klar und offensichtlich. Es ist dies die äußere Bedrohung durch die Männer im Kreml, die unser Begräbnis

---

[3] Dicey, a.a.O., S. 257–258.

prophezeien. Die andere Bedrohung ist unterschwelliger. Es ist die Bedrohung von innen, die von den Menschen mit guten Absichten und gutem Willen ausgeht, die uns zu reformieren wünschen. Sie sind ungeduldig wegen der Langsamkeit der Änderungen und der Entwicklung in Richtung auf die Verwirklichung der großen sozialen Veränderungen, die ihnen vorschweben, und sie sind begierig, die Macht des Staates zur Erreichung ihrer Ziele zu verwenden, und vertrauen in ihre Fähigkeit, diese Absicht zu verwirklichen. Dabei würden sie jedoch ihre unmittelbaren Ziele nicht erreichen, wenn sie an die Macht gelangten, und würden zusätzlich einen kollektivistischen Staat schaffen, vor dem sie mit Entsetzen zurückweichen und zu dessen ersten Opfern sie gehören würden. Machtkonzentration wird nicht durch die guten Absichten derer harmlos, die sie schaffen.

Unglücklicherweise bestärken sich die beiden Bedrohungen gegenseitig. Selbst wenn es uns gelingt, ein atomares Chaos zu vermeiden, zwingt uns die Bedrohung durch den Kreml doch dazu, einen beträchtlichen Teil unserer Mittel auf unsere militärische Verteidigung zu verwenden. Die Bedeutung der Regierung als Käuferin eines so großen Teiles unserer Produktion und als die alleinige Käuferin der Produktion so vieler Firmen und Industriezweige führt bereits zu einer gefährlichen Konzentration wirtschaftlicher Macht in den Händen der politischen Autoritäten, verändert die Umgebung, innerhalb deren das Wirtschaftsleben abläuft, sowie die Kriterien, die für den Erfolg im Wirtschaftsleben ausschlaggebend sind, und gefährdet auf diese und andere Weise das Bestehen des freien Marktes. Wir können diese Gefährdung nicht vermeiden. Wir intensivieren sie jedoch unnötigerweise durch die Fortsetzung der gegenwärtigen weit ausholenden staatlichen Interventionen auf Gebieten, die mit der militärischen Verteidigung des Landes nichts zu tun haben, und durch die Einführung stets neuer Regierungsprogramme – von der Gesundheitsfürsorge für die alten Menschen bis hin zur Erforschung des Mondes.

Adam Smith sagte einmal: »Es bestehen viele Möglichkeiten einer Nation, zum Ruin zu gelangen.« Unsere fundamentale Wertstruktur und das weit verzweigte Netz freiheitlicher Einrichtungen wird vielem gewachsen sein. Ich denke, dass wir in der Lage sein werden, die Freiheit zu bewahren und zu vermehren, ungeachtet der wirtschaftlichen Macht, die bereits in Washington konzentriert ist. Wir werden dies jedoch nur vermögen, wenn wir uns über die Bedrohung klar werden und wenn wir unsere Mitmenschen davon überzeugen können, dass die freiheitlichen Einrichtungen einen sichereren, wenngleich auch zeitweilig langsameren Weg zu den erwünschten Zielen bieten als die Zwangsgewalt des Staates. Die bereits innerhalb des intellektuellen Gefüges auftauchenden Anzeichen für eine Änderung sind ein Hoffnung erweckendes Zeichen für die Zukunft.